Wieland Jäger · Hanns-Joachim Meyer

Sozialer Wandel in soziologischen Theorien der Gegenwart

Hagener Studientexte zur Soziologie

Herausgeber:
Heinz Abels, Werner Fuchs-Heinritz
Wieland Jäger, Uwe Schimank

Die Reihe „Hagener Studientexte zur Soziologie" will eine größere Öffentlichkeit für Themen, Theorien und Perspektiven der Soziologie interessieren. Die Reihe ist dem Anspruch und der langen Erfahrung der Soziologie an der FernUniversität Hagen verpflichtet. Der Anspruch ist, sowohl in soziologische Fragestellungen einzuführen als auch differenzierte Diskussionen zusammenzufassen. In jedem Fall soll dabei die Breite des Spektrums der soziologischen Diskussion in Deutschland und darüber hinaus repräsentiert werden. Die meisten Studientexte sind über viele Jahre in der Lehre erprobt. Alle Studientexte sind so konzipiert, dass sie mit einer verständlichen Sprache und mit einer unaufdringlichen, aber lenkenden Didaktik zum eigenen Studium anregen und für eine wissenschaftliche Weiterbildung auch außerhalb einer Hochschule motivieren.

Wieland Jäger · Hanns-Joachim Meyer

Sozialer Wandel in soziologischen Theorien der Gegenwart

Westdeutscher Verlag

Bibliografische Information Der Deutschen Bibliothek
Die Deutsche Bibliothek verzeichnet diese Publikation in der Deutschen
Nationalbibliografie; detaillierte bibliografische Daten sind im Internet über
<http://dnb.ddb.de> abrufbar.

1. Auflage April 2003

Alle Rechte vorbehalten
© Westdeutscher Verlag GmbH, Wiesbaden 2003

Lektorat: Frank Engelhardt

Der Westdeutsche Verlag ist ein Unternehmen der
Fachverlagsgruppe BertelsmannSpringer.
www.westdeutscher-verlag.de

Das Werk einschließlich aller seiner Teile ist urheberrechtlich geschützt. Jede Verwertung außerhalb der engen Grenzen des Urheberrechtsgesetzes ist ohne Zustimmung des Verlags unzulässig und strafbar. Das gilt insbesondere für Vervielfältigungen, Übersetzungen, Mikroverfilmungen und die Einspeicherung und Verarbeitung in elektronischen Systemen.

Die Wiedergabe von Gebrauchsnamen, Handelsnamen, Warenbezeichnungen usw. in diesem Werk berechtigt auch ohne besondere Kennzeichnung nicht zu der Annahme, dass solche Namen im Sinne der Warenzeichen- und Markenschutz-Gesetzgebung als frei zu betrachten wären und daher von jedermann benutzt werden dürften.

Umschlaggestaltung: Horst Dieter Bürkle, Darmstadt
Umschlagbild: Nina Faber de.sign, Wiesbaden
Druck und buchbinderische Verarbeitung: Hubert & Co., Göttingen
Gedruckt auf säurefreiem und chlorfrei gebleichtem Papier
Printed in Germany

ISBN 3-531-14022-1

Inhaltsverzeichnis

1.	**Einleitung: Soziale Dynamik**	7
1.1	Der Begriff des sozialen Wandels	15
1.2	Probleme der Theoretisierung	19
1.3	Krise der soziologischen Theorie?	24
2.	**Soziologische Theorietraditionen**	28
2.1	Strukturell-funktionale bzw. Systemtheorie	30
2.2	Konflikttheorie	36
2.3	Verhaltens- bzw. Entscheidungstheorie	43
2.4	Handlungs- bzw. Interaktionstheorie	50
3.	**Neuere soziologische Theorien**	60
3.1	*Pierre Bourdieu:* Theorie der Praxis	64
3.1.1	Habitus und Feld	66
3.1.2	Soziale Felder und Kapitalformen	69
3.1.3	Klassen und Klassifizierungen	72
3.1.4	Gesellschaft, Praxis und sozialer Wandel	81
3.2	*Anthony Giddens:* Theorie der Strukturierung	86
3.2.1	Handeln und Struktur	88
3.2.2	Dimensionen des Sozialen	92
3.2.3	Zeit und Raum	96
3.2.4	Gesellschaftliche Entwicklung	100
3.3	*James S. Coleman:* Theorie kollektiver Akteure	106
3.3.1	Das Makro-Mikro-Makro-Modell	108
3.3.2	Tausch und Transfer	111
3.3.3	Herrschaft, Normen und Vertrauen	114
3.3.4	Die asymmetrische Gesellschaft	122

3.4	***Richard Münch:*** Interpenetrationstheorie	130
3.4.1	Der Ansatz	131
3.4.2	Der theoretische Bezugsrahmen	134
3.4.3	Interpenetration	143
3.4.4	Entwicklung moderner Gesellschaften	146
3.5	***Jürgen Habermas:*** Theorie der Gesellschaft	157
3.5.1	System und Lebenswelt	158
3.5.2	Arbeit und Interaktion	162
3.5.3	Sozialer Wandel, Modernisierung und Pathologien der Moderne	167
3.5.4	Habermas' Vision von der Zivilgesellschaft	176
4.	**'Modelle' des Wandels – Wandel der 'Modelle'**	182
4.1	Analytischer Rahmen	182
4.1.1	Interpenetrierende Systeme	184
4.1.2	Emergente Strukturdynamiken	186
4.1.3	Soziale Strukturen und symbolische Formen	187
4.1.4	Strukturelle Reproduktionsprozesse	189
4.1.5	Von Dualismen zu Komplementarismen	191
4.1.6	Zusammenfassung	193
4.2	Wandel soziologischer Theoriebildung	196
4.2.1	Rekombination des Instrumentariums	197
4.2.2	Bedeutungsverlust globaler Theorien	201
4.2.3	Revisionen der Sichtweisen	205
4.2.4	Einheit und/oder Vielfalt der Perspektiven	209
4.2.5	Soziologie heute	212
	Kleiner Epilog	218
	Literaturverzeichnis	219

1. Einleitung: Soziale Dynamik

„Dass nichts bleibt, wie es war – so Hannes Wader in einem seiner Lieder – dass das Neue alt wird, ist alltägliche Erfahrung, begründet in der sozialen Wirklichkeit, die die Menschen in ihrem ‚ganzen Tun und Treiben' erleben, kennen lernen und gestalten." So beginnt eine zu Anfang der achtziger Jahre geschriebene Einführung in die Soziologie des sozialen Wandels, die unter der Leitfrage, *was denn Gesellschaft vorantreibe*, um eine übersichtliche und differenzierte Darstellung spezifischer Theorien, ihrer Entwicklungen, Reichweite und Defizite bemüht ist. Am Ende der Arbeit lautet die nüchterne Bilanz: „Auf dem gegenwärtigen theoretischen Stand der Soziologie gibt es keine zureichende und vollauf befriedigende Antwort auf die (*o.g.*) Frage..., denn das für eine Veränderungs- und Entwicklungstheorie zentrale Verhältnis von normativen Bedingungen und materiellen Faktoren, von Handlungen zu Strukturen ist weitgehend ungeklärt." (Jäger, 1981, S. 141)

Mehr als zwanzig Jahre später, nach Durchsicht einer Vielzahl neuerer und aktueller Konzeptionen (z.B. Mayntz 1995, Müller 1995, Müller/Schmid 1995, Zapf 1996, Berger 1996, Weymann 1998, Welzel/Ingelhart/Klingemann 2001, Glatzer/Habich/Mayer 2002 u.a.m.) spricht einiges für die Vermutung, diese unklare Situation bestehe gegenwärtig im wesentlichen fort. Dieser Eindruck festigt sich mit Blick auf die amerikanische Theoriedebatte. Maureen T. Hallinan (2000) macht erhebliche theoretische Defizite der Soziologie des Wandels geltend und fordert vehement dazu auf, sozialen Wandel grundsätzlich neu zu überdenken: „Wenn Soziologen feststellen, dass die gegenwärtigen Theorien die dramatischen sozialen Umwälzungen des letzten Jahrzehnts (z.B. Zusammenbruch des Kommunismus, Terrorismus, Demontage des Wohlfahrtssystems, WJ) nicht mehr erklären können, und wenn wir vermuten, dass unsere Annahmen zum sozialen Wandel keine universelle Gültigkeit haben, dann könnte unser Gefühl für dieses theoretische Versagen tatsächlich zu einem fundamentalen Wechsel in der Art und Weise führen, wie wir Veränderungsprozesse betrachten. Es werden neue Theorien gebraucht, um den Wandel einer Gesellschaft zu beschreiben, die unmittelbar global verbunden, ökonomisch wechselseitig voneinander abhängig, hoch entwickelt technologisch ist und in der die Verteilung der Ressourcen ungleichmäßig erfolgt." (S. 194)

Hallinan setzt große Hoffnungen auf neue Modelle der mathematisch und statistisch formalisierten Katastrophen- und Chaostheorien, die dazu beitragen könnten „...einen bedeutenden Durchbruch im Verständnis des sozialen Wandels zu erreichen." (ebd.) Inwieweit diese Einschätzung die Soziologenschar eint, steht hier nicht zur Diskussion, auch wenn im deutschsprachigen Raum nach Walter L. Bühl (1971) Lars Clausen einen bislang kaum rezipierten katastrophensoziologischen Ansatz zum ‚Krassen sozialen Wandel' (1994), später zum ‚Entsetzlichen sozialen Wandel' (2003) vorgelegt hat, Georg P. Müller (o.J.) am Beispiel der Sozialversicherungsgesetzgebung die Katastrophentheorie zur Erklärung des diskontinuierlichen sozialen Wandels heranzieht und Piotr Sztompkas (2000) Orientierung am „Trauma"-Diskurs - Wandel löst per se einen schmerzhaften Schock für das soziale und insbesondere kulturelle Gefüge einer Gesellschaft aus, sofern er plötzlich, umfassend, fundamental und unerwartet ist - in eine ähnliche Richtung weist. Für unseren Zusammenhang ist vielmehr Hallinans Orientierung auf einen *Neuanfang* der Soziologie des sozialen Wandels relevant, begründet durch das niedrige Niveau gegenwärtigen Analysevermögens.

Zu einem Neuanfang, sofern er denn tatsächlich notwendig ist, legt doch Luhmanns Verdikt „fürs Überleben genügt Evolution" (1984, S. 645) nahe, das geschehen zu lassen, was ohnehin geschieht[1], fühlt sich

---

[1] Ob die Kopplung dieser Sichtweise an die theologische Grunderkenntnis des etwa 250 v.Chr. wirkenden Predigers Salomo 3, Vers 1-15 über die *Unverfügbarkeit allen Geschehens* lediglich ein nichtsnutziges Unterfangen darstellte, müsste eine spezifische Luhmann Rezeption, die sozialen Wandel vornehmlich als soziale Differenzierung und Komplexitätssteigerung begriffe, erst noch ergeben. Jedenfalls wohnt Salomo zufolge allem Geschehen eine (von Gott gesetzte) *Bestimmtheit und ein Zeitpunkt inne, an dem es geschieht*. In den Weisheitssprüchen heißt es u.a.: „Ein jegliches hat seine Zeit, und alles Vorhaben unter dem Himmel hat seine Stunde: geboren werden hat seine Zeit, sterben hat

1. Einleitung: Soziale Dynamik

diese Arbeit nicht berufen. Ihre Ambition liegt eher darin, sozialem Wandel nicht anhand einer theoretischen Neukonstruktion nachzugehen, statt dessen im Rahmen gegenwärtiger soziologischer (Gesellschafts-)Theorien zu prüfen, was diese Konzeptionen denn zur Analyse des hier untersuchten Phänomens beitragen (können). Schließlich steht beispielsweise das im Rahmen herkömmlicher soziologischer Theorien des Wandels bislang ungenügend ausgeleuchtete Verhältnis von Handlung und Struktur gerade im Mittelpunkt etwa von Anthony Giddens Theorie der Strukturierung oder Pierre Bourdieus Überlegungen zu den Entwicklungsmöglichkeiten einer allgemeinen Sozialtheorie. Grund genug also, Bourdieu, Giddens und andere einflussreiche Theoretiker für die Belange des sozialen Wandels ‚anzuzapfen' und ‚auszubeuten'.[2] Das klingt im Vergleich zu Hallinans Ansprüchen immer noch recht bescheiden, dennoch ist der geplante Beutezug bei zeitgenössischen Titanen der Soziologie nicht ohne Risiko, zumal bei offenem Ergebnis.

---

seine Zeit;...suchen hat seine Zeit, verlieren hat seine Zeit;... schweigen hat seine Zeit, reden hat seine Zeit ; lieben hat seine Zeit, hassen hat seine Zeit; Streit hat seine Zeit, Friede hat seine Zeit. Man mühe sich ab, wie man will, so hat man keinen Gewinn davon... Was geschieht, das ist schon längst gewesen, und was sein wird, ist auch schon längst gewesen; und Gott holt wieder hervor, was vergangen ist." (1990, S. 257f.)

[2] Für dieses methodische Vorgehen gibt es natürlich Vorläufer. So haben Ähnliches beispielsweise Rudolf Stichweh (1988) und Renate Mayntz (1995) für die Theorie sozialer Differenzierung als Theorie sozialen Wandels unternommen. Jedoch liegt ein Unterschied zu dem hier gewählten Verfahren darin, dass die Theorie sozialer Differenzierung in Wirklichkeit keine Einheit darstellt, vielmehr eine Vielzahl inhaltlich verschiedener, über einen langen Zeitraum entstandener differenzierungstheoretischer Beiträge zusammenfasst, von Herbert Spencer über Neil Smelser zu Talcott Parsons und Niklas Luhmann, zudem Shmuel Eisenstadt, Dietrich Rüschemeyer und andere. Hier dagegen liegt das Schwergewicht auf Konzeptionen, die *an einzelne Gesellschaftstheoretiker* gebunden sind, die zwar eben wegen ihrer *Eigenständigkeit* die Ausprägungsvielfalt einer Differenzierungstheorie im Sinne eines Theorienbündels ‚unter einem Dach' nicht erfahren werden, dennoch, wie am Beispiel der Theorie von Bourdieu und seinem Soziologieverständnis zu zeigen ist, die *forschungspraktische Weiterentwicklung der Theoriekomponenten* stets im Auge haben. Übrigens gelangt Mayntz' Analyse zu einer eher negativen Beurteilung der Erklärungskraft der Theorie sozialer Differenzierung als Theorie sozialen Wandels „Ganz unabhängig davon, ob man die Aussagen der Differenzierungstheorie zur *Art* sozialen Wandels akzeptiert oder nicht, sind.. zumindest bei ihrer am besten ausgearbeiteten, systemtheoretischen Variante die *kausalen* Aussagen substantiell unzureichend, um realen Strukturwandel erklären zu können." (S. 149)

Ausgangspunkt der Überlegungen sind an Hannes Waders Lied anknüpfende Zeiterfahrungen.

Die *sechziger, siebziger, achtziger* und die *neunziger* Jahre gehen heute ebenso schnell in die Geschichte ein, wie sie daraus hervortraten. Die Geschichte scheint an Fahrt zu gewinnen, die Ereignisdichte in den letzten vier Jahrzehnten rapide zuzunehmen. 'Geschichte' meint hier eine Folge von Ereignissen, die von vielen eben als Ereignisse verstanden werden: Die Beatles, das Jahr 1968, Vietnam, der Fall der Mauer, der Golfkrieg, der Zerfall der Sowjetunion und die Transformationen in den ehemaligen Ostblockländern. Der Eindruck der 'Beschleunigung' wird nicht zuletzt von der vermehrten Zahl jener Ereignisse hervorgerufen, die Ökonomen, Soziologen oder Historiker gerade nicht vorhersahen. Von heute auf morgen brechen Regime zusammen, deren Sturz kaum jemand anzunehmen wagte, und von niemandem erwartete Krisen drohen das wirtschaftliche und soziale Gefüge der liberalen Industrienationen zu erschüttern.

Im Zuge dieser Entwicklung hat der gesellschaftliche Orientierungsbedarf offensichtlich eine enorme Steigerung erfahren und einen rasant expandierenden Markt für Zeitdiagnosen geschaffen. Während von den 50er bis zu den 70er Jahren noch einige wenige 'Bezeichnungen' ausreichten, um die Veränderungen und Entwicklungen der Gesellschaft in diesem Zeitraum anzusprechen – so beispielsweise „Die Klassengesellschaft im Schmelztiegel" (Theodor Geiger, 1949), die „nivellierte Mittelstandsgesellschaft" (Helmut Schelsky, 1965) und Ralf Dahrendorfs „Dienstklassengesellschaft" (1972) – verkürzte sich zu Beginn der 80er Jahre die Halbwertszeit der Label beträchtlich. Nachdem die „Postindustrielle Gesellschaft" (Daniel Bell, 1975) ausgerufen war, konnte das „Ende der Arbeitsgesellschaft" (Claus Offe, 1984) eigentlich erwartet werden. Im Jahr 1986 diagnostizierte dann Ulrich Beck die „Risikogesellschaft" und Peter Berger kennzeichnete die „entstrukturierte Klassengesellschaft" als „Postmoderne", Wolfgang Zapf (1987) konstatierte schlicht eine zunehmende „Pluralisierung", Stefan Hradil (1987) diagnostizierte tiefgründig eine Entwicklung „Von Klassen und Schichten zu Lagen und Milieus" und Martin

1. Einleitung: Soziale Dynamik

Kohlis Befund aus dem Jahr 1988 lautete „Chronologisierung und dreigeteilter Lebenslauf".

In den 90er Jahren steigerten die Sozialwissenschaftler noch einmal ihre Anstrengungen, die Zeichen der Zeit zu deuten. Einen Eindruck davon mag folgende Auswahl der von Friedrich, Lepsius und Mayer (1998) zusammengestellten Titel und Nomenklaturen geben: „Informationsgesellschaft" (Sassen, 1991), „Erlebnisgesellschaft" (Schulze, 1992), „Wissensgesellschaft" (Stehr, 1994), reflexive „Modernisierung" (Beck/Giddens/Lash, 1996), „Globalisierung" (Beck, 1997), „Zivilgesellschaft", „Konfliktgesellschaft" (Heitmeyer, 1997), „Verantwortungsgesellschaft" (Etzioni, 1997) und „Weltgesellschaft" (Luhmann 1997, Münch 1998).

Es sieht so aus, als könne die soziale Dynamik von keinem Label und wohl auch von keiner Theorie eingeholt werden; eher scheint das Thema des Wandels jede Theorie unverzüglich zu überrollen und die Stabilität ihrer Prämissen und Begriffe in Frage zu stellen. Insgesamt betrachtet lässt sich wohl nicht leugnen, dass jener Wirkungs-, Sinn- und Bedeutungszusammenhang, den wir 'Gesellschaft' nennen, in beschleunigte Bewegung gerät. Nun bezeichnet die Soziologie bedeutsame Veränderungen dieses Zusammenhangs allgemein als *sozialen Wandel*. Jedoch begreifen Zeitdiagnosen diesen Prozess vollständig oder sind sie selbst Ausdruck des sozialen Wandels? Lässt sich Wandel eher als Erwartungsanspruch und -haltung von Gesellschaft und Öffentlichkeit an die Soziologie fassen? Friedrichs, Lepsius und Mayer merken immerhin an, dass „(d)er gesellschaftliche 'Nutzen' der Soziologie ... offenbar viel weniger in zuverlässiger Beschreibung und technologisch umsetzbarem Kausalwissen (...) als in sinnstiftenden Orientierungsleistungen (liegt)." (1998, S. 16)

Hat demnach die Soziologie als Fach vorrangig die Aufgabe, gesellschaftliche Zeitdiagnosen aufzustellen und Deutungswissen anzubieten? Zweifellos vermögen Beschreibung und Diagnose zur Diskussion sozialer Prozesse vieles beizutragen, doch im Zentrum des Fachinteresses stehen immer noch die Erklärungsleistungen soziologischer Theorien. Allerdings fallen nach dem Ende der Großtheorien – vom Marxismus über Funktionalismus, Strukturalismus bis hin zur Systemtheorie – gesamtgesellschaftliche Erklärungen immer schwerer. Es überwiegen gegenstandsbezogene „Theorien mittlerer Reichweite" (ursprünglich von Robert K. Merton, 1910-2003) mit begrenzter Verallgemeinerungsfähigkeit. Zudem ist die soziologische Theorie gegenwärtig von einer Pluralität von Ansätzen bestimmt, die sich voneinander verselbständigt haben und mehr oder weniger isoliert eigene Problemstellungen bearbeiten.

Fragen danach, ob die alte industrielle Ordnung tatsächlich durch eine neue soziale Ordnung auf der Basis von Wissen und Information (,Wissensgesellschaft') verdrängt wird, ob wir uns wirklich auf dem Weg in die 'Postmoderne' befinden oder gar von einem 'Ende der Geschichte' auszugehen haben, können demnach im System der etablierten soziologischen Positionen nicht so ohne weiteres bearbeitet werden. Wenn aber davon auszugehen ist, dass Gesellschaften in beschleunigter Bewegung sind, wird die Erforschung des sozialen Wandels, die Untersuchung der ständigen Wandlungen von Gesellschaften, zur soziologischen Aufgabe schlechthin.

In der Vergangenheit sind soziologische Theorien oft danach unterschieden worden, ob und in welchem Umfang sie Stabilität und Ordnung einerseits oder Wandel und Konflikt andererseits für erklärungsbedürftig halten. Handlungstheorien und funktionalistische Systemtheorien, besonders interessiert an Fragen sozialer Ordnung und ihrer Stabilität, galten als Integrations- und Ordnungstheorien, wohingegen Verhaltenstheorien (mikrosoziologisch) und der historische Materialismus (makrosoziologisch) eher Wandlungs- und Konflikttheorien bezeichneten. Dem heutigen Verständnis nach stellen Stabilität und Wandel letztlich nur zwei Seiten desselben Prozesses dar, beinhalten Erklärungsvorschläge für den Wandel sozialen Verhaltens/sozialen Handelns oder von Gesellschaft in toto doch auch, allerdings mit umgekehrten Vorzeichen, eine Erklärungsleistung für die Stabilität sozialer Phänomene.

Dieser Sachverhalt veranlasst zu der Frage: *Was leisten gegenwärtige soziologische Theorien und Theoriestücke aus der Theorieperspektive des sozialen Wandels?*

1. Einleitung: Soziale Dynamik

Ziel der folgenden Überlegungen ist es, zwischen materialistischer Geschichtstheorie, postmoderner Netzakrobatik und systemtheoretischer Esoterik neuere soziologische Konzepte exemplarisch vorzustellen, welche die Dynamik der sozioökonomischen Realität beschreiben und 'erklären' bzw. auf eine Weise zu modellieren beabsichtigen, dass Ansatzmöglichkeiten zur Gestaltung von Wandlungsprozessen erkennbar werden.

Nun umfasst der Problembereich der Theorien sozialen Wandels ein außerordentlich breites Spektrum, er ist so vielfältig wie die Sozialwissenschaften selbst und wird nicht nur in soziologischen, sondern auch in politikwissenschaftlichen, ökonomischen, kulturanthropologischen Theorien etc. behandelt. Die hier getroffene Auswahl berücksichtigt ausschließlich *soziologische Konzeptionen;* die Selektion unterliegt keiner spezifischen wissenschaftstheoretischen bzw. paradigmatischen Orientierung. Aus bereits kurz skizzierten Erwägungen erscheint es (zur Zeit?) kaum möglich, die gegenwärtige Modell- und Theoriebildung analytisch zu ordnen. Die hier diskutierten Theorieansätze können nicht einmal einen Überblick über das derzeitige soziologische Denken beinhalten; ihre Auswahl ist lediglich daran interessiert, anhand einiger hervorragender Beispiele einen Eindruck von der Bandbreite der Theoriearbeiten zu vermitteln, die eine weiterführende Heuristik zur Analyse sozialer Wandlungsprozesse in Aussicht stellen und zudem einen ersten Einblick in das Beschreibungs- und Erklärungspotential neuerer theoretischer Ansätze gewähren. Dazu bedarf es zunächst einer Beschreibung, daran anschließend einer kritischen Problematisierung der unterschiedlichen Konzepte. Dabei ist im Zuge der Darstellung der Ansätze an eine vergleichende Betrachtung zumindest mit Blick auf die Frage gedacht, auf welche Weise Sozialität und sozialer Wandel jeweils erfasst und thematisiert werden.

Allerdings sieht sich bereits die Deskription von Theorien einem grundsätzlichen Problem gegenüber: Theoriekonzepte oder Paradigmen entwickeln sich über die Zeit hinweg nicht ohne innere Unstimmigkeiten und Brüche; die Ursache hierfür liegt darin, dass zum einen unterschiedliche 'Apologeten' einer Theorie verschiedene Varianten dieses Ansatzes vertreten, zum anderen jedoch auch derjenige, der eine bestimmte Konzeption favorisiert, in der Entwicklung seines Denkens Akzentverschiebungen unterliegt. Zudem setzen sich Theorien auf den ersten Blick mit unterschiedlichen Gegenständen wie soziales Handeln, soziales Verhalten, soziales System und Gesellschaft auseinander, die sich scheinbar auf verschieden große Bereiche beziehen. In der Konsequenz sind umfassende Darstellungen von Theorien zumeist unübersichtlich, kompliziert und höchst voraussetzungsvoll, oberflächliche Skizzen oder kurze Abrisse dagegen simplifizieren häufig oder entstellen gar. Die Schwierigkeit besteht also darin, einen Weg zu finden zwischen der 'Skylla' der Unübersichtlichkeit und der 'Charybdis' der Oberflächlichkeit.

Zunächst steht nun das Bemühen um eine begriffliche Fassung des *sozialen Wandels* im Mittelpunkt der Überlegungen. Daran schließt, nach einem kurzen Verweis auf generelle Schwierigkeiten sozialwissenschaftlicher Modellierung bzw. Theoriebildung, die Auseinandersetzung mit einigen maßgeblichen Paradigmen- bzw. Theorietraditionen an, die grundsätzliche Perspektiven und Orientierungen für die heutige Soziologie bereitstellen. Im Anschluss an eine kurze Diskussion von fünf ausgewählten Theorietraditionen lassen sich aktuelle Theoretisierungsbemühungen 'leichter' konturieren – Bemühungen, die immer auch darauf ausgerichtet sind, 'klassische' Dichotomien und Dualismen zu überwinden und theoretische Strömungen zusammenzuführen.

1.1 Der Begriff des sozialen Wandels

In der Soziologie stellt 'sozialer Wandel'[3] wohl einen der elementarsten Begriffe dar. Im Sinne einer eigenständigen Wissenschaft entwickelte sich die Disziplin ‚Soziologie' vornehmlich in der Folge grundlegender gesellschaftlicher Veränderungen, in deren Verlauf sich die Wahrnehmung der Menschen für die Wandelbarkeit sozialer Ordnungen schärfte. Voraussetzung des Entstehens der Soziologie war die Entdeckung der Menschen, dass die Ordnung sozialen Lebens nicht durch eine transzendente Macht gestiftet ist und 'gottgegeben' verläuft, vielmehr eine Eigengesetzlichkeit besitzt, jedoch auch durch Menschen verändert und gestaltet werden kann. Erst vor diesem Hintergrund wird beispielsweise die allerorten hoch gelobte *Selbstorganisation* als Begriff und Idee, Theorie und Programm verständlich (Jäger 2002 b) Unstrittig ist nun die Annahme, alle sozialen Erscheinungen besäßen eine historische Dimension und müssten unter dem Gesichts-

---

[3] Eine differenzierte etymologische Betrachtung des Begriffs von Robert Smajgert (2001) regt zu einigen Schlussfolgerungen an: Es gibt eine spezifische Phase der Bedeutungsgründung im 18. und 19. Jahrhundert, die, augenscheinlich der Aufklärung entsprungen, dem neuen modernen Selbstbild der Gesellschaft entspricht. Dazu zählen ‚sozial', ‚Dynamik', ‚Entwicklung', ‚Fortschritt'. Dagegen hebt sich eine zweite Gruppe an Begriffen ab, die ein ursprünglicheres Bewegungsphänomen kennzeichnen wie ‚Bewegung', ‚Veränderung', ‚Wandel', ‚Wirklichkeit'. Sieht man von verändertem zeit- und ideengeschichtlichen Nutzugsgebrauch der Begriffe ab, welcher die Differenzierungen der Ursprungsinhalte häufig zu einem Einheitsbrei zu nivellieren scheint, dringt man im Kern dieser Wortbedeutungen zu den Elementen vor, nämlich die Wahl des anderen Möglichen und die dafür erforderliche Grundlage einer ‚bewussten' Willensentscheidung. Vor diesem Hintergrund gilt: ‚Sozialer Wandel' ist ein offensichtlich zusammengeschraubter Begriff, der einen ideengeschichtlichen Anspruch und ein allgemeines Wahrnehmungsphänomen der ‚Richtungswahl' bei einer Pluralität der Möglichkeiten kennzeichnet. Insofern, so kann man schließen, bleibt dieser Begriff, der bereits anfangs des 20. Jahrhunderts sich von als ideologisch entlarvten ‚Fortschrittsmetaphoriken' zu distanzieren beginnt, weiterhin dem eigentlich Abgelehnten verbunden. Das wiederum führt zu folgenden Fragen: Stellt das Soziale allein eine Attributierung des Wandels dar? Ist daher der Wandel das Zentrale und der soziale Wandel nur eine Wandlungsart? Müssen wir nicht zunächst nach dem Wandel fragen und daraufhin den sozialen Charakter desselben definieren? Oder betrachten wir den Wandel nur als Attribut des Sozialen, indem wir davon ausgehen, dass in Gesellschaft jener Stabilitätsfaktor zu finden ist, von dem aus Veränderung erst wahrnehmbar wird? Gerinnt damit der Begriff ‚Wandel' zu einer leeren Verbhülse für die Bewegung des Gesellschaftlichen? (Teil-)Antworten finden sich im nachfolgenden Text.

punkt ihrer Veränderbarkeit begriffen werden. 'Sozialer Wandel' zählt daher zu den allgemeinen Grundbegriffen der Soziologie, und wird in der Gegenwart vor allem als eine Art 'Sammelbecken' zur Bestimmung vielfältiger sozialer Prozesse verstanden.

Der Begriff wurde von William F. Ogburn im Jahr 1922 in die theoretische Diskussion eingeführt, um der Problematik 'ehrwürdiger', der geschichtsphilosophischen Tradition entlehnter Formulierungen zu entgehen. 'Fortschritt' erschien der Wissenschaft zu wertgeladen, und in den Begriffen 'Evolution' oder 'Entwicklung' schien bereits eine spezifische Programmatik der sozialen Dynamik mitgedacht zu sein. Seither wird der Ausdruck 'sozialer Wandel' allgemein verwendet, sofern sich relevante Elemente eines Sozialsystems signifikant verändern. Diese Veränderungen werden wahlweise im Sinne einer ‚Modernisierung', ‚Entwicklung', Transformation' oder ‚Evolution' konzipiert (so Schelkle et. al. 2000).

Wie in anderen Wissenschaften verweisen auch in der Soziologie Zentralbegriffe (wie beispielsweise Krankheit/Gesundheit in der Medizin) häufig aufeinander bzw. sind nicht unabhängig voneinander zu definieren. Dieser Zusammenhang zeigt sich bereits im Rahmen 'klassischer' Kategorienbildungen: „Ordnung/Fortschritt" bei Auguste Comte, „Produktionsverhältnisse/(wachsende) Produktivkräfte" bei Karl Marx, „Solidarität/(fortschreitende) Differenzierung" bei Emile Durkheim, auch bei Max Webers „Herrschaftsordnung/(zunehmende) Rationalisierung". An deren Stelle stehen heutzutage abstraktere Konzepte wie „soziale Struktur/sozialer Wandel", mit denen mannigfache Ordnungs- und Wandlungsprozesse nun auf allen Ebenen des Gesellschaftlichen erfasst werden sollen. *Wandel* ist eben nur mit Hilfe und vor dem Hintergrund von Stabilität bzw. sozialer Struktur begrifflich aufzunehmen; dabei bezeichnen 'Strukturen' zunächst ganz allgemein relativ stabile Muster des sozialen Handelns und der Interaktion.

Eine inhaltliche Bestimmung sozialen Wandels wird jeweils jene Aspekte aufnehmen und daran anschließen, welche in einer spezifischen theoretischen Perspektive als Struktur bzw. als bedeutsamer Strukturbestandteil betrachtet wird. Während beispielsweise eine strukturfunktionalistische Formulierung den Wandel eines sozialen

1. Einleitung: Soziale Dynamik

Systems als die 'Veränderung von Wertsystemen' fasst, sieht ein konflikttheoretischer Ansatz sozialen Wandel vor allem in der Veränderung von Herrschaftspositionen, wogegen andere Ansätze eher Veränderungen der sozialen Beziehungen herausstellen usw. Übergreifende Definitionsversuche wie der folgende von Grau sind rar und nicht selten problematisch:

„Sozialer Wandel bedeutet das Insgesamt von Veränderungen einer Gesellschaft in Hinblick auf: ihre Struktur, ihre Umwelt, das Gefüge von Positionen, Rollen und Status, das Interaktionsnetz der Mitglieder, die Rangskala der herrschenden Werte, etc. Den Veränderungen einzelner Phänomene und Teilbereiche steht der Wandel eines sozialen Systems als Ganzes gegenüber." (1973, S. 48)

Bei genauer Betrachtung fällt auf: Hier ist nicht von sozialem Wandel im engeren Sinn, vielmehr von sozio-kulturellem Wandel die Rede. Der so definierte Begriff umfasst sowohl den Wandel struktureller Elemente des Systems als auch eine Veränderung kultureller Werte und Normen. Zudem werden Wandlungs-'Einheiten' bzw. '-Gegenstände', denen verschiedene 'Strukturverständnisse' zugrunde liegen, sowie unterschiedliche Aggregationsniveaus dieser 'Einheiten' zusammengefasst bzw. einbezogen. In der Spannbreite einer solchen Definition sind weitere Aspekte hervorzuheben, so etwa die Frage nach dem Zusammenhang von sozialem und kulturellem Wandel, die Frage nach der Richtung von Wandel, nach der Umkehrung von Wandlungstrends etc. Und letztlich muss auch danach gefragt werden, ob und inwieweit sich sozialer Wandel vorhersagen oder gar steuern lässt. Vor allem Anschauungen darüber, wie sich sozialer Wandel vollzieht, beruhen auf einem Vergleich zwischen sozialen Strukturen und kulturellen Mustern vor und nach ihrer Veränderung, wobei Veränderungen unterschiedlicher Art berücksichtigt werden müssen: Jene, die sich in unterschiedlicher zeitlicher Ausdehnung vollziehen, und zudem jedoch auch jene in sozialen Einheiten differenter Größenordnung sowie schließlich kontinuierliche und diskontinuierliche Veränderungen.

Wiswede (1991) hält es daher für nützlich, verschiedene Formen des sozialen Wandels zu unterscheiden, und zwar nach folgenden Kriterien:

- „nach ihrer *Bedeutung:* in geringe (z.B. Moden, Fluktuationen, Konjunkturschwankungen) und bedeutendere (z.B. Demokratisierung der politischen Struktur);
- nach ihrem *Umfang*: in partielle (z.B. nur die ökonomische Struktur betreffende) oder totale Wandlungsvorgänge (z.B. durchgängige Modernisierung);
- nach ihrem *Auftreten:* in evolutionäre (langfristig und allmählich) und revolutionäre Veränderungen (abrupt und explosiv);
- nach der *Steuerung:* in geplanten und ungeplanten Wandel (wobei auch bei Planungen das Problem der ungewollten Nebenwirkungen auftaucht);
- nach den *Ursachen:* in unifaktorelle (z.b. die Folgewirkungen einer neuen Religion) und multifaktorielle Veränderungen (z.b. die mannigfachen Ursachen der Industrialisierung);
- nach ihren *Folgen*: in eufunktionalen Wandel (der das System fördert) und in dysfunktionalen Wandel (der dem System abträglich ist), was jedoch offensichtlich nur dann als Kriterium taugt, wenn ein Fixpunkt (Gleichgewichtspunkt) des Systems mitgedacht wird."

Nach der *Zeitperspektive* unterscheidet Wiswede zudem idealtypisch die Formen des linearen, stufenförmigen, s-förmigen, zyklischen, multilinearen und sequentiellen Verlaufs.

Zapf (1986) lenkt die Aufmerksamkeit auf die *Ebenen* des sozialen Wandels – auf die *Mikroebene* des sozialen Handelns, die *intermediäre Ebene* der Gruppen und Organisationen und die *Makroebene* der Gesamtgesellschaft, aber auch auf die in der Diskussion über den Wertewandel bedeutsame *Ebene der Einstellungen* und die für die Klassiker zentrale *Ebene der Zivilisationen* – und sieht die Aufgabe der Soziologie darin, auf allen diesen Ebenen die *Dimensionen* (*Tempo, Tiefgang, Richtung* und *Steuerbarkeit*) des sozialen Wandels zu beschreiben, zu messen und zu erklären.

Allerdings sieht sich das Bemühen um eine möglichst breite Aufnahme von Wandlungsprozessen zwei grundsätzlichen Problemen gegenüber. Für eine theoretische Beschreibung bedeutsamer Veränderungen müssen *zum einen* zunächst verhältnismäßig stabile Zustände in der Vergangenheit auszumachen sein, auf die Wandlungsprozesse bezogen werden können. Allein vor einem stabilen Hintergrund heben sich Veränderungen überhaupt auf eine Weise ab, dass sie als solche identifiziert werden können. Das aber bedeutet: Eine Vorstellung davon, dass sich und wie sich soziale Verhältnisse ändern, verbindet stets eine Deutung der Vergangenheit mit einer Bestimmung der Gegenwart. Ein solches Verfahren wird jedoch paradox, wenn somit einerseits die sozialen Bedingungen des Gegenwärtigen in die Fragestellungen, Bedeutungsgebungen und Faktenselektion, d.h. in die Interpretation des Vergangenen eingehen, andererseits aber eine derart rekonstruierte Vergangenheit dann die Gegenwart *erklären* soll.

Zum anderen lassen sich die Determinationen des Geschehens im allgemeinen und die Faktoren, welche die Tendenzen oder die Richtung des Prozesses im besonderen verbürgen sollen, nicht unmittelbar an der Realität ablesen: Während die Naturwissenschaften ihre prognostische und technische Leistungsfähigkeit durch den Kunstgriff erlangen, durch Variation der experimentellen Bedingungen den Anteil einer bestimmten Variablen am Gesamtresultat zu ermitteln, kommt in den Sozialwissenschaften auch wegen der Einmaligkeit historischer Ereignisse eine solche experimentelle Variation nicht in Frage. Hier ist man auf eine rein theoretische, gedankliche Analyse der Befunde verwiesen.

1.2 Probleme der Theoretisierung

Eine theoretische Analyse sozialwissenschaftlicher Befunde sieht sich nun mit einer Fülle von Problemen konfrontiert. Am Wandel sind offenkundig verschiedenartige Bereiche, Elemente, Beziehungsformen, Agenten und Agentien beteiligt und er folgt einem Zusammenspiel unterschiedlicher Dynamiken und 'Logiken'. Ein Blick auf die tatsächlichen Phänomene zeigt eine Vielfalt von Bestimmungsgrößen, die immer gleichzeitig im Spiel sind: Ideelle und materielle Faktoren, politische, ökonomische, kulturelle und soziale Ursachen, Akteurskonstellationen, Institutionen und Organisationen, individuelle Motive und kollektive Zielsetzungen, bewusste und unbewusste Antriebe etc.

Um einen Überblick über komplexe Zusammenhänge oder das Ganze zu gewinnen, aber auch, um nicht offen zutage liegende Zusammenhänge zu verstehen, entwickeln Menschen Modelle, d.h. vereinfachende und stilisierende Verdeutlichungen. Soziologen machen sich reale Gesellschaften meist mit Hilfe eines 'Systemmodells' verständlich, das dann je nach Auslegung Aspekte, Teile, Bereiche, Ereignisse und Elemente der Wirklichkeit ausblendet oder zurückdrängt, beleuchtet oder hervorhebt. Immer werden somit gewisse Bestandteile der Wirklichkeit ignoriert oder als weniger relevant erachtet. Und welche Aufschlüsselungen und Gewichtungen zum Zwecke der Denkökonomie, der Komplexitätsreduktion und des Erkenntnisgewinns man auch immer vornehmen mag, sie erweisen sich stets nur mit einer gewissen Unschärfe als zutreffend. Zudem liegt in komplexitätsreduzierenden Hilfskonstruktionen wie wissenschaftlichen Schlüsselbegriffen, Modellvorstellungen, Paradigmen etc. die Gefahr der Überinterpretation und Überpointierung, wenn man ihnen mehr abverlangt als sie leisten können oder leisten wollen.

Um sozialen Wandel in diesem Umfang erfassen zu können, bedarf es eines hohen theoretischen Abstraktionsniveaus, in dessen Fahrwasser nun wiederum die Gefahr einer an Aussagen armen oder in Bezug auf jene sozialen Phänomene, die sie zu erfassen vorgibt, irrelevanten Theorie liegt. So vermag letztlich kein *einzelner bzw. einheitlicher* theoretischer Entwurf oder Ansatz, und sei er noch so komplex, eine solche Vielzahl disparater Bereiche, Ebenen und Faktoren in einen systematischen Zusammenhang zu bringen. Und es ist kaum verwunderlich, dass sich infolge der wissenschaftlichen Bemühungen eine Pluralität von Ansätzen und Entwürfen zur theoretischen Behandlung von Wandlungsprozessen und sozialem Wandel herausgebildet hat. Allerdings stimmen die meisten soziologischen Theorien auch heute noch zumindest darin überein, dass sozialer Wandel als Veränderung sozialer Strukturen zu begreifen ist. Aber bereits die Auffassungen darüber, wie und ob überhaupt sozialer Wandel erklärt werden muss bzw. kann, haben sich im Verlaufe der Disziplingeschichte erheblich gewandelt und zu konträren und kontroversen Positionen entwickelt.

1. Einleitung: Soziale Dynamik

In der 'Frühzeit' der soziologischen Theoriebildung wurde im Anschluss an die Geschichtsphilosophie ein *umgreifender historischer Entwicklungsprozess vorausgesetzt*. Die jeweilige Stufe der gesellschaftlichen Evolution konnte daher als Stadium eines geistigen Fortschritts der Menschheitsgesellschaft (Auguste Comte), als Moment eines kosmischen Differenzierungsprozesses (Herbert Spencer) oder als Phase in der Geschichte der Klassenkämpfe (Karl Marx) gedacht werden. Wandel und Entwicklungsrichtung des Sozialen folgten nach dieser Auffassung *finalen* 'Entwicklungsgesetzen'. Mit Emile Durkheim näherte sich die Soziologie dem 'Ideal' der (Natur-) Wissenschaften und es wurde versucht, sozialen Wandel als Folge endogener oder exogener Wandlungskräfte *kausal* zu *erklären*. Dazu sind zunächst die Bedingungen der sozialen Integration und Stabilität zu bestimmen, um dann in einem nächsten Schritt zu Aussagen über die gesellschaftliche Entwicklung zu kommen. Seit Durkheim hat eine genuin *soziologische* Theorie des sozialen Wandels von dem Prinzip auszugehen, 'Soziales aus Sozialem' zu erklären, somit gesellschaftliche Entwicklung und Dynamik auf strukturelle Mechanismen zurückzuführen. Eine *erklärende* Soziologie geht davon aus, dass es Gesetze des gesellschaftlichen Strukturwandels (makroskopische Gesetze) gibt, die es zu finden bzw. zu rekonstruieren gilt.

Auch die deutschen Soziologen jener Zeit entfernten sich von der Auffassung von Soziologie als Geschichtsphilosophie und vertraten weitgehend das *Ideal* einer *exakten Wissenschaft*. Während der Historiker individuelle Fakten und Umstände hervorhebt, kommt ihrer Auffassung nach dem Soziologen die Aufgabe zu, größere *Regelmäßigkeiten* in der Evolution der Gesellschaft zu finden. Sie verwendeten das Wort 'sozial' im Sinn der 'positiven' Bedeutung einer sozialen Bindung. Bereits Ferdinand Tönnies, der die allmähliche Ersetzung gemeinschaftlicher durch gesellschaftliche Bindungen modellierte, fühlte sich dem Ideal *rationaler Klarheit* verpflichtet und plädierte für eine theoretische, eine angewandte und eine empirische Soziologie ('Soziographie'). Georg Simmel etablierte mit seiner *formalen Soziologie* der menschlichen 'Wechselwirkungen' eine dynamische Auffassung des Zusammenlebens und definierte Gesellschaft als ein wissenschaftlich erfassbares Aggregat von Wechselwirkungen und Beziehungen. Max Webers Arbeit an den *soziologischen Grundbegriffen*, seine Analysen zu Klasse und Stand, Legitimität und Bürokratisierung geben auch noch dem heutigen Theoretiker unverzichtbare Konzepte und Modelle an die Hand.

Talcott Parsons war es dann, der eine entsprechend entwickelte Gesellschaftstheorie vorlegte und damit zugleich eine generelle Theorie des sozialen Wandels. Auf der allgemeinen Grundlage einer Theorie des Handlungssystems entwickelt er – unter Rekurs auf Vorstellungen eines dynamischen Gleichgewichts – seine Gesellschaftstheorie als Differenzierungs- und Evolutionstheorie. Damit konnte er die Herausbildung 'moderner Gesellschaften' als Erhöhung der gesellschaftlichen Anpassungskapazität ('adaptive upgrading') begreifen. Seine umfassende Theorieperspektive eröffnete der Modernisierungsforschung ein interdisziplinäres Forschungsprogramm und repräsentierte über viele Jahre den einflussreichsten Entwurf zum sozialen Wandel.

Doch im Laufe der Zeit geriet dieses 'Paradigma des sozialen Wandels' in die Kritik, die zahlreiche methodologische und theoretische Anomalien aufzeigte und sich vor allem gegen das zugrundeliegende Gleichgewichtsmodell, gegen die Annahme einer über Werte- und Rechts-Konsens integrierten Gesellschaft, gegen die Rekonstruktion von Strukturgesetzen und die evolutionistische Modellierung des Entwicklungsverlaufs als Steigerung von Komplexität und Leistungsfähigkeit richtete. In Verbindung mit diesen und älteren Kontroversen (wie mit konflikttheoretischen und kybernetischen Ansätzen und historisch materialistischen Theorien) entwickelte sich eine rege Suche nach Alternativen (vgl. Müller, Hans-Peter/Schmid, Michael, 1995).Die radikaleren Gegner des Paradigmas lehnten entweder die Annahme von *Gesetzen* des Strukturwandels völlig ab oder sie forderten, Strukturen und 'Soziales' aus *individuellen Handlungen* zu rekonstruieren.

Während die einen somit den Erklärungsanspruch der Soziologie preisgeben und eine verstehende und rein historische Soziologie propagieren (deren eigenständige Existenz neben den historischen Wissenschaften allerdings schwer zu begründen ist), verabschieden sich

1. Einleitung: Soziale Dynamik

die anderen von dem Prinzip, 'Soziales aus Sozialem' zu erklären. Theorien des sozialen Wandels sind dann als Nutzen-, Motivations-, oder individuelle Lerntheorien zu konzipieren (was dann die Frage nach dem spezifisch Soziologischen aufwirft).

Allerdings war die Mehrzahl der Soziologen nicht bereit, einen *soziologischen Erklärungs*anspruch aufzugeben, vielmehr erwarteten manche noch im Jahr 1969, vor allem Wolfgang Zapf, „der Gegensatz der 'Funktionalismuskontroverse', der Gegensatz der Begriffskomplexe Integration, Konsensus, Werte, Gleichgewicht einerseits und Konflikt, Zwang, Sanktion, Wandel andererseits könnte in einem umfassenderen begrifflichen Schema aufgelöst werden, dessen Umrisse bereits sichtbar sind." (1979/1969, S. 20). Der Autor hoffte seinerzeit, der 'Makrosoziologie' von Amitai Etzioni könne es letztlich gelingen, „die strukturfunktionalistische, konflikttheoretische und kybernetische Betrachtungsweise explizit zu vereinigen." (ebd., S. 21) Zudem schien sich in Arbeiten wie Niklas Luhmanns Systemtheorie eine Auflösung der „Individualismus/Kollektivismus-Kontroverse" anzudeuten, „die zur Zeit noch verschiedene Paradigmen nebeneinander existieren lässt." (ebd., S. 21)

Jedoch erwiesen sich diese Hoffnungen als wenig berechtigt und weitgehend trügerisch. Denn gerade die Bemühungen, den Einwänden gegen eine generelle Entwicklungstheorie gerecht zu werden, ohne dabei auf soziologische Erklärungsmöglichkeiten zu verzichten, führte zu einer erheblichen Schwächung des alten Paradigmas. Im Jahr 1995 konstatieren Müller/Schmid schließlich eine weitgehende Ausdifferenzierung des orthodoxen Paradigmas und seine Auflösung „in neuere differenzierungs-, strukturations-, kultur-, selektions-, bewegungstheoretische, populationsökologische und institutionstheoretische Ansätze." Auch Zapf geht heute davon aus, „dass eine einheitliche Theorie des sozialen Wandels nicht in Sicht ist ...." (Zapf, 1994, S. 14).

Im Interesse einer Revision der Theorie des sozialen Wandels müsste nach Müller/Schmid vor allem die sie überformende Theorie genereller Evolution in zweifacher Weise umgestaltet werden. Zum einen sei die Vorstellung nicht länger akzeptabel, gesellschaftliche Entwicklung vollziehe sich aufgrund einer globalen, die Gesellschaft übergreifenden und zudem von der Umwelt unabhängigen Steuerungsdynamik, und zum anderen sei es nicht länger möglich, eine Erklärung gesellschaftlicher Prozessverläufe ohne Rekurs auf die Problemsicht der beteiligten Akteure vorzunehmen (ebd., S. 28).

Alternative Entwürfe zur klassischen Theorie der strukturellen Evolution und Differenzierung, zur unilinearen Entwicklungstheorie von Gesellschaften, aber auch neuere Differenzierungstheorien des soziologischen Funktionalismus müssen sich heute jedenfalls damit auseinandersetzen, dass Gesellschaftsanalyse nicht mehr umstandslos auf Konzepte wie Klasse und Schicht bzw. Differenzierung und funktionale Integration gegründet werden kann. Die soziale Realität erscheint zugleich verändert und dem Zugriff aller (bisherigen?) Deutungssysteme entzogen zu sein. Vertreter des Faches beklagen seit längerem, die Soziologie sei mit ihrem theoretischen Rüstzeug nicht mehr in der Lage, die strukturellen und institutionellen Ursachen der die Gegenwart kennzeichnenden Probleme aufzudecken.

1.3 Krise der soziologischen Theorie?

Auf dem ersten Blick scheint also der Zustand der soziologischen Theorie dem Zustand der gegenwärtigen Gesellschaft zu entsprechen. Gesellschaftsweit ist von Neuen Produktionskonzepten und Bewusstseinsformen, von Neuen ethischen Modellen und Neuen Sozialen Bewegungen die Rede. Ja, mehr noch: Aufgrund der gesteigerten Fähigkeit, sprachliche Symbole und Bilder zu produzieren, auf Vorstellungen und Bedürfnisse einzuwirken, wird behauptet, wir befänden uns bereits in einem neuen Typus von Kultur und Gesellschaft. Nun existiert die 'moderne' Gesellschaft, wie sie beispielsweise Talcott Parsons und Ralf Dahrendorf modellierten, wohl noch, aber ihre Basisinstitutionen befinden sich nach allgemeiner Überzeugung in 'kritischen Zuständen' oder gar in Auflösungsprozessen. So wird die 'Krise der Moderne' als 'Krise der Arbeitsgesellschaft', 'Krise des Sozialstaates', 'Krise der Familie', als 'Umweltkrise' etc. thematisiert. Und aufgrund der Prozesse der 'Globalisierung' und 'Individualisierung' wäre, so eine gegenwärtige These, sogar mit dem völligen Verschwinden der Gesellschaft zu rechnen. Verliert also die Soziologie, während sie in selbstkritischer Nabelschau verharrt und beispielsweise die Krise des Faches beklagt, womöglich ihren Gegenstand? Hat am Ende die Dynamik des 'Modernisierungsprozesses' mit ihren krisenhaften Aspekten nun auch die Soziologie erfasst? Droht die Disziplin mit ihrem Gegenstand zu verschwinden?

Es sind vor allem zwei Sachverhalte, die derartige Befürchtungen relativieren. Zum einen ist 'Gesellschaft' nicht unbedingt der Leitbegriff der Disziplin; den meisten Soziologen ging und geht es um soziale Beziehungen, um Sozialstruktur, Institutionen und Kultur von Gesellschaft. Und zum anderen haben Zeitdiagnosen nur geringe Überzeugungskraft, solange ihnen eben keine mit Erklärungskraft ausgestattete Theorie des Wandels zugrunde liegt, auf die sich solche Evaluationen stützen könnten. Doch wie kann die Soziologie noch ihrer klassischen Rolle gerecht werden, die jeweilige Gegenwart, und vor allem die jeweilig neuesten Entwicklungstendenzen der Welt verstehen zu wollen? Der naheliegende Weg ist die Weiterentwicklung und Verbesserung jenes Instrumentariums (bestehend aus Terminologie, Theorie und Methodologie sowie ihrer Kombination beim Forschungseinsatz), das den Soziologen zur Rekonstruktion und Analyse der gesellschaftlichen Wirklichkeit dient. An einigen ausgewählten neueren Theorien sollte sich daher aufzeigen lassen, inwieweit diese Bemühungen derzeit gediehen sind. Ein Blick auf die Ideen- bzw. Wissenschaftsgeschichte zeigt, dass die Sozialwissenschaften und besonders die Soziologie von theoretischen und methodologischen Dichotomien geprägt sind, von positivistischen und idealistischen, von subjektivistischen und objektivistischen, individualistischen und kollektivistischen, von erklärenden und verstehenden, sowie von mikro- und makrosozialen, oder handlungs- und struktur- bzw. systemtheoretischen Orientierungen und Ansätzen. In den letzten 30 Jahren ist nun ein wachsendes Interesse an integrierenden Fragestellungen und Konzeptionen zu verzeichnen. Neben der wissenschaftsimmanenten Entwicklung selbst dürften wohl auch die politisch-ideologischen Veränderungen hierfür ausschlaggebend sein.

Neuere soziologische Theorien zeichnen sich denn auch vor allem durch ihre Versuche aus, einige der aufgezeigten Dichotomien bzw. dualistischen Orientierungen durch integrierende Konzeptionen zu überwinden und theoretische Traditionen und Strömungen zusammenzuführen – wobei die soziologischen Klassiker auch dem heutigen Theoretiker vielfach noch unverzichtbare Konzepte und Modelle für den 'Theoriebaukasten' liefern. Zunächst lässt sich flüchtig das, was heute unter soziologischer Theorie verstanden wird, nur in Abgrenzungen konturieren: Soziologische Theorie ist abzugrenzen von Gesellschaftstheorie, die ein wie auch immer geartetes 'Ganzes' erfasst oder eine 'Totalität' einbezieht. Zudem muss eine soziologische Theorie des sozialen Wandels ihre wissenschaftliche Eigenständigkeit gegenüber historischer Nacherzählung wahren und kann auch nicht Geschichtstheorie sein. Nun fallen aber auch die Entwürfe der beiden seit den 70er Jahren einflussreichsten Sozialtheoretiker Deutschlands *nicht* unter das Verständnis, das hier eine soziologische Theorie bezeichnet. Sowohl die „Theorie des kommunikativen Handelns" von Jürgen Habermas als auch die „Theorie sozialer Systeme" von Niklas Luhmann greifen – als Versuch einer Theorie der gegenwärtigen Gesellschaft in dem einen Fall und als facheinheitliche 'Supertheorie' im anderen Fall – weit über die Absichten soziologischer Theoriebildung hinaus. Beide theoretischen Großunternehmen bedienen eher das Desiderat einer systematischen, gesamtgesellschaftlichen bzw. einer alle Sozialwissenschaften übergreifenden Theorie und treten möglicherweise – allerdings nur in diesem Sinne – das Erbe des Marxismus und der Kritischen Theorie an. Sodann kann soziologische Theorie *auch nicht* in jener Wissenschaftsauffassung aufgehen, die dem Ideal folgt, auch weitreichende und tiefgreifende gesellschaftliche Vorgänge mit Hilfe allgemeiner Gesetzmäßigkeiten erklären und möglichst voraussagen zu können. Die schon oben angesprochene Komplexität der betreffenden gesellschaftlichen Vorgänge, die Vielzahl relevanter Bedingungsfaktoren und die Nicht-Linearität der zugrundeliegenden Dynamiken etc. machen es unmöglich, derartige Vorgänge als Ganzes zu theoretisieren. Allenfalls ließen sich einzelne Episoden mit diversen partialtheoretischen Modellen erklären. Zudem hat es der Soziologe bei

1. Einleitung: Soziale Dynamik

Struktur- oder Lebensweltanalysen stets auch mit konventionalen und phänomenalen Strukturen, mit Wirklichkeitsvorstellungen und Weltansichten zu tun. Das Spezifikum soziologischer Theorie kann daher vorläufig nur recht plakativ als „wissenschaftliche Rekonstruktion von sozialen Konstruktionen (sozialen Beziehungen, sozialen Strukturen bzw. Lebenswelten) im Wandel" bestimmt werden. Im Anschluss an die Darstellung der neueren Konzepte, mit denen die Soziologen heute die Formen der Erscheinungen, der Entstehungszusammenhänge und Folgewirkungen des menschlichen Zusammenlebens erfassen wollen, sollte allerdings eine differenziertere Bestimmung möglich sein.

Um in diesem Zusammenhang zum einen auf höchst voraussetzungsvolle, unübersichtliche und komplizierte Gesamtrepräsentationen verzichten zu können, ohne dass damit einhergehende Oberflächlichkeiten und Simplifikationen die Theorien entstellen, und um zum anderen überhaupt das 'Neue' an den *neueren soziologischen Theorien* auszumachen, wird zunächst eine Art 'Hintergrund' geschaffen, von dem sich die aktuelleren theoretischen Bemühungen abheben oder auch absetzen und auf diese Weise in ihrer jeweiligen Eigenart und Zielsetzung deutlich werden. Im Sinne einer Hintergrundfolie dienen dabei – grob skizziert – diejenigen theoretischen Traditionsstränge bzw. Paradigmen, die noch heute einen Großteil ihrer Relevanz konservieren konnten, und an welche gegenwärtige Theoretiker auf verschiedene Weise anschließen bzw. auf die sie in unterschiedlicher Selektivität zurückgreifen.

2. Soziologische Theorietraditionen

Es liegt, wie angeführt, nicht *eine* soziologische Theorie vor, vielmehr eine Vielzahl von Theorien, die sich allerdings in einigen Theorietraditionen oder Paradigmen mehr oder weniger gut zusammenfassen lassen. Dieses gilt, zumal sich trotz der Theorienvielfalt ein mehr oder weniger homogenes Repertoire von soziologischen Konstrukten (Grundbegriffen) herausgebildet hat, die den soziologischen Objektbereich festlegen. Die in den letzten drei Jahrzehnten zweifellos meist diskutierten Traditionen sind der Strukturfunktionalismus bzw. die Systemtheorie, der konflikttheoretische Ansatz, die Handlungstheorie, insbesondere das interpretative Paradigma, die Verhaltenstheorie bzw. die Rational-Choice-Theorie sowie der historisch dialektische Standpunkt.

Um die marxistische Soziologie ist es still geworden. Vor allem die politischen und sozialen Umwälzungen und Entwicklungen der letzten Jahre machen es wohl notwendig, ein neues Verständnis von marxistischer Soziologie zu entwickeln (dessen ungeachtet lohnt sich, wie Wieland Jäger/Sabine Pfeiffer (1996, S. 223-247) am Beispiel der Ausarbeitung einer zeitgemäßen Soziologie der Arbeit zeigen, sehr wohl der Rückgriff auf die nach wie vor gültige Innovationskraft und Modernität des Marxschen Denkens). Andere theoretische Strömungen, wie beispielsweise die Ethnomethodologie und wohl auch die Kritische Theorie, haben nach wie vor das Stadium einer wirklich repräsentativen und geschlossenen Darstellung nicht erlangt und verharren mehr oder weniger im Status axiomatischer Systeme und methodologischer Forderungen. Zudem ist die Kritische Theorie in großen Teilen nicht jenen soziologischen Theorien gleichzustellen, die darauf zielen, Aussagen über die soziale Wirklichkeit zu treffen, denn sie will zum einen – im Sinne einer Wissenschaftstheorie – auch Kriterien an die Hand geben, wie soziale Wirklichkeit angemessen erfasst werden kann, und zum anderen ist sie daran interessiert, kritische Denkmodelle für ein auf Praxisveränderung gerichtetes Bewusstsein

2. Soziologische Theorietraditionen

durch die Herstellung einer kritischen Öffentlichkeit zu entwerfen. Die Soziologie der Frankfurter Schule ist ihrem Anspruch nach fortwährend auch Sozialphilosophie.

Es sind so vor allem vier 'Paradigmen-Stränge', die den Hintergrund und häufig auch den Gegenstand für gegenwärtige Theoretisierungsunternehmen bilden (im Ansatz wird ein fünfter Strang, die Kritische Theorie am Beispiel der Theorie der Gesellschaft von Jürgen Habermas aufgenommen):

- strukturell-funktionale Theorie bzw. Systemtheorie,
- konflikttheoretische Ansätze,
- Verhaltenstheorie bzw. Entscheidungstheorie,
- Handlungstheorie bzw. Interaktionstheorie.

Diese Zusammenstellung von Theorietraditionen scheint auf den ersten Blick einer Klassifizierung in Hinblick auf das Mikro-Makro-Problem zu folgen. Denn die Soziologie betrachtet aus einer *Strukturperspektive* soziale Phänomene als strukturbestimmt bzw. strukturgeleitet oder aber sie begreift aus einer *Akteursperspektive* Struktur als handlungsabhängig oder sogar als – intendiertes oder nichtintendiertes – Resultat von Handlungen. Im Laufe der Ausführungen zeigt sich jedoch, dass eine Polarisierung Mikro vs. Makro bzw. Handlung vs. Struktur nicht durchzuhalten ist. Zudem gilt: Das Kuhnsche Ablaufmodell von Paradigmen (1997) kann für den Bereich der Soziologie so nicht aufrechterhalten werden; denn in dieser Disziplin koexistieren nicht nur zahlreiche Paradigmen, sie weisen darüber hinaus auch eine hohe Kompatibilität und perspektivische Komplementarität auf.

Die nun folgenden, eher skizzenhaften Darstellungen stützen sich bei aller Eigenständigkeit der Argumentation in einigen Teilen auf ungleich umfassendere Ausführungen in dem von Günter Endruweit 1993 herausgegebenen Band „Moderne Theorien der Soziologie" sowie auf die empfehlenswerte Einführung in die Interpretativen Theorien von Heinz Abels (1998).

2.1 Strukturell-funktionale bzw. Systemtheorie

Der Strukturfunktionalismus, ob auf handlungs- oder systemtheoretischer Grundlage, stellte bis zum Ende der 60er Jahre *das* dominierende theoretische Modell dar. Seither hat die funktionalistische Perspektive wohl einiges an Bedeutung eingebüßt, ihre Relevanz jedoch nicht gänzlich verloren. Das gemeinsame Kennzeichen verschiedener funktionalistischer Ansätze ist das Interesse, Teile eines Ganzen oder eines Systems zu anderen Teilen bzw. Aspekten in Beziehung zu setzen. Die strukturell-funktionale Theorie im Rahmen des soziologischen Funktionalismus versucht, ein systematisches Modell gesellschaftlicher Strukturen zu entwickeln und Strukturen aus ihren Funktionen für andere, umfassendere Strukturen zu verstehen. 'Strukturen' bezeichnen in diesem Zusammenhang relativ stabile Konfigurationen sozialer Tatbestände, welche relativ unabhängig von den Motiven der Menschen bestehen, die diese Tatbestände tragen. Dabei gilt das Interesse vor allem der Konsistenz und der Kontinuität dieser Strukturen (bzw. der Systemintegration).

Wissenschaftsgeschichtlich hängt die Übernahme der funktionalistischen Perspektive mit der Ausgrenzung der Soziologie als Einzelwissenschaft zusammen. Die Übernahme der naturwissenschaftlichen Methodologie versetzte die Soziologie in die Lage, sich von historischen und individuell beschreibenden Disziplinen abzusetzen. Gegenüber der Psychologie konnte sie einen besonderen Gegenstandsbereich etablieren, indem sie sich mit solchen Erscheinungen befasste, die aus dem Zusammenleben der Menschen resultieren und nicht auf individuelles Verhalten bzw. Bewusstsein reduziert werden können. Das Interesse der frühen Soziologen an Stabilitätsbedingungen von Gesellschaft hat vor allem sozialgeschichtliche Gründe. Der grundlegende Wandel traditioneller Institutionen im Gefolge der Französischen und später der industriellen Revolution mit krisenhaften Auswirkungen verlangte nach Erklärung und lenkte das wissenschaftliche Interesse auf die Restabilisierung des Sozialen.

Auguste Comte (1789-1858) eröffnete, wie schon erwähnt, die Suche nach Gesetzmäßigkeiten der sozialen Entwicklung auf erfah-

2. Soziologische Theorietraditionen

rungswissenschaftlicher Grundlage. In analoger Behandlung von individuellem und sozialem Organismus trachtete er danach, Elemente und Strukturen der Gesellschaft zu isolieren und durch Beobachtung und Experiment die Gesetze des Sozialen zu entdecken. Herbert Spencer (1820-1903) arbeitete die Analogie zwischen individuellem und sozialem Organismus in einer utilitaristischen und evolutionistischen Perspektive weiter aus und hob zum einen die funktionale Abhängigkeit hervor, die zwischen den Teilen eines Organismus besteht, und zum anderen die Funktion, welche die Struktur in der evolutionären Bewegung des Bevölkerungswachstums und der sozialen Differenzierung für das Ganze besitzt. In dieser Sichtweise erfüllt Struktur (funktionale) 'Bedürfnisse' des Organismus. Spencer modelliert auf diese Weise mit den Grundbegriffen *Struktur* und *Funktion* bereits die Grundfigur der funktionalistischen Argumentation. Emile Durkheim (1857-1917), der diesen Gedanken übernimmt, weist allerdings darauf hin, dass mit dem Nachweis des Nutzens oder der Funktion eines Tatbestands noch keine Erklärung seiner Entstehung und seines Wesens geliefert ist, und fordert zusätzlich zur funktionalen immer auch eine kausale Analyse. Er zeigt ferner auf, dass ein sozialer Tatbestand seine Funktion verändern oder auch ganz verlieren kann und dass die Funktion eines Tatbestandes meist darin besteht, die sozialen Phänomene, die ihm zeitlich vorangehen, zu erhalten.

In der Anthropologie ersetzte Alfred R. Radcliffe-Brown (1881-1955) das 'Bedürfnis' bzw. den 'Nutzen' durch den Begriff der „notwendigen Existenzbedingungen", mit dem er die Konsistenz und Kontinuität der Struktur anspricht. Das Forschungsprogramm besteht hier in der Untersuchung von Strukturen als konkrete Muster sozialer Interaktion, um sodann im synchronen Vergleich ganzer Gesellschaften zur Formulierung von Gesetzen zu gelangen. Im gleichen Programm entwickelt Bronislaw Malinowski (1884-1942) ein Begriffssystem, das Bedürfnisse, Institutionen und Funktionen miteinander verbindet, und er definiert Funktion als die bedürfnisbefriedigende Wirkung von Institutionen. Zwecks Strukturerhalt benötigt hier jede Sozialität vier grundlegende Institutionen, nämlich Wirtschaft, soziale Kontrolle,

Erziehung und politische Organisation, die durch ein Symbolsystem zu einem komplexen Ganzen integriert werden.

Nach Robert K. Merton (geb. 1910) kann allerdings weder eine vollständige Integration der Gesellschaft (funktionale Einheit) unterstellt werden noch eine grundsätzlich positive Auswirkung aller Strukturelemente (universelle Funktionalität), es muss auch von negativen Auswirkungen (*Dysfunktion*) und Funktionslosigkeit (*Nicht-Funktion*) ausgegangen werden. Zudem sei zwischen *manifesten* und *latenten Funktionen* zu unterscheiden, da manche Funktionen von den 'Systemteilnehmern' weder beabsichtigt sind noch wahrgenommen werden. Auch für Merton gibt es Strukturen, die unentbehrlich sind (funktionale Unentbehrlichkeit), aber Funktionen können zum einen mehr als eine Funktion haben und zum anderen kann eine spezifische Funktion auch durch mehrere Strukturelemente erfüllt werden. Merton betrachtet den Funktionalismus allerdings nicht im Sinne einer allgemeinen soziologischen Theorie, vielmehr als ein theoretisches Modell eines Verfahrens zur Formulierung von Theorien mittlerer Reichweite, die auf Teilprobleme der Gesellschaft angewendet werden können. In der funktionalen Analyse geht es um die Interpretation von Daten über Strukturelemente in ihrer Funktionalität für die umfassende Struktur.

Für Talcott Parsons (1902-1979) stellt die strukturell-funktionale Theorie in erster Linie eine vorausgehende Phase bzw. ein Stadium einer weitergehenden Theorieentwicklung dar. Er entwickelt seine Handlungstheorie als strukturfunktionale Theorie, wobei er soziales Handeln empirisch als systemisch organisiert ansieht und analytisch als Systemprozess behandelt. Mit der strukturell-funktionalen Analyse als Methode soll das Dilemma der sozialwissenschaftlichen Analyse sozialer Prozesse überwunden werden, das darin besteht, die wirksamen Variablen nicht ohne weiteres bestimmen zu können und diese eben nicht – wie in den Naturwissenschaften – experimentell kontrollierbar sind. Mit der theoretischen Präzisierung der Systemvorstellung führt Parsons die *Bestandserhaltung* des Systems als Bezugspunkt der funktionalen Analyse ein. Für die Bestandserhaltung, d.h. für die Aufrechterhaltung der Grenzen eines in seiner Umgebung operierenden Sozialsystems, werden dann vier *funktionale Erfordernisse* (Goal-

Attainment, Adaption, Latent Pattern Maintenance und Integration) identifiziert, denen bestimmte Subsysteme (Politik, Wirtschaft, Motivation und soziale Kontrolle) entsprechen. Zur Erhaltung des Ganzen stehen diese Teilsysteme in Austauschbeziehungen, die durch *Medien* (Rollenverpflichtungen, Geld, Einfluss und Macht) symbolisch vermittelt sind. Durch diese als *Gleichgewichtsprozesse* bestimmten *Austauschprozesse* entwickelt das System eine spezifische Dynamik, in der sich die Subsysteme den Veränderungen in ihrer Umgebung durch einen gewissen Strukturwandel anpassen. Prozesse des *Strukturwandels auf der Ebene des Gesamtsystems* werden dagegen durch *externe* Anstöße ausgelöst, die sich im System fortsetzen und letztlich eine *Umstrukturierung auch der normativen Kultur* erforderlich machen.

Diejenigen Prozesse des Strukturwandels, die zu Strukturen führen, welche langfristig die Anpassungsfähigkeit des Systems steigern (adaptive upgrading), bezeichnet Parsons als *evolutionär*. So liefert Parsons neben seiner Theorie der Gesellschaft als Sozialsystem auch eine Theorie des Strukturwandels (funktionale System-Differenzierung) als *Modernisierungstheorie*. Modernisierung fasst er als evolutionäre Anpassungsbewegung, die zu gleichzeitigen Durchbrüchen in der Steigerung adaptiver Kapazitäten, der strukturellen Differenzierung sowie in der Inklusion sozialer Gruppen und der Generalisierung von Werten führt.

Parsons' Theoretisierungsstrategie, unter Zugrundelegung einer voluntaristischen Handlungstheorie, den Handlungsakt in ein komplexes System einzubetten (strukturorientierte Handlungswahl), zählt somit bereits zu den Versuchen, die objektivistische mit der subjektivistischen Perspektive in der Soziologie zu vereinigen, und sie zielt darauf ab, mit der Formulierung funktionaler Erfordernisse die Antinomie von soziologischem Materialismus und Idealismus in einer funktionalen Perspektive zu überwinden.

Zusammenfassend lässt sich sagen, dass das Kernstück funktionalistischer Theoriebildung über makrosoziale Zusammenhänge und sozialen Wandel die Theorie der Differenzierung ist, die eine Entwicklungstendenz von unzusammenhängender Gleichartigkeit zu zusammenhängender Ungleichartigkeit behandelt und das Problem der Integration der sich differenzierenden Teile aufwirft. Die auf der Differenzierungstheorie fußenden Annahmen über die Modernisierung galten als *die* überlegene Perspektive zum marxistischen Geschichtsverständnis. Und in der Tat ist die Modernisierungstheorie dem ökonomischen Determinismus überlegen, der gesellschaftliche Entwicklung aus der Entwicklung der Produktivkräfte ableitet, und sie erweist sich gegenüber dem Verständnis der Geschichte in Begriffen des Klassenkampfes als gegenstandsadäquater, insofern sie die Rolle von Werten und die selbständige Bedeutung der politischen Geschichtsverständnis und kulturellen Sphären berücksichtigt. Allerdings geriet der Strukturfunktionalismus, wie schon erwähnt, von unterschiedlichen Seiten und in verschiedenen Hinsichten unter massive Kritik.

Die *inhaltlich-theoretische* Kritik bezieht sich auf die Perspektive (Konservatismusvorwurf), die Ausrichtung (auf soziale Integration vor allem als Werteintegration), die mangelnde Berücksichtigung der Handlungsmotive (beispielsweise bei Merton), und auf die Überbetonung der normativen Elemente des Handelns. Zudem steht der Mangel an Brauchbarkeit des Ansatzes für die Analyse von Wandel (Ausblendung des prozessualen Charakters der sozialen Wirklichkeit) im Zentrum kritischer Reflexion. Die Kritik am *methodischen* Ansatz des Strukturfunktionalismus konzentriert sich vor allem auf erkenntnislogische Probleme, wie etwa die Erklärungskraft der funktionalen Analyse. Als Quellen der logischen Probleme der funktionalen Analyse werden zum einen die *funktionale Teleologie*, zum zweiten der *Bezugspunkt 'Überleben'* und zum dritten das *Verhältnis von funktionaler und kausaler Analyse* angesehen.

Im Zuge dieser Kritik verwischen sich einstmals scharfe Konturen des Strukturfunktionalismus und es ergeben sich neue Entwicklungen, die teils funktionalistischer Art sind wie etwa bei Luhmann, teils nicht-funktionalistischer Art wie bei Giddens. Andere wie beispielsweise Münch gehen davon aus, dass die durch Parsons eröffneten Möglichkeiten der Theoriebildung durchaus noch nicht erschöpft sind und eine kritische Weiterentwicklung möglich ist. Auch Habermas greift die handlungs- und systemtheoretischen Aspekte der Theoriebildung auf, entwickelt aber seinen weitergehenden theoretischen Entwurf geradezu als eine „Kritik der funktionalen Vernunft". Dagegen fordert bereits der frühe Luhmann eine 'radikalere' Form des Funktionalismus bzw. der funktionalen Analyse, der einen sozialen Tatbestand unter dem Aspekt seiner problematischen Auswirkungen auf andere Tatbestände untersucht und selbst wieder als Wirkung einer Reihe von Tatbeständen mit äquivalenten Leistungen gilt. Später erklärt Luhmann gar die Möglichkeiten des Theoretisierens in der Soziologie für erschöpft und unternimmt den Versuch, die Soziologie als „Theorie sinnhaft-selbstreferentieller Systeme" neu zu begründen.

Luhmanns Theorie hat ungeahnte Resonanz gefunden. Bestandteile dieser Theorie werden in den Wirtschafts-, Sozial- und Geisteswissenschaften aufgegriffen, ohne allerdings damit auch schon die strengen theoretischen Prämissen Luhmanns zu übernehmen. Seither wird jedenfalls die funktionale Differenzierung moderner Gesellschaften weitgehend systemtheoretisch betrachtet. Strukturell-funktionale bzw. systemtheoretische Konzeptualisierungen des Sozialen unterscheiden sich also zunächst einmal darin, wie die Begriffe *Struktur*, Funktion und *System* definiert und verknüpft werden, und welchen Stellenwert sie somit in dem jeweiligen Theoriegebäude besitzen.

Der Strukturbegriff hat allerdings auch in anderen nicht-funktionalistischen bzw. nicht-systemtheoretischen Theorietraditionen eine Schlüsselbedeutung. Der Vollständigkeit halber sei hier deshalb der sozialwissenschaftliche Strukturalismus als ein weiteres strukturperspektivisches Paradigma erwähnt, als dessen wichtigster Vertreter der Ethnologe Claude Levi-Strauß gilt. Analog zur sprachtheoretischen Unterscheidung von langue und parole differenziert der Strukturalismus zwischen einer Praxis des Handelns und einer dahinter liegenden Regelstruktur ('Grammatik'). Während im Strukturfunktionalismus der Zusammenhang von Normen und Handlungen im Vordergrund steht, befasst sich der Strukturalismus vor allem mit dem Zusammenhang von kulturellen Denkprinzipien und Handlungen. Allerdings ist der unmittelbare Einfluss des Strukturalismus auf die soziologische Theoriebildung wohl eher auf Frankreich begrenzt.

In einem erklärungslogischen Gegensatz sowohl zum Strukturfunktionalismus als auch zum Strukturalismus steht die *deduktive* Theorie sozialer Strukturen, die sog. „structural sociology" von Peter M. Blau, der das Ziel verfolgt, allgemeine Gesetze zu finden und anzuwenden. In Blaus (1977) von einer Tauschtheorie her entwickelten makrosoziologischen Strukturtheorien ist Struktur rein quantitativ als Verteilung von sozialen Positionen konzeptualisiert, die Einfluss auf Interaktionen und Rollenbeziehungen von Menschen haben. Sozialstruktur ist ein multidimensionaler Raum sozialer Positionen. Strukturen sind Ressourcenverteilungen, wie Einkommen, Beruf, Bildung, aber auch Alter oder Geschlecht. Diese Theorie findet daher vor allem in den neueren Theoriediskursen über soziale Ungleichheit und Lebensstilforschung wieder einige Beachtung.

Das Stichwort *Soziale Ungleichheit* aber liefert den Übergang zu einem anderen bedeutenden Paradigma, zur Konflikttheorie, die sich in erster Linie mit den Strukturen sozialer Ungleichheit und den daraus resultierenden Konflikten beschäftigt.

2.2 Konflikttheorie

Die Konflikttheorie begann sich als spezifisches soziologisches Paradigma zur Zeit der Vorherrschaft des Strukturfunktionalismus in den 50er und 60er Jahren dieses Jahrhunderts zu etablieren. Sie stellte die funktionalistische Orientierung an Konsens, Integration und sozialer Ordnung in Frage und empfahl sich als Alternativprogramm zum Funktionalismus (Ralf Dahrendorf) bzw. als Wechsel der Orientierung im Rahmen funktionaler Analyse (Lewis A. Coser). Das Programm besteht darin, die Integrations- und Konsens*annahmen* der strukturell-funktionalen Theorie durch eine *empirisch begründete* Theorie über Konflikt und Konsens, Stabilität und Wandel in *sozialen Prozessen* zu ersetzen. Das gemeinsame Kennzeichen der verschiedenen konflikttheoretischen Ansätze ist somit das Interesse an makrosozialen Strukturen sozialer Ungleichheit und den daraus unausweichlich resultierenden Konfliktbeziehungen, an der Dynamik von Herrschaft, Konflikt und Wandel.

Konflikttheoretisches Denken hat allerdings eine lange Tradition. Den Gegenstand und den Rahmen konflikttheoretischer Analyse lieferten bereits die 'Machttheoretiker' der Renaissance und der Neuzeit. Machiavelli (1469-1527) betrachtete politische und kriegerische Auseinandersetzungen als einen eigenlogischen Bereich und unternahm erste Analysen der formalen Rationalität des Konflikthandelns. In diesem Sinne werden heute Konflikte als strategische Spiele zwischen rationalen Akteuren betrachtet. Thomas Hobbes (1588-1679) spannte mit den Entgegensetzungen von 'anarchischem Naturzustand' und 'sozialer Ordnung' den Analyserahmen auf, den die moderne Gesellschaftstheorie vielfach noch heute benutzt. Ebenso folgenreich ist seine Idee eines Herrschaftsvertrages geblieben, der auf der vernünftigen Interessenwahrnehmung von nach Macht und Eigennutz strebenden Menschen gründet.

Der Gedanke schließlich, soziale Prozesse unter den Gesichtspunkten von Knappheit, Konkurrenz und sozialen Wandel als von Konflikt und Konkurrenz vorangetrieben zu betrachten, ist der Evolutionstheorie Charles Darwins (1809-1882) entlehnt und begründet die Tradition des sozialdarwinistischen Theoretisierens. Karl Marx (1818-1883) entwickelte vor diesem Hintergrund und im Rückgriff auf Hegels dialektisch konzipiertes Geschichtsmodell seine „Theorie des Klassenkonflikts" in historisch-praktischer Absicht: In einer von Arbeitsteilung und Klassengegensätzen geprägten Sozialstruktur führen Ressourcenknappheit und durch Herrschaft aufrechterhaltene Ungleichheit zu fortwährenden Klassenkämpfen zwischen den gesellschaftlichen Kollektiven. Erst die Aufhebung der Klassengegensätze, der Herrschaft und der Ungleichheit vermag diese Dynamik still zu stellen. Bedingungen und Ursachen von Konflikten werden hier also *nicht mehr* auf die menschliche Natur oder individuelle Interessen zurückgeführt, sondern auf die geschichtlich gewordenen und praktisch veränderbaren Strukturen der Gesellschaft selbst.

Max Weber (1864-1920) legt seine „Theorie sozialer Ungleichheit" differenzierter an. Neben den *marktvermittelten Klassenlagen*, als

Besitz- und Erwerbsklassen, konzipiert er idealtypisch *ständische Lagen*, die auf einer an Standards von Prestige und Ehre orientierten gemeinsamen Form der *Lebensführung* beruhen, des weiteren *Parteien*, die auf einer gemeinsamen *Teilhabe an Macht und Herrschaft* beruhen und ihre Macht durch planvolles Handeln zu erhalten und zu erweitern suchen. Das gesellschaftliche Konflikthandeln ist nun bei Weber in eine Herrschaftsordnung eingebettet, in deren Rahmen es seinen Sinn erhält. Und nur in Bezug auf diesen Sinn kann Konflikthandeln als sozialer Prozess verstanden werden. Herrschaft ist für Weber zwar eine Ungleichheit erzeugende Ordnung, aber diese soziale Ordnung kann aufgrund des Glaubens an ihre Legitimität durchaus gewaltlose Anerkennung finden. Dabei sind historisch-idealtypisch drei Legitimationsgründe zu unterscheiden, die charismatische, die traditionale und die legal-bürokratische Herrschaftslegitimation. Weber lenkt damit das Augenmerk vom konfliktbedingten Aufbrechen bestehender sozialer Strukturen auf das Konflikthandeln als einen grundlegenden und 'normalen' sozialen Prozess.

Für Georg Simmel (1858-1918) ist Konflikt die fundamentale und universelle Form der sozialen Beziehung schlechthin. Antagonistisch wirksame Prozesse der Assoziation und Dissoziation, die in der Aufspaltung der Gesellschaft in soziale Einheiten zum Ausdruck kommen, bilden die gesellschaftliche Wirklichkeit. Allerdings befasst er sich nicht mit den Konfliktlinien in der Gesellschaft, sondern interessiert sich vor allem für die formalen Merkmale der Konfliktbeziehungen zwischen Personen. Seine Konflikttheorie ist 'individualistisch' angelegt und soll die allgemeinen Merkmale der Strukturierung sozialer Beziehungen und Prozesse objektiv-wissenschaftlich erfassen.

In unserer Zeit schließt Ralf Dahrendorf (geb. 1929) mit seinem theoretischen Programm an die Herrschaftssoziologie Max Webers an, während Lewis A. Coser (geb. 1913) im Rahmen der funktionalen Analyse die positiven Funktionen von Konflikten in Systemen in Anlehnung an die Konflikttheorie Simmels untersucht. Dahrendorf, der seine Konflikttheorie als Alternative zum vorherrschenden Strukturfunktionalismus entwickelt, begreift Gesellschaften im Sinne von Herrschaftsverbänden, in denen, im Gegensatz zum historischen Materialismus, Herrschaft und Privateigentum an Produktionsmitteln entkoppelt sind. Die Herrschaftspositionen sind nun mit dem *anerkannten* Recht auf Gehorsam verknüpft. Aus der damit konstituierten fundamentalen Ungleichheit zwischen Herrschenden und Beherrschten ergeben sich antagonistische Interessenlagen an der Erhaltung bzw. der Veränderung dieser Herrschaftsordnung. Da jedoch jeder Wandel neue Ungleichheiten und somit neue Interessen an der Veränderung der Herrschaftsordnung begründet, perpetuiert die *Dynamik von Herrschaft, Konflikt und Wandel* und ist in allen derartigen Gesellschaften nur durch *Institutionalisierung* zu bändigen.

Lewis A. Cosers analytische Konflikttheorie ist vor allem zur Untersuchung von Konkurrenzdemokratien angelegt. Konfliktprozesse in ihrer Dauer, Reichweite und Intensität sind hier zentraler Gegenstand empirischer Theoriebildung und werden in ihrer Funktion für die normative Integration der Konfliktgruppe, für den innovativen Wandel und für die Steigerung der Anpassungsfähigkeit sozialer Strukturen analysiert.

Weitere konflikttheoretische Modellierungen entstammen vielfach den Nachbardisziplinen der Soziologie und befassen sich mit objektivstrukturellen Bedingungen des Konflikthandelns bzw. mit universellen Prinzipien strategischen Handelns in Konfliktsituationen, wobei verschiedene Konfliktformen und Ebenen unterschieden und formale, möglichst mathematisierbare Modelle des Konflikthandelns entwickelt werden.

So existiert gegenwärtig eine disparate Vielzahl konflikttheoretischer Programme und Erklärungsmodelle; neben den Stufen- und Phasenmodellen der evolutionistischen (nicht-darwinistischen) Gesellschaftstheorie finden sich Entwürfe der neueren Evolutionstheorie sowie bewegungs- und revolutionstheoretische Deprivations-, aber eben auch spieltheoretische Modelle von Konflikt und Kooperation. Das Handeln von Individuen ist allerdings nur insoweit Gegenstand einer soziologischen Konflikttheorie, als das Eingebundensein der Individuen in Konfliktprozesse, ihre Interessen und Machtressourcen durch ihre Mitgliedschaft in sozialen Gemeinschaften und Organisationen begründet sind. Individuelles Konflikthandeln, seine Bedingungen und sein Verlauf sind vor allem Gegenstand der Verhaltenstheorie.

Bernhard Giesen (1993, S. 110) entwickelt für die Grundideen und Grundzüge der Varianten konflikttheoretischen Denkens in der Soziologie einen schematischen Aufriss. Die Möglichkeit und die Entwicklung sozialer Konflikte sieht er durch *zwei Denkfiguren* begrenzt: Zum einen von der *Idee des anarchischen Naturzustandes*, in dem Prozesse eben nicht mehr als soziale begriffen werden können, und zum anderen von dem *Ideal einer vollständigen sozialen Integration*, in der jeglicher Wandel undenkbar, ja die Geschichte stillgestellt wäre. Damit sind zugleich die möglichen Entwicklungsrichtungen sozialer Konfliktprozesse angegeben: Die (de-eskalierende) Richtung zunehmender Rationalisierung (Richtung moralische Integration) sowie die Gegenrichtung zunehmender Eskalation (Richtung Anarchie).

Das sich in diesen Grenzen bewegende Feld sozialer Konfliktprozesse ist nun auf *zwei Strukturierungs-* und *zwei Rationalisierungsebenen* analysierbar, wie Abb. 1 zeigt.

Abb. 1: Feld sozialer Konfliktprozesse

2. Soziologische Theorietraditionen

Zum einen auf der Ebene der *Strukturierung von Konfliktbeziehungen* (Interessenstruktur, Machtstruktur und Konflikthandeln) sowie der Ebene der *Strukturierung von Konfliktakteuren* (soziale Gemeinschaften, Organisationen und Interaktionsbeziehungen) und zum anderen auf der Ebene der *Rationalisierung von Konfliktzielen* (Rangordnung, Verteilung, Regelungen) sowie der Ebene der *Rationalisierung von Konfliktformen* (sozialer Kampf, Wettbewerb und Debatte). In diesem Schema lässt sich nun die überwiegende Mehrzahl der Fragestellungen verschiedener konflikttheoretischer Arbeiten verorten. Allen Theorieprogrammen, die soziale Prozesse als Konflikt und Konkurrenz konzipieren, ist jedenfalls gemeinsam, von der Universalität von Knappheit und Ungleichheit und von der Existenz von sozialen Regelungen des Konflikthandels auszugehen.

Gesellschaft wird konflikttheoretisch nicht als eine fest umrissene und stabile Einheit, vielmehr im Sinne eines *Vergesellschaftungsprozesses* einer Vielzahl individueller und kollektiver Akteure gefasst. Neben der Prozesshaftigkeit stellt die Konflikttheorie die Labilität von Vergesellschaftung heraus, die darauf beruht, neben Vergemeinschaftungs- und Solidaritätsbeziehungen vielfältige Konkurrenz- und Konfliktlinien herauszubilden und auf diese Weise die Vergesellschaftung im Spannungsfeld zwischen Anarchie und totaler Integration zu labilisieren. In dieser Sicht wird die labile Struktur von Sozialverbänden verschiedener Konfliktgruppen gebildet und die Dynamik dieser Struktur wird durch die unterschiedlichen Interessen und Machtpotentiale dieser Gruppen bestimmt.

Soziale Differenzierung versteht die Konflikttheorie somit als Gliederung der Gesellschaft oder auch anderer Sozialverbände in *kollektive Akteure* und nicht etwa die gesellschaftliche Ausdifferenzierung verschiedener Handlungsformen oder Handlungsbereiche. Die Aufmerksamkeit ist daher auf kollektive Akteure, ihre Machtressourcen, Ziele und Interessen sowie auf jene Prinzipien und Institutionen gerichtet, welche die Entstehung kollektiver Akteure und ihre wechselseitige Abgrenzung ermöglichen. Es sind dies die durchaus veränderbaren Prinzipien und institutionellen Verfestigungen von allerdings unvermeidbarer *sozialer Ungleichheit*, d.h. der ungleichen Verteilung von Herrschaft, Eigentum, Prestige, Wissen etc. Als *grundlegende Strukturen* der Gesellschaft gelten daher nicht etwa funktional unterschiedene Teilsysteme, sondern ökonomische *Klassen*, politische Organisationen *(Parteien)* und soziale *Schichten*, die als kollektive Akteure mit gegensätzlichen Interessen soziale Konfliktprozesse in Gang halten. Ökonomische Klassen bilden sich durch gemeinsame besitz- oder arbeitsmarktvermittelte *materielle Lebenschancen*, politische Organisationen ergeben sich aus dem Zusammenschluss von Individuen mit dem Ziel, Macht und *Einfluss auf allgemeinverbindliche Entscheidungen* auszuüben, soziale Schichten schließlich bilden sich als *Gemeinschaften von Individuen gleichen sozialen Ranges* im Hinblick auf Einkommen, Berufsprestige und Bildung etc. Die konflikttheoretische Soziologie findet so ihre Aufgabenstellung in der Analyse der sozialen Differenzierung, d.h. der Strukturen sozialer Ungleichheit.

Nun sind jedoch moderne Gesellschaften, in denen hierarchisch-herrschaftliche Formen der sozialen Ungleichheit immer mehr durch funktionale Differenzierungen ersetzt werden, geradezu durch eine Allgegenwart von Interessenkonflikten gekennzeichnet. Vor allem besteht zwischen den Positionen, die eine Person auf den verschiedenen Strukturdimensionen sozialer Ungleichheit einnimmt, kaum noch ein eindeutiger Zusammenhang, so dass sich Konfliktlinien zunehmend überkreuzen und überlagern, damit eine klare und gesellschaftsweite Abgrenzung von Konfliktgruppen immer schwieriger wird. Aus dieser Gemengelage zieht die Rede von einer zunehmenden „Individualisierung der Lebenslagen" ihre Legitimation. Da die Konflikttheorie nicht von stabilen Strukturen oder fest gefügten sozialen Systemen, sondern von der Prozesshaftigkeit und Labilität der sozialen Beziehungen ausgeht – dabei sind allerdings die soziale Prozesse an Struktur- und Ordnungsbildung orientiert –, betrachtet sie sozialen Wandel als den Normalfall der sozialen Wirklichkeit.

Den geschichtlichen Wandel analysiert die Konflikttheorie nun im Ausgang von dieser allgemeinen Orientierung an Prozess und Wandel. In dieser Perspektive wird der geschichtliche Wandel oder die soziale

Evolution von den Konflikten und Konkurrenzen zwischen kollektiven Akteuren bewegt. Eine allgemeine Logik einer Fortschritts- oder Höherentwicklung kann dabei nicht zugrundegelegt und die komplexen Strukturveränderungen in modernen Industriegesellschaften können auch nicht auf eine bestimmte Ursache (beispielsweise Klassengegensätze etc.) zurückgeführt werden. Der soziale Wandel wird durch eine Vielzahl von Faktoren bestimmt, nicht von einer einzigen Quelle. Technische, ökonomische, politische und kulturelle Veränderungen können gleichermaßen Anlass von Spannungen und Konflikten und damit von gesellschaftlichem Wandel sein. Eine der Hauptaufgaben einer Theorie des Wandels liegt dann in der Erklärung der Modalitäten der sozialen Bewegung.

Der konflikttheoretische Ansatz impliziert keinerlei Festlegung der Entwicklung und des Wandels von Konfliktformen und Konfliktzielen, bislang lässt sich jedoch im großen und ganzen ein 'evolutionärer' Prozess der Zivilisierung bzw. Rationalisierung von Konfliktformen und Konfliktzielen ausmachen. So werden heute auch Rangordnungs- und Verteilungskonflikt im 'rationaleren' Rahmen von Norm und Regelkonflikten ausgetragen.

2.3 Verhaltens- bzw. Entscheidungstheorie

Der soziologische Behaviorismus wird vor allem in den USA als ein eigenständiges Gesamtprogramm der soziologischen Theorie verstanden, das sich nachdrücklich systemtheoretischen, strukturalistischen und historisch-materialistischen oder phänomenologisch-interaktionistischen Analysen des Gesellschaftsprozesses entgegenstellt. Die Entwicklung der soziologischen Verhaltenstheorie ist eng mit dem Namen George C. Homans (1910-1989) verknüpft, der die Soziologie dazu aufrief, die luftigen Höhen fiktiver Systemkonstruktionen zu meiden und zu den Individuen und ihrem elementaren Verhalten als Erkenntnisquelle zurückzukehren. Bis heute teilt bekanntlich die Frage, ob der theoretische Kern soziologischer Erklärungen aus Hypothesen über individuelles Handeln (invariante Gesetzmäßigkeiten der menschlichen Natur) oder aus Hypothesen über Kollektive (Struktur- oder Systemgesetzmäßigkeiten) bestehen soll, die Soziologie in zwei Lager (Individualismus vs. Kollektivismus).

Die Verhaltenstheorie tritt mit dem umfassenden Anspruch auf, die soziologische Wissenschaft mit allen Teilbereichen und Einzelaspekten auf eine einheitliche Grundlage stellen zu können. Grob gesprochen handelt es sich bei der Grundlage um die Idee, alles Sozialverhalten sei durch Lernen erworben und von daher alles Soziale als Resultat bestimmter Konfigurationen sich verhaltender Individuen letztlich lerntheoretisch zu erklären. Nach Auffassung der Verhaltenstheorie sind die Grundbestandteile der Gesellschaft also individuelle Personen, deren Handeln mehr oder weniger von ihren erworbenen Neigungen, von ihrem Situationsverständnis, ihren Überzeugungen und Umgebungsressourcen bestimmt wird.

Theoriegeschichtlich stellt dieser Ansatz also eine Anleihe des behavioristischen Forschungs- und Theorieansatz in der Psychologie dar, der dort ein äußerst erfolgreiches Programm der Verwissenschaftlichung der Psychologie zur Verfügung stellte. Die wichtigsten Vorläufer und Wegbereiter der behavioristischen Psychologie waren Iwan P. Pawlow (1849-1936), Edward L. Thorndike (1874-1949) und John B. Watson (1878-1958), die lerntheoretische Weiterentwicklung verdankt sich vor allem Burrhus F. Skinner (1904-1990). Die grundlegende These des Behaviorismus (und auch die von Homans) lautet: Menschen organisieren ihr Verhalten in der Regel so, dass das zu erwartende Ausmaß an Belohnungen maximiert und das Ausmaß an Bestrafungen minimiert wird.

Eingang in die Soziologie fand die Verhaltenstheorie zu einer Zeit, als die strukturell-funktionale Denkschule den Ton angab. Homans wandte sich gegen den vorherrschenden Typus soziologischer Erklärung, der sich vornehmlich auf repetitive Erscheinungen und Aggregatdaten richtete und ihren Beitrag zum Systembestand darlegte. Ausgehend von einem streng erfahrungswissenschaftlich orientierten Theoriebegriff sah Homans in den großen, allgemeinen Theorien der strukturfunktionalistischen Soziologie keine eigentlichen Theorien,

2. Soziologische Theorietraditionen

vielmehr lediglich sprachlich-begriffliche Klassifikationen oder Schemata. Mit Hilfe dieser 'Theorien' ließen sich seiner Ansicht nach allenfalls bestimmte Aspekte der Welt beschreiben, nicht aber, was eben die eigentliche Aufgabe einer wissenschaftlichen Theorie wäre, die empirischen Regelmäßigkeiten (deduktiv) erklären. Erklärungskraft in diesem Sinne besitzen Theorien aber nur dann, wenn die kollektiven Prozesse aus Motiven hergeleitet werden, welche die Individuen in einer logisch und psychologisch vom Forscher nachvollziehbaren Weise zu ihrem Verhalten veranlassten. In einer solchen Theorieperspektive ist dann das Soziale nicht mehr als die Summe seiner Teile, haben kollektive Akteure oder Institutionen keine eigene Existenz. Gesellschaftliche Prozesse werden hier als Kooperationen von Individuen austausch- bzw. spieltheoretisch erklärt. Das Homanssche Forschungsprogramm unterscheidet sich somit aber auch von den qualitativen Strömungen, wie z.B. dem Symbolischen Interaktionismus, die zwar ebenfalls eine individualistische Orientierung aufweisen, ihre implizit verwendeten Individualhypothesen aber nicht klar formulieren, so dass die logische Struktur ihrer Erklärungen unklar bleibt.

In ihren Grundzüge ist die Verhaltenstheorie nicht nur durch den Behaviorismus, sondern ebenso – wie schon anklang – durch den methodologischen Individualismus und den Utilitarismus gekennzeichnet. Letzterer bezeichnet die moralische und ökonomische Argumentation der schottischen Sozialphilosophen im ausgehenden 18. und im 19. Jahrhundert. Adam Smith (1723-1790) und David Ricardo (1772-1823) begründeten die ökonomische Argumentation des Utilitarismus und somit den methodologischen Individualismus der National-Ökonomie auf der Figur des vorausschauenden, zielstrebigen, rational handelnden und gewinnorientierten Individuums. Jeremy Bentham (1748-1832) und John Stuart Mill (1806-1873) sahen in dem Guten das für jedermann Nützliche, da das Streben jedes einzelnen nach Gewinn-, Lust- und Statusmaximierung quasi automatisch den Wohlstand aller und den gesellschaftlichen Fortschritt hervorzubringen vermag. Vom Utilitarismus ist auch die Grundannahme übernommen, dass die Menschen auf den Verkehr (Austausch) mit anderen angewiesen sind, wenn sie die Erfolgsaussichten ihres Strebens verbessern wollen. Verhalten von Individuen ist als kostenbewusstes und nutzenmaximierendes Wahlhandeln aufzufassen. Das normale zwischenmenschliche Verhalten ist für Homans daher Konkurrenz. Kooperation wird nur angestrebt, wenn dadurch ein größerer Nutzen zu erwarten ist. Soziale Phänomene sind so als Folgen kollektiven Verhaltens zu begreifen und können behavioristisch als Ausdruck gelernter individueller Vermeidungs- und Erstrebensstrategien gedeutet werden. Soweit die individuellen Verhaltensweisen in den Rahmen bisher unfalsifizierter Hypothesen passen, welche die Psychologie liefert, dürfen sie dann als ursächlich erklärt gelten.

Homans (1972, S. 62-69) geht in diesem Zusammenhang von fünf Haupthypothesen aus:

Erfolgshypothese: „Je häufiger die Aktivität einer Person belohnt wird, mit umso größerer Wahrscheinlichkeit wird diese Person die Aktivität ausführen."

Reizhypothese: „Wenn in der Vergangenheit ein bestimmter Reiz oder eine Menge von Reizen eine Aktivität begleitet hat, die belohnt worden ist, dann wird eine Person umso eher diese oder eine ähnliche Aktivität aus führen, je ähnlicher die gegenwärtigen Reize den vergangenen sind."

Werthypothese: „Je wertvoller die Belohnung einer Aktivität für eine Person ist, desto eher wird sie diese Aktivität ausführen."

Deprivations-Sättigungs-Hypothese: „Je häufiger eine Person in der nahen Vergangenheit eine bestimmte Belohnung erhalten hat, desto weniger wertvoll wird für sie jede zusätzliche Belohnungseinheit."

Frustrations-Aggressions-Hypothese: „Wenn die Aktivität einer Person nicht wie erwartet belohnt oder unerwartet bestraft wird, wird die Person ärgerlich, und im Ärger sind die Ergebnisse aggressiven Verhaltens belohnend."

In der zweiten Auflage (1974) seines theoretischen Hauptwerkes *Social Behavior* fasst Homans die Basishypothesen allgemeiner und fügt eine „Rationalitätshypothese" hinzu, mit der er eine Brücke zu den Wirtschaftswissenschaften schlägt, die nicht von der behavioristischen Lerntheorie, sondern von einer Theorie rationalen Handelns ausgehen:

2. Soziologische Theorietraditionen

Rationalitätshypothese: „Wenn eine Person zwischen alternativen Handlungen wählt, wird sie diejenige Handlung auswählen, für die der von der Person wahrgenommene Wert der Handlungskompetenzen, V, multipliziert mit der Wahrscheinlichkeit, p, größer ist."

Diese Basishypothesen wurden u.a. dahingehend kritisiert, die Beziehungen untereinander seien ungeklärt, vor allem die Beziehung der Rationalitätsthese zu den anderen Basishypothesen. Sind die Thesen z.B. logisch voneinander unabhängig oder lassen sich einige Hypothesen aus anderen ableiten?

Heute wird von Vertretern der sog. *Rational-Choice-Theorie* argumentiert, für die Soziologie reiche die Rationalitätshypothese aus; sie biete den Vorteil, die Kognitionen der Individuen in die Erklärung einzubeziehen, da Kognitionen und (Nutzen-) Bewertungen als die beiden zentralen Elemente der Verhaltenserklärung anzusehen seien. Mit der *Rational-Choice-Theorie* hat sich etwa seit den 80er Jahren ein individualistisches Forschungsprogramm etabliert, das sich von der behavioristischen Verhaltenstheorie als Grundlage eines solchen Programms verabschiedet. Der Rational-Choice-Ansatz lässt sich auf keinen Hauptvertreter zurückführen, unter diesem Lable sind vielmehr verschiedene Axiome der Mikroökonomie, der Spieltheorie und der Theorie öffentlicher Güter versammelt, die verwendet werden, um Ereignisse auf intentionale Handlungen individueller und kollektiver Akteure zurückzuführen. Die beiden Kernstücke dieses Ansatzes sind die SEU-Theorie (subjective expected utility) und das RREEMM-Menschenbild (restricted, resourceful, expecting, evaluating, maximizing man). Nach Hartmut Esser, welcher der Rational-Choice-Theorie zumindest nahe steht, wenn nicht gar als anerkannter deutscher Vertreter dieser Theorie gilt, fasst dieser Ansatz menschliches Handeln als eine intentionale, an der Situation orientierte Wahl zwischen Optionen auf und trägt damit der menschlichen Fähigkeit zu Kreativität, Reflexion und Empathie ebenso systematisch Rechnung wie der Bedeutung von Knappheit und von (Opportunitäts-) Kosten des Handelns (1991, S. 431). Zumindest heute werden von den Vertretern des 'rationalen' Ansatzes biographische Eigenheiten, Sozialisation, Normen, *bounded rationality* etc. mit berücksichtigt. Normen, Rollen, aber auch Institutionen werden dann als stark objektivierte Anhaltspunkte für '(soziales) Handeln' gesehen. Trotz der Erweiterung der ökonomischen Perspektive bleibt aber die Terminologie der Theorie des rationalen Entscheidungshandeln noch sehr der Ökonomie verhaftet.

Mit der Abkehr vom psychologisch-lerntheoretischen Erbe des Individualismus ist nicht nur eine Verstärkung der ökonomischen Argumentation, sondern auch eine zunehmende Beschäftigung mit makrotheoretischen Fragestellungen zu verzeichnen. Die zentrale Frage, die bereits Homans stellte, lautet hier: Wie bringt das Verhalten von Individuen die Merkmale von Gruppen hervor? Auch bei Vertretern des individualistischen Programms ist unstreitig, dass in der Erklärung von Makrophänomenen die eigentliche Hauptaufgabe der Soziologie zu sehen ist.

In jüngerer Zeit hat vor allem James S. Coleman (1926-1995) das sogenannte Mikro-Makroproblem aufgenommen. Coleman (1995) hält am homo oeconomicus und an der Rationalitäts-Prämisse fest, allerdings werden bei ihm nicht mehr Güter ausgetauscht, sondern Handlungs- und Kontrollrechte. Zudem will er die vielfältigen Beziehungsstrukturen in den gegenwärtigen Gesellschaften erfassen, wodurch im Theoriedesign ein Wechsel von individuellen zu kollektiven Akteuren erforderlich wird. Systemphänomene werden in dieser Perspektive auf kollektives Verhalten zurückgeführt und dieses wiederum auf das Verhalten individueller Akteure. Das anspruchsvollste Problem dieses Ansatzes ist also die Mikrofundierung sozialer Strukturen bzw. der Versuch, das sog. Transformationsproblem zu lösen.

Die Verhaltenstheorie nennt sich zu Recht soziologisch, wo sie von den Beziehungsmustern der Kleingruppe als letzten Baustein jedweder sozialer Ordnung ausgeht. Allerdings ist für die Verhaltenstheorie die Gesellschaft nur vom Individuum abgeleitet zu erfassen und ist nicht unabhängig vom Individuum bestimmbar. Der Aufbau der Gesellschaft erscheint daher in verhaltenstheoretischer Perspektive noch changierender und unschärfer als in konflikttheoretischer Perspektive. Wie die Konflikttheorie erkennt die Verhaltenstheorie gesellschaftliche Prozesse als Prozesse der Vergesellschaftung. Ihr 'Gesellschaftsbild' hebt sich somit vor allem vom Bild der strukturell- funktionalen bzw. der Systemtheorie ab, die das Gesellschaftliche gleichsetzt mit einem mehr oder weniger identischen Dauerverhältnis von bestimmter Struktur, mit äußeren Grenzen, bestimmbarer Mitgliedschaft und mit für alle gültigen Normen und Werte. Die sozialen Beziehungen sind im Auge der Verhaltenstheorie durch Fluktuationen und wechselnde Überschneidungen, durch Auflösungen, Neubildungen und ständige Reorganisationen gekennzeichnet.

Soziale Differenzierung sieht die vom Individuum und von Kleingruppen ausgehende Verhaltenstheorie *synthetisch* als Zusammenschluss, als instabile Folge interessengeleiteter Koalitionsbildung und *nicht analytisch* als Gliederung eines bestehenden Ganzen. Die Verhaltenstheorie besitzt auch nicht das Schema ausdifferenzierter Subsysteme, die jeweils einen besonderen Leistungsbeitrag zum sozialen Gesamtprozess beisteuern; sie betont vielmehr die Flüssigkeit der gesellschaftlichen Differenzierungsstrukturen und erwartet Verwerfungen, Auflösungen und Umgruppierungen, wann immer die Gruppenangehörigen vorteilhafte Chancen erkennen. Soziale Schichtung erscheint so als Vielheit kontingenter Strata.

Der soziale Wandel wird verhaltenstheoretisch an seiner Quelle und an den Impulsen, die ihn in Gang halten, erfasst. Da normative Strukturen nichts anderes sind als Lernresultate organisiert aufeinander bezogener Menschenmengen, vergehen sie ebenso wie sie entstanden sind und schaffen Platz für Neues. Was gelernt war, wird wieder verlernt, wenn Belohnungen ausbleiben und immer wieder Verluste entstehen. Quellen des Wandels sind ('externe') Veränderungen der Umweltbedingungen, die zum Scheitern bisher erfolgreichen Verhaltens führen, wie ('interne') Prozesse des Vergessens von Problemlösungen, die längere Zeit nicht genutzt wurden und daher neu und anders erfunden werden, oder einfach die Entwicklung von Überdruss an alten Verhaltensweisen bzw. der Lust an Abwechslung. Der Lust an Abwechslung entspringen neue und somit konkurrierende Verhaltensweise vor allem in solchen Bereichen, in denen es nicht ums 'Überleben' geht, wie in der Kunst und auch in der Wissenschaft.

Liegt nun die Quelle des Wandels in veränderten Umweltbedingungen, müssen die Lasten und Gefahren nicht von allen zugleich und gleichermaßen empfunden werden, so dass auch hier stets neu entstandene Verhaltensweisen mit alten oder alternativen konkurrieren. Letztlich tendiert der Veränderungsdruck zu sozialen Konflikten und die Konflikte verstärken ihrerseits die Veränderungsdynamik, wobei das Konfliktgeschehen mit hohem Risiko belastet und der Ausgang offen ist. Dadurch kommt wiederum ein Lernprozess in Gang und führt zu der Erfahrung, dass das Konfliktverhalten generell nachteiliger ist als jede mögliche Kompromisslösung.

Sozialer Wandel drückt sich als ein unablässiges Entstehen und Vergehen aus, das von Mal zu Mal die Richtung ändern, sich im Kreise drehen, aber durchaus auch Linearitäten zeigen kann. Somit kennt auch die Verhaltenstheorie keinen fest dimensionierten Wandel, dessen einzelne Veränderungen sich etwa auf einer einheitlichen Linie anordnen lassen.

2.4 Handlungs- bzw. Interaktionstheorie

Die Verhaltenstheorie, so zeigte sich, deutet menschliches Tun als letztlich organische Reaktion auf Reize, die von wenigen psychologisch zu fassenden Gesetzmäßigkeiten bestimmt ist. Die Handlungstheorie dagegen drückt schon mit ihrem Namen aus, dass sie im menschlichen Tun eine sich vom bloß reaktiven Verhalten (Bewegung in Zeit und Raum) abhebende qualitative Besonderheit sieht. Im Anschluss an die idealistische Philosophie von Platon bis Heidegger sieht die Handlungstheorie im durch Bewusstsein und Intentionalität geführten menschlichen Tun ein Moment der individuellen Spontaneität, der Indetermination am Werke, das durch keine Reduktion eingefangen werden kann und seinerseits „Kausalität durch Freiheit" setzt.

In einer handlungstheoretischen Perspektive ist das Zusammenleben der Menschen zuallererst durch Subjektivität und Sinn gekennzeichnet. Soziale Wirklichkeit gibt es nicht von sich aus, sondern nur durch das wechselseitig aneinander orientierte und interpretierende Handeln von Individuen. Für die Fundierung der Handlungstheorie als Soziologie ist daher vor allem ihre Ausarbeitung als Interaktionstheo-

2. Soziologische Theorietraditionen

rie von Bedeutung. Besitzt nun der Gegenstandsbereich der Sozialwissenschaften eine aus subjektivem Sinn gesponnene Struktur, hat das für die Aufgabe und für die Methoden der Soziologie einige Konsequenzen. Die Aufgabe besteht dann darin, den sinnhaften Aufbau der sozialen Wirklichkeit zu rekonstruieren; und will die Soziologie ihrem Gegenstand angemessene Begriffe und Theorien entwickeln, ist sie methodologisch darauf verwiesen, ihren Gegenstand deutend zu verstehen.

Interpretation (Verstehen) hat somit in diesem Ansatz eine zweifache Bedeutung, Interpretation ist zum einen Grundannahme über menschliches Verhalten und zum anderen wissenschaftliche Methode. So sind die Schlüsselbegriffe dieses soziologischen Programms Intersubjektivität und Lebenswelt, Interaktion und Interpretation.

Das interpretativ-phänomenologische Programm schließt dabei an verschiedene philosophische und soziologische Denkfiguren und Konzepte an. Einer der zentralen Anknüpfungspunkte ist Max Webers (1864-1920) Grundlegung einer verstehenden Soziologie als Wissenschaft und seine Konzeption der unmittelbaren 'sozialen Beziehung' als gegenseitig „sinnhaft bezogenes Handeln", das auf wechselseitigem Handlungs-Verstehen beruht. Allerdings ist für Max Weber Sozialität bereits mit sozialem Handeln und nicht erst mit einer sozialen Beziehung gegeben. George Herbert Meads (1863-1931) Gedanke der praktischen Intersubjektivität, seine Auffassung des menschlichen Verhaltens als „symbolisch vermittelte Interaktion", aber auch Edmund Husserls (1859-1938) Idee der „transzendentalen Intersubjektivität", in der die empirischen Subjekte vor aller Erfahrung mit den anderen schon aufeinander hingeordnet sind (apriorische Verbundenheit), ermöglichen eine interaktionstheoretische Ausarbeitung des handlungstheoretischen Ansatzes.

Herbert Blumer (1900-1987) übernimmt im „symbolischen Interaktionismus" die Gedanken Meads und zeigt, wie sich die Handelnden wechselseitig den Sinn ihres Handeln anzeigen und sich auf diese Weise über die gemeinsame Situation verständigen. Damit erfährt auch die Webersche Perspektive, in der soziales Handeln durch die

Orientierung am gemeinten Sinn des Handelns des anderen gekennzeichnet ist, eine wesentliche Erweiterung.

Alfred Schütz (1899-1959) verbindet in seiner Arbeit über den „sinnhaften Aufbau der sozialen Welt" Husserls phänomenologisches Lebensweltkonzept mit dem Anspruch der verstehenden Soziologie nach Weber und liefert so die phänomenologische Grundlegung der verstehenden Soziologie. Seine Schüler Peter L. Berger (geb. 1929) und Thomas Luckmann (geb. 1927) bauen dann Schütz' Konzept des Alltagswissens wissenssoziologisch zu einer umfassenden Theorie der intersubjektiven Kulturwelt aus.

Max Weber definierte bekanntlich die Soziologie als eine Wissenschaft, welche *soziales Handeln deutend verstehen* und dadurch in seinem Ablauf und seinen Wirkungen ursächlich erklären will. Soziales Handeln soll hier, sagt Weber, „...ein solches Handeln heißen, welches seinem von dem oder den Handelnden gemeinten Sinn nach auf das Verhalten anderer bezogen wird und daran in seinem Ablauf orientiert ist." (1921, S. 1 ff.) Für Weber stellt also „soziales Handeln" nicht nur den zentralen Tatbestand der Soziologie dar, sondern es ist für die Soziologie als Wissenschaft konstitutiv. Gegenseitiges soziales Handeln ist das unaufgebbare Minimum jener grundlegenden Sozialform, die Weber „soziale Beziehung" nennt. Grundlage für soziale Beziehungen ist das Moment des „gegenseitigen Verstehens" (des subjektiv gemeinten Sinns von Handlungen). Beim gegenseitigen Verstehen in einer sozialen Beziehung beziehen demnach die Träger der sozialen Beziehung (Alter/Ego) sich wechselseitig auf ihre jeweiligen Handlungen.

Soziale Beziehungen haben nun die typische Eigenschaft, durch die tendenzielle 'Auf-Dauer-Stellung' bestimmter Handlungsabläufe, durch einen typisch gleichartig gemeinten Sinn beim gleichen Handeln Regelmäßigkeiten aufzuweisen. Die Chance zur regelmäßigen Wiederkehr sozialer Handlungen sieht Weber durch Brauch, Sitte, Interessen oder legitime Ordnung (Konvention, Recht) garantiert. Talcott Parsons setzt später in seiner Theorie an diese Stelle ein von allen Interaktionsteilnehmern geteiltes gemeinsames System von Symbolen und Bedeutungen (soziokulturelles Wertesystem). Das *interpretative*

2. Soziologische Theorietraditionen

Paradigma geht jedoch im Anschluss an Mead davon aus, dass es ein intersubjektiv gemeinsam geteiltes, als selbstverständlich voraussetzbares System von Symbolen im strikten Sinne nicht gibt. In dieser Perspektive erweisen sich Bedeutungen, welche die Handelnden ihrem Handeln wechselseitig beimessen, nicht, wie bei Weber und Parsons unterstellt, als kulturell jeweils schon vorgegeben, sondern als Produkt von Strukturierungs-, d.h. Interpretationsleistungen der Mitglieder.

George Herbert Mead konzeptioniert im Gegensatz zu der mit kausalen Reiz-Reaktionsmodellen arbeitenden behavioristischen Psychologie das Handeln bzw. die Anpassung an die Umwelt als bewußte Aktivität eines Subjekts. Als *Postulat* war das *selbstbewusste Subjekt* konzeptionell bereits im deutschen Idealismus (circa 1780-1830: Kant, Fichte, Hegel, Schelling u.a.) vorbereitet, Mead unternimmt es jedoch, *die Entstehung* von Bewusstsein, Individuum und Gesellschaft aus Prozessen des menschlichen Verhaltens, das er als symbolisch vermittelte Interaktion auffasst, zu *erklären*. Nach Mead ist menschliches Verhalten symbolisch vermittelt, durch sprachliche Kommunikation gesteuert, die sowohl der Festlegung und Mitteilung von Verhaltenserwartungen als auch der Interpretation der Umwelt sowie der Verständigung über diese Umwelt dient. Der Mechanismus der sozialkommunikativen Verhaltensprogrammierung macht es der Menschheit möglich, Arbeitsteilung und funktionale Differenzierung auf der Ebene von Verhaltenserwartungen (bzw. sozialen Rollen und Institutionen) zu errichten. Im Gegensatz zu anderen Lebewesen beruht die evolutionäre Anpassung somit auf der gezielten Erfindung und systematischen Erprobung von Lösungen für Anpassungsprobleme. Für die Entwicklung ist demnach also das Auf-einander-verwiesen-Sein und die Wechselwirkung von Individuum und Gesellschaft wichtig.

Die makrotheoretischen Bezüge des Meadschen Ansatzes wurden im *symbolischen Interaktionismus* von Herbert Blumer allerdings nicht weiter verfolgt. In diesem Ansatz erscheint das Individuum primär als Produzent und kaum noch als Produkt der Gesellschaft. Gesellschaft bezeichnet hier eine Ansammlung von Personen, die in Interaktionsprozessen ihre Aktivitäten fortwährend einander anzeigen und aufeinander abstimmen müssen. Blumer kennzeichnet den „methodologischen Standort des symbolischen Interaktionismus" (1969, 1973) mit drei Prämissen:

Menschen handeln Dingen (auch anderen Menschen und Institutionen) gegenüber aufgrund der Bedeutungen, die diese Dinge für sie besitzen.

Die Bedeutung solcher Dinge ist aus der sozialen Interaktion, die man mit seinen Mitmenschen eingeht, abgeleitet oder entsteht aus ihr.

Diese Bedeutungen werden in einem interpretativen Prozeß, den die Person in ihrer Auseinandersetzung mit den ihr begegnenden Dingen benutzt, gehandhabt und geändert.

Zentral für gemeinsames, verkettetes Handeln sind die sich wiederholenden Muster der Interaktion. Es bilden sich 'Netzwerke von Handlungen' (Institutionen) mit geregelter Teilnahme verschiedener Personen in unterschiedlichen Positionen. Diese Netzwerke funktionieren allerdings nicht automatisch aufgrund einer inneren Dynamik, sondern sie sind auf die Aktivitäten und Interpretationen der Teilnehmer angewiesen. Der symbolische Interaktionismus stellt also, anders als die bisherigen Ansätze, die Kreativität und die Interpretationsleistungen des Individuums in den Mittelpunkt, wobei er allerdings die Bedeutung der unabhängig von einzelnen Individuen bestehenden sozialen Normen und Symbole eher vernachlässigt. Somit kann in einer solchen Perspektive die Aufgabe der Sozialwissenschaft eben nicht darin bestehen, Theorien zum Zweck der Erklärung zu konstruieren, hier geht es vielmehr darum, die Absichten und Strategien der Handelnden verstehend zu rekonstruieren.

In einem ähnlichen Gegensatz zu einem positivistischen Welt- und Wissenschaftsverständnis steht auch Alfred Schütz mit seiner These vom *sinnhaften Aufbau der sozialen Welt* und der Notwendigkeit *einer verstehenden Soziologie*. Schütz befasst sich mit dem „Sinnbegriff" der Soziologie Webers, dessen Klärung nach seiner Ansicht nur in einer Analyse der alltäglichen Sinndeutungs- und Sinnsetzungsprozesse vorgenommen werden kann. Hierzu greift er auf die Phänomenologie Husserls zurück. Husserl geht davon aus, dass Objekte notwendig auf ein Subjekt bezogen sind und will in seiner phänomenologischen

Philosophie die naive Theorie der Wahrnehmung (des Positivismus) hinterfragen und jene subjektiven bzw. intersubjektiven Voraussetzungen aufdecken, auf denen jede Wahrnehmung beruht. Die Phänomenologie macht daher die Welt zum Thema, zu der sich der Mensch in seinem Bewusstsein in Beziehung setzt. Hier kann nun, wie die phänomenologische bzw. eidetische Reduktion zeigt, die Welterfahrung des Individuums von der Gemeinschaftserfahrung nicht abgetrennt werden. Das Prinzip der Intersubjektivität scheint aller Erfahrung zugrunde zu liegen. Die Grunderfahrung des Individuums ist es, in einer Welt gemeinsam mit anderen zu leben, in einer Welt der Vertrautheit, die fraglos gegeben zu sein scheint. Diese selbstverständlich vorausgesetzte Welt der sinnlichen Erfahrung nennt Husserl *Lebenswelt*.

Die Lebenswelt ist unreflektierte und unbefragte Wirklichkeit und bestätigt sich, solange sie unproblematisch bleibt, durch die Routine des immer Gleichen. Durch die Phänomenologie sieht Schütz nun die Sozialwissenschaften in die Lage versetzt, diejenigen Strukturen freizulegen, die jede Sozialwelt notwendigerweise und durch allen sozialen Wandel hindurch besitzen muss. Damit ist der Soziologie nicht nur ihr spezifischer Gegenstand vorgegeben, sondern auch ihr Ziel, nämlich den (Eigen-) Sinn der Sozialwelt mit Hilfe idealtypischer Modelle zu verstehen. Schütz unternimmt es daher, die *Strukturen dieser Lebenswelt* sowie die Zeit- und Sinnstruktur des in ihr stattfindenden Handelns Schicht um Schicht freizulegen und zu rekonstruieren. Die Gemeinsamkeit und damit die soziale Struktur der Lebenswelt beruht demnach auf zwei Idealisierungen, die allem Handeln und aller Verständigung zugrunde liegen, zum einen auf der Idealisierung der *Vertauschbarkeit der Standpunkte* und zum anderen auf der Idealisierung der *Kongruenz der Relevanzsysteme* (als ob alle die Dinge nach den gleichen Kriterien beurteilen).

Handlungs- und Verstehensfähigkeit wird *mit drei Verfahren zur Auslegung* der Lebenswelt hergestellt:
   mit den (*'sedimentierten'*) *Wissensvorräten*, die als Fertigkeiten, Gebrauchswissen und Rezeptwissen zur Definition und Bewältigung von Situationen vorliegen,

mit dem *Vertrauen in die Konsistenz der Erfahrung* bezüglich der Weltstruktur und der Einwirkmöglichkeiten auf die Lebenswelt (Idealisierung des 'Und-so-Weiter' und 'Ich-kann-immer-Wieder') und mit *Typisierungen* von Situationen, Erfahrungen, Handlungen, Motiven und Personen zur Herstellung eines jeweiligen Sinnzusammenhangs.

Handeln begreift Schütz als einen Prozess, der vom Handelnden vorgezeichnet wurde und somit auf einem vorgefassten Entwurf beruht. Nun steht Handeln nicht nur in Bezug zum Wissensvorrat und der im Lichte dieses Wissensvorrats definierten Situation, es ist vor allem motiviert. Die sogenannten *Um-zu-Motive* (letztlich Elemente des Lebensplans) beziehen sich auf den Zweck des Handelns und beinhalten das, was Max Weber als den „subjektiv gemeinten Sinn" bezeichnet hat, *Weil-Motive* sind dagegen die in der Vergangenheit erworbenen Verhaltensdispositionen, Vorlieben, Eigenarten etc. (Produkte der Lebensgeschichte). Durch ein solchermaßen sinnhaftes Handeln, durch die Umsetzung sinnhafter Entwürfe in die Tat greift der Mensch in die Welt, insbesondere auch in die Kulturwelt, gestaltend und verändernd ein. Allerdings ist Handeln aufgrund seiner Abhängigkeit vom Alltagswissen keineswegs im strengen Sinne rational, sondern ein allenfalls partiell rationales 'Routinehandeln'.

Die Alltagswelt ist Sozialwelt, die der Mensch, wie bereits hervorgehoben, gemeinsam mit anderen bewohnt, mit denen er zusammenwirken und sich verständigen muss. Grundlage der sozialen Beziehung ist also das gegenseitige Verstehen. Nach Schütz stützt sich das Verständnis des anderen in den *unmittelbaren* Beziehungen (Wir-Beziehungen) auf *„subjektive personale Typen"*, d.h. auf typische Muster von Verhaltensweisen und typische Muster zugrunde liegender Motive einer typischen Persönlichkeit. In den *mittelbaren* sozialen Beziehungen, in denen der andere als anonymer, austauschbarer Funktionsträger erscheint, stützt sich das Verständnis dagegen auf *„Handlungstypen"*, d.h. nicht auf Typen höchst persönlicher Eigenschaften und Motive, sondern auf eine Konstruktion von Typen, die auf Eigenschaften und Motive anonymer, austauschbarer Handelnder abstellen.

Die sinnhafte menschliche Aktivität ist allerdings nicht auf die Alltagswelt beschränkt. Schütz nennt z. B. die Welten der Träume, der Phantasie, der Kunst, der Religion, der Wissenschaft und des Wahnsinns, die als geschlossene Sinnprovinzen durch einen eigenen Erkenntnisstil und jeweils besondere Sinndeutungs- und Sinnsetzungsprozesse charakterisiert sind. Schütz vermag aufzuzeigen, dass sich Menschen über eine gemeinsame 'Wirklichkeit' verständigen können, weil sie in der gleichen Gesellschaft groß geworden sind und gelernt haben, die meisten Dinge in ähnlicher Weise zu sehen. Und das, obwohl in das Wissen über die Wirklichkeit höchst unterschiedliche Voreinstellungen eingehen und die Wirklichkeit von Individuen höchst persönlich interpretiert wird.

Noch stärker als Schütz betonen Peter L. Berger und Thomas Luckmann die Gründe für die Wirklichkeit der Alltagswelt lägen in der Vorbereitung der Wissensbestände in der Gesellschaft. Auch wenn Individuen die Dinge selbst definieren, greifen sie auf die gesellschaftlich etablierten, durch Sozialisation, Handlungsroutinen und Institutionen gefestigten Deutungen und Verhaltensweisen zurück. Nach Berger und Luckmann liegt der Ursprung jeder institutionellen Ordnung in der von Schütz aufgezeigten Typisierung eigener und fremder Verrichtungen. Sofern es ein kollektives Wissen über 'reziproke Verhaltenstypisierungen' gibt, kann man von Rollen sprechen. Durch Rollen werden somit Institutionen der individuellen Erfahrung einverleibt. In diesem Sinne geht Gesellschaft in die Individuen ein und begründet für sie die *Alltagswirklichkeit*. Die institutionalisierten Wirklichkeitsdefinitionen werden abgesichert, die sozialen Ordnungen durch Legitimationen erklärt und gerechtfertigt. Diese Legitimationen stellen nach Berger/Luckmann sekundäre Objektivationen von Sinn dar und liegen auf vier Ebenen als Primärwissen, als Lebensweisheiten, als explizite Legitimationstheorien für spezifisch institutionalisierte Lebensausschnitte und als symbolische Sinnwelten vor.

Berger/Luckmann verbinden in ihrem Buch „Die gesellschaftliche Konstruktion der Wirklichkeit. Eine Theorie der Wissenssoziologie" (1969) die Schützsche Phänomenologie mit der Wissenssoziologie. Hier wird stärker als bei Schütz die objektive Existenz der Gesellschaft sowie – in Anschluss an Mead – die Wechselwirkung zwischen Individuum und Gesellschaft herausgearbeitet. Doch die gesellschaftliche Welt gewinnt dadurch keinen ontologischen Status, als sei sie vom menschlichen Tun unabhängig, dem sie sich verdankt. Auch hier ist die Gegenständlichkeit der institutionellen Welt eine vom Menschen gemachte, konstruierte Objektivität. Die institutionale Welt und jede einzelne Institution ist vergegenständlichte menschliche Tätigkeit.

Ausgehend von Schütz' Konzept der „konstruktiven Tätigkeit im Alltag" wird in einer weiteren Strömung der verstehenden Soziologie, der sog. „Ethnomethodologie" (Harold Garfinkel 1967), vor allem empirisch untersucht, mit Hilfe welcher Regeln (Methoden) Gesellschaftsmitglieder ihre Umgebung interpretieren und ihr Handeln vollziehen.

Das interpretative Paradigma, vor allem der Ethnomethodologie, sieht sich dem Vorwurf gegenüber, sich nicht oder kaum mit makrosozialen Fragestellungen zu befassen. Und offensichtlich hält sich das interpretative Paradigma ähnlich wie die Verhaltenstheorie dicht bei primären Vergesellschaftungen des Individuums und gelangt auf diesem Weg weder zu einer komparativen Analyse komplexer, historisch-konkreter Sozialstrukturen noch zu einer umfassenderen Darstellung des sozialen Wandels. Allerdings ist der symbolische Interaktionismus in den letzten 20 Jahren um Konzepte zum Verhältnis von Struktur und Interaktion bemüht und entwickelt Theorien größerer Reichweite. So gibt es Versuche, wieder an die Ursprünge der Chicagoer Schule und an den amerikanischen Pragmatismus anzuknüpfen und eine makrosoziologische Konzeption zu entwickeln, die vom Gedanken der *negotiated order* ausgehend die soziale Ordnung als zeitweise stabilisiertes Resultat dynamischer und konflikthafter Aushandlungsprozesse auffasst. An den *negotiated order approach* anschließende Konzepte wie *social worlds* (Strauss 1978) und *arenas* (Schütze 1987) können als konflikttheoretische Variante einer interpretativen Organisationstheorie betrachtet werden. Soziale Welten sind nicht bloß Interessengemeinschaften Gleichgesinnter, sie bilden eine – wenn auch oft nur temporäre – kulturelle Identität (mit spezifischen

2. Soziologische Theorietraditionen

Sprachcodes, Perspektiven und ausgeprägter Abgrenzungssymbolik) aus. Arenen bezeichnen *soziale Orte*, an denen Repräsentanten unterschiedlicher sozialer Welten miteinander in Aushandlungsprozessen verwickelt sind und ihre Sicht der Dinge in die Perspektive der anderen relevanten Akteure übersetzen müssen.

Diese noch wenig beachtete Entwicklung des symbolischen Interaktionismus 'begegnet' damit jener Strömung 'neuerer' soziologischer Theorien, deren Programm darin besteht, ungeplante Systematizität in einer durchschaubaren Weise auf die Handlungen von Akteuren zu beziehen.

3. Neuere soziologische Theorien

Vor dem Hintergrund der hier skizzierten Theorietraditionen kann nun das 'Neue' an den neueren Theorien konturiert und der Rede von 'neueren Theorien' ein erster Sinn verliehen werden.

Die neueren Theorien lassen sich heuristisch in zwei Gruppen einteilen. Zum einen handelt es sich um diejenigen Theorien, die das Verhältnis von Handlung und Struktur im Rückgriff auf Elemente und Motive ganz verschiedener Theorietraditionen völlig neu entwerfen; zum anderen handelt es sich um Ansätze in der Tradition Talcott Parsons, die aber die Kritik am Funktionalismus aufnehmen und daher auf andere Weise wieder an Parsons' Werk anknüpfen.

So unterscheiden sich die neueren Ansätze von den führenden Paradigmen der ersten Jahrzehnte nach dem Zweiten Weltkrieg, dem Marxismus und dem Funktionalismus, zunächst durch einen Bruch mit jedweden Totalitäts- oder Ganzheitskonzeptionen. Sie verabschieden sich nicht nur vom 'holistischen' Begriff der Gesellschaft, sondern vor allem von der immer wieder kritisierten Gleichsetzung des abstrakten Begriffs der 'Gesellschaft' mit den Spezifika des umgrenzten Territorialstaates. Allerdings bleiben bloße Weiterentwicklungen der marxistischen und der differenzierungstheoretischen Tradition auf die Vorstellung einer Totalität bzw. eines umgrenzten Systems angewiesen und deuten in dieser Konsequenz nun die „Weltgesellschaft" als „Weltsystem". Sie unterscheiden sich weiter durch den Bruch mit der marxistischen Geschichtsauffassung und der Modernisierungstheorie des soziologischen Funktionalismus, d.h. durch den Bruch mit der Theorie der unilinearen Entwicklung bzw. der Steigerungsdynamik von Gesellschaft. Die neueren Theorien entwickeln vielmehr eine Perspektive, die soziale Ordnung und sozialen Wandel als kontingent und konstruiert betrachtet.

Zur Konzeptionierung gesellschaftlicher Prozessverläufe wird auf ganz unterschiedliche Weise auf die 'Problemsicht' der beteiligten Akteure rekurriert. Damit rücken soziale Prozesse im Sinne von Han-

3. Neuere soziologische Theorien

deln bzw. als soziale Praktiken ins Zentrum der Theoriekonstruktion, wobei mit sehr unterschiedlicher Konsequenz allerdings über die Grenzen der Modelle rationalen oder normativ orientierten Handelns hinausgegangen wird. Aber vor allem unterscheiden sich die neueren Ansätze dadurch von den traditionellen verhaltens- bzw. handlungstheoretischen Konzeptionen, dass sie trotz des Bruchs mit strukturdeterministischen Aspirationen *nicht* auf makrosoziale Theoriekonstruktionen verzichten.

Aus diesen Gründen liegt es nahe (wenn auch nicht in jeder Hinsicht überzeugend), in ihnen Synthesemodelle (z.B. die Ansätze von Bourdieu, Giddens, Alexander) zu sehen, die das Handlung-Struktur-Problem einer Lösung zuführen wollen, oder sie als Bemühungen um eine Mikrofundierung kollektiver Phänomene zu betrachten (vor allem das Modell von Coleman). Die Vermittlung zwischen Handeln und Struktur wird dabei von den einzelnen Theoretikern ganz unterschiedlich konzeptioniert.

Pierre Bourdieu modelliert Handlungen und Handelnde mittels der drei *wechselseitig verwobenen Kategorien „Habitus", „Feld" und „Kapital"*. Während der Habitus (in einer spezifischen gesellschaftlichen Lage erworbene Wahrnehmungs-, Denk- und Handlungsmuster) die verinnerlichten 'Grenzen' des Handelns bildet, sind Feld und Kapital (im Sinne von Regeln und Ressourcen) als dem Akteur 'extern gesetzte Grenzen' bzw. 'Zwänge' aufzufassen.

Anthony Giddens postuliert eine *„Dualität von Struktur"* und erfasst Struktur als Medium und als Resultat von Verhalten, das wiederum Struktur rekursiv organisiert. Struktur existiert so allein in den Wissensvorräten der Akteure, d.h. in Form von Erinnerungsspuren und als in „sozialen Praktiken" verwirklicht.

Jeffrey Alexander versucht sich an einer *„multidimensionalen Sozialtheorie"* und betrachtet „Umwelten" (Persönlichkeit, Gesellschaft und Kultur) als von Handeln produziert und das Handeln als Resultat von Umwelten. Diese Umwelten werden aber nicht etwa als eigenständige Analyseeinheiten (wie bei Parsons) begriffen, sondern gehen *in* konkretes Handeln als mehr oder weniger geordnete Systeme ein.

(Bei allem Respekt gegenüber der theoretisch gehaltvollen Fortschreibung Parsonsschen Gedankenguts im ‚Neofunktionalismus' wird im folgenden auf eine dezidierte Auseinandersetzung mit Alexander, besonders 1993, zugunsten des Ansatzes von Richard Münch verzichtet, der ebenso an Parsons anknüpft, dessen theoretische Konzeption für die hier behandelte Fragestellung allerdings von größerer Relevanz zu sein scheint.)

Richard Münch verbindet in Anlehnung an Parsons die mikrosoziologische Analyse des sozialen Handelns mit der makroanalytischen Analyse gesellschaftlicher Prozesse. Für ihn konstituiert sich das reale Handeln im Zusammenspiel von gesellschaftlicher und individueller Produktion des Handelns. Im realen Handeln schließt sich das soziale Handeln menschlicher Subjekte mit den Strukturen der Persönlichkeit, Gesellschaft und Kultur zusammen

Jürgen Habermas unterscheidet zwischen *System* und *Lebenswelt*, die er als zwei im Rahmen des Modernisierungsprozesses entkoppelte gesellschaftliche Sphären betrachtet. System und Lebenswelt bilden die Struktur, innerhalb der die beiden Handlungstypen *Arbeit* und *Interaktion* in unterschiedlicher Gewichtung in Erscheinung treten. Struktur und Handlung sind als interdependent zu bezeichnen, da ihre jeweilige 'Binnenkomposition' – im Falle der Struktur: System versus Lebenswelt bzw. im Falle der Handlung: Arbeit versus Interaktion – entscheidend ist für die konkrete Ausgestaltung gesellschaftlicher Prozesse.

Ganz anders dagegen geht James Coleman vor, dem es nicht um 'Synthesen', sondern um eine Mikrofundierung kollektiver Phänomene geht. Er entwickelt ein *Modell für sozialtheoretische Erklärungen* und zerlegt Erklärungen in eine Makro-Mikro-Komponente, in eine Komponente individueller Handlungen und in eine Mikro-Makro-Komponente, um auf diese Weise die traditionellen Dualismen und Dichotomien zu überwinden, ohne den Erklärungsanspruch aufzugeben.

Diese 'neuen Theorien' haben sich insbesondere in der angelsächsischen und französischen Theoriediskussion ausgebildet. Einige der

3. Neuere soziologische Theorien

Entwürfe betrachten, wie erwähnt, vor allem in Anlehnung an Wittgensteins Sprachspieltheorie und den Strukturalismus bzw. in Anlehnung an den Pragmatismus und die hermeneutisch-interpretative Theorietradition *soziale Praktiken* als angeleitet von kollektiven Wissensstrukturen und deren Interpretationsleistungen. Der Begriff 'soziale Praktiken', der in dieser Weise bei Bourdieu und Giddens, bei den Ethnomethodologen und in den *cultural studies* verwendet wird, darf allerdings nicht mit seiner Verwendung in der Tradition der 'Praxisphilosophie' der Budapester Schule (György Lukács, Agnes Heller u.a.) verwechselt werden.

Grundannahme dieser neuartigen Perspektive ist der Gedanke, die alltäglichen kommunikativen und nicht-kommunikativen sozialen Praktiken des Menschen würden durch kollektive Sinnmuster ermöglicht und eingeschränkt, durch zumeist implizit bleibende Wissensstrukturen, die in der sozialen Praxis zum Einsatz kommen und diese anleiten. Diese Theorien wissensabhängiger sozialer Praktiken haben in den Ansätzen von Bourdieu und Giddens ihre wohl elaborierteste Form angenommen. Wenden wir uns also zunächst Pierre Bourdieus „Theorie der Praxis" zu.

3.1 Pierre Bourdieu: Theorie der Praxis

Nach Bourdieus Auffassung ist „(v)on allen Gegensätzen, die die Sozialwissenschaften künstlich spalten, der grundlegendste und verderblichste der zwischen Subjektivismus und Objektivismus" (1987, S. 49). Bourdieu will daher mit dem generativen Strukturalismus, mit seiner „praxeologischen Theorie der Praxis" eine Alternative bieten jenseits des Dualismus von subjektivistischer Hermeneutik und objektivistischem Funktionalismus.

Subjektivistisch nennt er die theoretischen Erkenntnisweisen, die sich hauptsächlich auf *Praktiken* und *kognitive Repräsentationen, Wahrnehmungen* und *Intentionen* beziehen, wie sie der praktischen Erfahrung sozialer Akteure unmittelbar gegeben sind. Den unter dem Sammelbegriff 'Interpretatives Paradigma' gefassten Ansätzen und spezifischen Handlungstheorien, die als phänomenologisch gelten können, gelingt es nach Ansicht Bourdieus nicht, mit vorwissenschaftlichen Erkenntnissen und Begriffen zu brechen, um zu wirklich wissenschaftlichen, d.h. objektiven Erkenntnissen vorzustoßen, die vor allem mehr umfassen als das, was den Akteuren zugänglich ist. Unter Objektivismus hingegen versteht Bourdieu jenen theoretische Zugang, der auf von Subjekten unabhängige Sachverhalte wie *Funktionen, Gesetze, Strukturen* oder *Systeme* abstellt und die Primärerfahrungen der Subjekte entweder völlig ignoriert oder als abgeleitete, sekundäre Rationalisierungen und Ideologien und daher als vernachlässigbar begreift.

In der Absicht, den je spezifischen Problemen und Unzulänglichkeiten des Subjektivismus voluntaristischer Handlungstheorien und des Objektivismus mechanistischer Strukturtheorien zu entgehen und um die dualistischen Entgegensetzungen von „System" und „Lebenswelt" respektive Systemtheorie und Handlungstheorie aufzuheben, entwickelt Bourdieu eine wissenschaftstheoretische Konzeption, in der die Vermittlung von Struktur und Praxis zusammen gedacht werden kann und nennt diese Erkenntnisweise eine *praxeologische*. Bourdieu unterscheidet zwischen einer *Logik der Theorie*, welcher die wissenschaftliche Wirklichkeitskonstruktion folgt, und einer *Logik der*

Praxis, welcher die Akteure im Alltag folgen. Die Differenz bzw. Diskrepanz zwischen den beiden 'Erkenntnisarten' gründet in einer „Antinomie zwischen dem Zeitbegriff der Wissenschaft und dem Zeitbegriff des Handelns". Aufgrund seiner privilegierten Position ist der Wissenschaftler von den Zwängen der Praxis entlastet, für ihn ist „die Zeit aufgehoben". Diese Distanz ermöglicht dem Wissenschaftler den *objektivierenden* Zugriff auf die differenten Praktiken. So werden von ihm Praktiken, die sich de facto diachron ereignen, auf einer synchronen Ebene in Synopsen, Schemata und Modellen totalisiert. Diese notwendigen Objektivierungen der theoretischen Logik, und darin besteht der Fehler des Objektivismus, werden mit der praktischen Logik in eins gesetzt, die gerade durch *Zeitlichkeit, Irreversibilität* und *Dringlichkeit* gekennzeichnet ist, und somit verfehlt wird. Es gilt mithin, eine neue sozialwissenschaftliche Theorie zu entwickeln, die den subjektivistischen und objektivistischen Theorien widerspricht, sie aber gleichzeitig um entscheidende Einsichten beerbt.

Die strategischen Grundzüge der Theoriebildung sind schnell umrissen:

Um die Konstitution und Reproduktion sozialen Lebens zu verstehen und die Mechanismen aufzudecken, die dabei wirksam sind, analysiert Bourdieu die Zusammenhänge zwischen Sozialstruktur und Kultur als Zusammenhänge zwischen Klassenlagen und Klassenpositionen, Geschmacksdispositionen und Lebensstilen. Dabei liegt seinen Überlegungen die Annahme zugrunde, das soziale Leben sei durchgängig von *Status- und Klassenkämpfen* bestimmt.

In Anknüpfung an das *Marxsche Praxiskonzept* entwirft Bourdieu eine *Ökonomie der praktischen Handlungen*, nach der alle Handlungen als ökonomische, auf die Maximierung materiellen oder symbolischen Gewinns ausgerichtete Handlungen zu begreifen sind. Des weiteren betrachtet er in *strukturalistischer Tradition* alle sozialen Beziehungen, auch die in institutionalisierten Kontexten, als Tauschbeziehungen und somit den ökonomischen Tausch nur als speziellen Fall des sozialen Tausches.

Der soziale Reproduktionsprozeß wird mit dem Begriffskreis *Struktur-Habitus-Praxis* modelliert. Dabei prägt eine *Struktur* (z.B.

Klasse) bei Individuen oder Gruppen einen bestimmten *Habitus*, d.h. bestimmte Dispositionen aus, die zu Handlungen im Sinne einer strategischen *Praxis* führen, aufgrund der sich die ursprüngliche Struktur wiederherstellt.

Die soziale Welt wird zunächst theoretisch und abstrakt konstruiert. In einer Art *Sozialtopologie* steckt Bourdieu einen mehrdimensionalen Raum ab, der durch die Verteilung der wesentlichen oder primären *Kapitalsorten* und ihre Relationierungen klassenmäßig strukturiert ist. Mit Hilfe dieser durch Klassifizierungen gewonnen 'Klassen' kann dann die statistische Analyse die reale Struktur des sozialen Raumes aufdecken.

Bei einer genaueren Betrachtung der einzelnen Theorieelemente wird deutlich, dass das Habituskonzept das 'Herzstück' des Ansatzes bildet, von dem aus sich der Aufbau der Theorie am ehesten erschließt.

3.1.1 Habitus und Feld

Mit „Habitus" und „Feld" bezeichnet Bourdieu zwei Existenzweisen des Sozialen, die in einem Verhältnis der wechselseitigen Ermöglichung zueinander stehen. Habitus und Feld sind „Leib gewordene und Ding gewordene Geschichte". Geschichte tritt hier einmal als leibhaftiges System von Dispositionen inkorporiert (als Habitus) und zum anderen in Sachen und Institutionen objektiviert (als Felder) in Erscheinung.

Der Habitusbegriff schließt durchaus an die Bedeutungen von Habitus als Erscheinungsbild, Haltung, Gewohnheit, Lebensstil etc. an und beinhaltet zunächst ein Ensemble *inkorporierter*, präreflexiver Denk-, Wahrnehmungs-, Sprach- und Emotionsschemata, welche die Äußerungen von Individuen und Gruppen strukturieren. Diese Schemata und Dispositionen sind im Verlauf der kollektiven Geschichte ausgebildet worden und werden von den Akteuren in ihrer je eigenen Geschichte erworben. Dieser Habitus genannte 'Anlagenkomplex' leistet nun die Vermittlung zwischen Struktur und Praxis. Er sorgt

3. Neuere soziologische Theorien

nämlich einerseits dafür, dass individuelle Praxisformen den sozial strukturierten Dispositionen gemäß gewählt werden und auf diese Weise zur Aufrechterhaltung der ursprünglichen strukturellen Konstellation beitragen, andererseits ermöglicht der Habitus im Laufe der Zeit sozialstrukturierte Praxisformen durch die individuelle Einverleibung der sozialen Struktur und durch die Ausbildung dauerhafter Dispositionen. Der Habitus ist also auch *generatives* Prinzip der Praxis, das allerdings die Praktiken nicht vorrangig inhaltlich bestimmt, sondern vornehmlich die Art und Weise ihrer Ausführung. Dabei ist die Operationsweise des Habitus den Akteuren nicht bewusst. Bourdieu spricht von einem praktischen Wissen, das in praxi und nicht im Bewusstsein der Akteure auffindbar ist und als begriffsloses Erkennen und praktischer Sinn operiert. Dieser praktische Sinn dient den Akteuren als Orientierungssinn, der ihnen hilft, sich in spezifischen Praxisfeldern und in der sozialen Welt im allgemeinen zurechtzufinden.

Mit der habituellen, d.h. gesellschaftlichen Prädetermination des Akteurs steht das Konzept Bourdieus also im Gegensatz zu voluntaristischen Handlungstheorien, die Handlungen als Resultat bewusster Entscheidungen darstellen. Das habituelle Dispositionssystem markiert als *objektives System* die Grenzen des Habitus als generative Handlungsmatrix. In seiner *Funktionsweise* dagegen ähnelt das Konzept dem voluntaristischen Modell, insofern der Habitus als generatives Prinzip strukturierte Praxisformen hervorbringt. Der Habitus erlaubt, als 'System generativer Schemata' unendlich viele und relativ unvorhersehbare Praktiken von dennoch begrenzter Verschiedenartigkeit zu erzeugen. Nicht die Praxis an sich, sondern der Spielraum dessen, was an Praxis möglich bzw. nicht möglich ist, wird durch den Habitus festgelegt.

Das habituelle Dispositionssystem ist gesellschaftlich, d.h. durch die spezifische sozialstrukturelle Position des Akteurs bzw. der Gruppe und damit vor allem durch klassenspezifische Faktoren bedingt, ist durch Erfahrung erworben und, im Unterschied zum Charakter, Produkt einer Geschichte. Somit stellen die internen Habitusstrukturen lediglich die eine Seite eines komplexen Verhältnisses dar, dessen andere Seite die externen, objektiven Strukturen, d.h. die Strukturen der sozialen Felder bilden. Die Beziehung zwischen Habitus und Feld wird von Bourdieu als ein unauflösliches, dialektisches Komplementärverhältnis gedacht. Ebenso wie sich die Dispositionen des Habitus im Zuge einer transformierenden Einverleibung äußerer Sozialstrukturen ausbilden, so bilden sich umgekehrt die sozialen Strukturen im Vollzug gesellschaftlicher, d.h. habituell generierter Praxisformen heraus. Soziale Strukturen existieren als materielle Wirklichkeit also nur im Zuge der Aktualisierung individueller oder kollektiver Praktiken, existieren objektiv nur vermittels leibhaftiger Akteure, deren permanente Hervorbringung von Praxisformen den Strukturen eine gewisse Dauer und Beständigkeit verleiht.

Mit dem Begriff des Feldes will Bourdieu verdeutlichen, dass die sozialen Strukturen, obwohl sie realiter nur vermittels der Praxis sozialer Akteure existieren, dennoch ein gewisses Eigenleben haben und die Praxismöglichkeiten sozialer Akteure einschränken (Bourdieu spricht von „Ding gewordener Geschichte"). Felder werden von Bourdieu als autonome Sphären gefasst, in denen jeweils nach besonderen Regeln und um einen spezifischen Einsatz 'gespielt' wird. Bourdieu behandelt u. a. das ökonomische Feld, das intellektuelle Feld, das religiöse Feld, das Machtfeld und das Kunstfeld sowie das Feld der Mode und das Sprachfeld mit dem Feld der Literatur etc. Die Anzahl der Felder ist jedoch nicht festgelegt, denn es vermag immer dort ein neues Feld zu entstehen, wo etwas den Akteuren als wertvoll genug erscheint, um darum zu kämpfen. Die verschiedenen sozialen Felder beschreiben also die strukturelle Differenzierung moderner Gesellschaften und besetzen in Bourdieus Theorie die Stelle, welche die „Wertsphären" bei Max Weber, die „Sinnprovinzen" bei Alfred Schütz und bei Parsons die „Subsysteme" einnehmen.

Allerdings geht Bourdieu nicht von der Gemeinsamkeit eines jeweiligen Sinns aus, vielmehr von einem konkurrenzhaften und konfliktären Engagement der Akteure bezüglich dessen, was in dem jeweiligen Feld auf dem Spiel steht. Der jeweilige Spieleinsatz und die Regeln stehen dabei immer mit auf dem Spiel, denn gerade die Definition der legitimen Mittel und Einsätze ist selbst wiederum etwas, um das es sich zu kämpfen lohnt. Die Felder sind jedoch nicht nur durch die jeweils geltenden Spielregeln, sondern auch durch die ungleiche Verfügungsgewalt über die feldspezifischen und somit knappen Ressourcen strukturiert. Diese Ressourcen bezeichnet Bourdieu als Kapital und unterscheidet das ökonomische, das kulturelle und das soziale Kapital voneinander, sowie das symbolische Kapital (Prestige bzw. Renomée) als wahrgenommene und als legitim anerkannte Form der drei vorgenannten Kapitalien. Diese analytisch unterscheidbaren Kapitalformen stellen das eigentliche theoretische Kriterium zur Differenzierung der verschiedenen Felder dar, so dass sich Feld und Kapital in gewisser Weise wechselseitig definieren und deshalb notwendig zusammengehören. Ganz allgemein gesprochen sind unter sozialen Feldern also Konfigurationen bzw. Konstellationen zu verstehen, die zumeist einen 'Markt', die beteiligten Akteure sowie ihre Interessen und Strategien und auch den institutionellen und organisatorischen Kontext umfassen. Die verschiedenen Sorten von Kapital stellen die Einsätze dar, die in den sozialen Feldern sozusagen 'auf dem Spiel stehen'.

3.1.2 Soziale Felder und Kapitalformen

Der Begriff Kapital wird von Bourdieu also nicht wie in den Wirtschaftswissenschaften oder im Marxismus auf Ökonomie beschränkt gebraucht, er generalisiert vielmehr den Marxschen Kapitalbegriff und verwendet ihn für die Ökonomie aller Praxisformen (für alle materiellen Tauschakte). Bourdieus Aufmerksamkeit gilt der Ökonomie der vielfältigen Praxisfelder, d.h. vor allem der Akkumulation und Transformation der Ressourcen. Es geht ihm darum, das Kapital und den Profit in allen Erscheinungsformen zu erfassen. Als die wesentlichen oder primären Kapitalsorten setzt Bourdieu, wie gesagt, das ökonomische, das kulturelle, das soziale Kapital sowie das symbolische Kapital ein:

Ökonomisches Kapital ist für Bourdieu nicht nur der Besitz an Produktionsmitteln, sondern er zählt hierzu alle Formen des materiellen Reichtums. Ökonomisches Kapital als Besitz, Vermögen, als Einkommen, d.h. als Einkunftsquelle jeder Art ist eine bewegliche Ressource, in modernen Gesellschaften mehr oder weniger direkt in Geld umtauschbar und durch das Eigentumsrecht institutionalisiert.

Das *kulturelle Kapital* ist die wichtigste 'Sorte' der Bourdieuschen Theorie. Kulturelles Kapital ist durch den familialen bzw. den schulischen Erwerbsmodus gekennzeichnet und hat eine Eigenlogik und eine Struktur, die es von anderen Kapitalsorten unterscheidet. Bourdieu differenziert drei Erscheinungsformen des kulturellen Kapitals: a) den inkorporierten Zustand als dauerhaft gewordene Disposition einer Person, b) den in Kulturgütern objektivierten Zustand und c) den institutionalisierten Zustand, der das zur Verfügung stehende gesellschaftliche Bildungssystem bezeichnet. *Inkorporiertes* Kulturkapital meint sämtliche kulturellen Wissensformen, Fähigkeiten und Fertigkeiten, die durch Bildung und Ausbildung erwerben werden können. Kognitive Kompetenzen und ästhetischer Geschmack sind leiblich angeeignet und zum festen Bestandteil einer Person, d.h. zum Habitus geworden. Inkorporiertes Kulturkapital ist daher im Gegensatz zum ökonomischen Kapital eine inflexible und nicht-konvertierbare Ressource.

Wenn jemand über diese Kapitalform in einem nennenswerten Ausmaß verfügen will, muss er sich diese durch entsprechende Bildungsarbeit und Zeitinvestment persönlich aneignen, er kann diese Arbeit nicht durch andere verrichten lassen. Kulturelles Kapital in *objektiviertem* Zustand liegt meist in Form von Büchern, Kunstwerken, Aufführungen und technischen Instrumenten etc. vor. Hier haben alle Objekte auch einen materiellen Wert, so dass der Erwerb von Kulturgütern ähnlich wie bei ökonomischem Kapital über den Preis geregelt ist. Doch auch wenn alle kulturellen Objekte mehr oder weniger in Geld umtauschbar bzw. mit Geld bezahlbar sind, unterscheiden sie sich doch dadurch von ökonomischen Gütern, dass die Fähigkeit zum symbolischen Genuss kultureller Objekte an einen entsprechenden vorausgängigen Bildungserwerb gebunden ist. In seinem dritten, dem *institutionalisierten* Zustand, liegt kulturelles Kapital in Form von Bildungstiteln (Schulabschlüssen, Diplomen, akademischen Graden usw.) vor. Der Titelinhaber unterscheidet sich vom Autodidakten dadurch, dass er nicht bloß über inkorporiertes, sondern über *legitimes* kulturelles Kapital verfügt. Über die Legitimierung kulturellen Kapitals aber ist die Zulassung zu Berufen und damit die Möglichkeit, das erworbene kulturelle Kapital in ökonomisches Kapital umzuwandeln, gesellschaftlich geregelt. Allerdings ist die Beziehung zwischen Titel und Stelle zunehmend prekär geworden, da die Öffnung des Bildungssystems die notwendigen Knappheitsbedingungen und damit seine Selektions- und Allokationsfunktion weitgehend außer Kraft gesetzt hat.

Das *soziale Kapital* stellt eine weitere eigenständige Form von Ressource dar. Es handelt sich dabei um „die Gesamtheit der aktuellen und potentiellen Ressourcen, die mit dem Besitz eines dauerhaften Netzes von mehr oder weniger institutionalisierten *Beziehungen* gegenseitigen Kennens und Anerkennens verbunden sind; oder anders ausgedrückt, es handelt sich dabei um Ressourcen, die auf der *Zugehörigkeit zu einer Gruppe* beruhen." (1983, S. 190f.) Beispiele hierfür sind die Familie, Adelsgruppen, Clubs und Vereine, aber auch politische Parteien usw. Das auf gegenseitige Anerkennung und Wertschätzung beruhende soziale Kapital muss durch permanente Beziehungsarbeit, d.h. aber auch durch Zeit und Geld aufrechterhalten werden. Entscheidend für das Volumen dieser Kapitalform sind die Ausdehnung des mobilisierungsfähigen Netzes und die Kapitalkraft der Partner. Ein umfangreiches soziales Kapital vermag die Profitchancen bei der Reproduktion des ökonomischen und kulturellen Kapitals wesentlich zu erhöhen.

Das *symbolische Kapital* – gemeinhin als Prestige oder Renomée bezeichnet –, das als wahrgenommene und als legitim anerkannte Form der drei vorhergenannten Kapitalsorten fungiert, wird von Bourdieu nicht durchgängig als eigenständige Kapitalform behandelt. Denn zum symbolischen Kapital sind sämtliche Formen des Kredits an sozialer Anerkennung in allen gesellschaftlichen Bereichen zu rechnen. Symbolisches Kapital ist also zumeist im Verein mit den anderen Kapitalformen anzutreffen, muss aber von diesen unterschieden werden, denn seine Konstitution steht unter der Logik der Anerkennung und Legitimität und nicht etwa unter der Logik der Knappheit oder der Körpergebundenheit. Das soziale Kapital beispielsweise funktioniert immer als symbolisches Kapital, da es sich ausschließlich in der Logik des Kennens und Anerkennens bewegt. Auch das in Titeln objektivierte kulturelle Kapital fungiert als symbolisches Kapital. Die Erscheinungsformen des symbolischen Kapitals sind vielfältig, es manifestiert sich in Auszeichnungen, Ehrungen und Würdigungen, vor allem aber auch in Statussymbolen und Distinktionsmerkmalen im Kontext der alltäglichen Legitimation gesellschaftlicher Herrschaftsverhältnisse.

Die unterschiedliche Verteilung der „verschiedenen Sorten von Macht oder Kapital, die innerhalb der verschiedenen Felder im Kurs sind" (Bourdieu, 1985, S. 10), verleihen ihren Trägern Macht in den jeweiligen Feldern und darüber hinaus im sozialen Raum. Der soziale Raum ist demnach durch Kämpfe um Machtpositionen in den verschiedenen Feldern (ökonomisches, politisches, wissenschaftliches, künstlerisches Feld etc.) gekennzeichnet, und zwar sowohl auf der Ebene der individuellen Konkurrenzkämpfe als auch der sozialen Kämpfe von Klassen und Gruppen. Dabei handelt es sich nicht nur um ökonomische, sondern zugleich um symbolische Klassenkämpfe (Klassifikationskämpfe), denn es wird nicht nur um die Verteilung von Gütern und Leistungen gerungen, sondern immer auch um die richtigen Werte (Bewertungen der Kapitalsorten), die legitimen Standards (legitimer Einsatz der Kapitalsorten) und die distinktiven Lebensstile.

Mit dem „sozialen Raum" ist bereits ein weiteres wichtiges Konzept Bourdieus angesprochen, auf das nun näher einzugehen ist.

3.1.3 Klassen und Klassifizierungen

Bourdieu entwirft nun ein *Modell des sozialen Raumes und sozialer Klassen* und bettet so die Vielfalt der sozialen Felder in ein analytisch umfassenderes Modell ein. Während bekanntlich für Marx die gesellschaftliche Struktur *ausschließlich ökonomisch* durch die Spaltung in zwei antagonistische Klassen (herrschende Besitzer von Produktions-

3. Neuere soziologische Theorien

mitteln und beherrschte Besitzer bloßer Arbeitskraft) bestimmt war, führte bereits Max Weber mit seiner Unterscheidung von *Klasse* und *Stand* zusätzlich eine *kulturelle Dimension* in die theoretische Konzeptionierung sozialer Ungleichheitsverhältnisse ein.

Diese Gedanken wurden dann in zwei gegensätzlichen Theorietraditionen weiter entfaltet. Während die Klassentheorie soziale Klassen anhand ihrer *objektiven* Stellung im Produktionsprozess definierte, bestimmte die Schichtungstheorie soziale Schichten unter Bezugnahme auf *subjektive* Wertschätzung sozialer Akteure, die eine Prestigehierarchie konstituieren.

Weber ging, wie gezeigt, bei seiner Bestimmung von *Klassen-* und *ständischen Lagen* von zwei prinzipiell unterschiedlichen Differenzierungs- und Gruppenbildungsprinzipien aus. Bourdieu integriert nun die im Weberschen Begriff des Standes formulierte Komponente der *Lebensführung* in den *Klassenbegriff* und ergänzt diesen um den Durkheimschen Begriff der *Klassifikation.* Und wie in der strukturalistischen Tradition der Linguistik Bedeutungen aus ihren differentiellen Abweichungen im Sprachsystem begriffen werden, so wird die Statusidentität bei Bourdieu als *signifikante Distinktion* gefasst. Für Bourdieu sind allerdings Klassenlage und ständische Lage keine statischen Differenzen, sondern Momente eines unaufhörlichen Klassifikations- und Distinktionsprozesses. Doch betrachten wir das Modell des sozialen Raumes im einzelnen.

Bourdieu definiert zunächst einen Raum objektiver sozialer Positionen anhand der drei theoretischen Kriterien: *Volumen des Kapitals*, *Kapitalstruktur* und *soziale Laufbahn.* Dabei ist mit *Kapitalvolumen* der Umfang an ökonomischem, kulturellem und sozialem Kapital einer Klasse angesprochen, mit *Kapitalstruktur* wird das relative Verhältnis der Kapitalsorten untereinander (z.B. Überwiegen von ökonomischem oder kulturellem Kapital) und mit *sozialer Laufbahn* die Veränderungstendenz des Kapitals im Zeitverlauf (Zunahme bzw. Abnahme) berücksichtigt. Gemäß Bourdieu entspricht das Gesamtkapital eines Individuums der Summe seines kulturellen, ökonomischen und sozialen Kapitals:

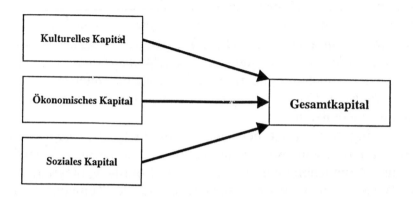

Abb. 2: Kapitaldimensionen

Die Gesamtkapitalstruktur, d.h. die Verteilung des Gesamtkapitals auf die einzelnen Kapitaldimensionen hängt vom jeweiligen Individuum ab. Ebenso vom jeweiligen Individuum abhängig ist das additive Gesamtkapitalvolumen – als Folge unterschiedlicher Volumina in den einzelnen Kapitaldimensionen.

3. Neuere soziologische Theorien

Zur Verdeutlichung dieses Zusammenhangs dient die folgende Skizze:

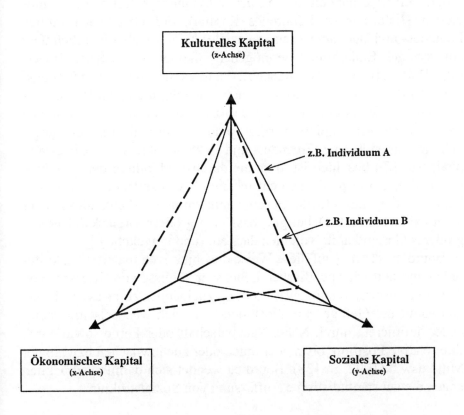

Abb. 3: Dreikoordinatensystem des Kapitals

Individuum A und Individuum B verfügen in der kulturellen Kapitaldimension über ein identisch großes Kapital, in der ökonomischen Kapitaldimension verfügt Individuum B über ein größeres Kapital als Individuum A, in der sozialen Kapitaldimension ist es umgekehrt. Möglicherweise handelt es sich bei Individuum A um einen promovierten Historiker (= kulturelles Kapital), der über einen großen Freundes- und Bekanntenkreis (= soziales Kapital), aber lediglich über ein geringes Einkommen/Vermögen (= ökonomisches Kapital) verfügt. Bei Individuum B hingegen könnte es sich um eine Führungskraft aus dem gehobenen Management handeln, die einen Hochschulabschluss (= kulturelles Kapital) besitzt, über ein hohes Einkommen (= ökonomisches Kapital) verfügt, jedoch aufgrund von Zeitmangel lediglich einen kleinen Freundes- und Bekanntenkreis (= soziales Kapital) hat. [Zu beachten ist, dass die durch Verbindung der einzelnen Kapitaldimensionspositionen entstehende Dreiecksfläche nur als Indikator für das individuelle Gesamtkapitalvolumen dient, dieses aber nicht exakt bemisst. Dabei gilt, dass eine größere Dreiecksfläche ein größeres Gesamtkapitalvolumen darstellt (und umgekehrt).]

Bourdieu vermag auf diese Weise die objektiven materiellen, kulturellen und laufbahnspezifischen Lebensverhältnisse von 'Klassen' von Akteuren in ihrer relationalen Stellung zueinander zu erfassen. Er erhält somit ein Gefüge von „Positionen, die sich wechselseitig zueinander definieren, durch Nähe, Nachbarschaft oder Ferne sowie durch ihre relative Position, oben oder unten oder auch zwischen bzw. in der Mitte usw." (1992, S. 138). Bourdieu wendet sich damit ausdrücklich gegen die substantialistische Auffassung von Sozialstruktur.

Innerhalb des so dimensionierten sozialen Raumes lassen sich gesellschaftliche Klassen mit ihren Fraktionen positionieren, die aufgrund der Auswertung statistischen Materials nach obigen Kriterien konstruiert wurden. So bestimmt Bourdieu in einem ersten Schritt auf der 'Vertikalen' des sozialen Raumes drei große Klassen nach ihrem Kapitalvolumen, nämlich die *Ober-*, die *Mittel-* und die *Unterklasse;* die zusammenzufassenden sozialen Positionen belegt er mit *Berufsbezeichnungen* (z.B. Unternehmer, Techniker, Landarbeiter etc.)

3. Neuere soziologische Theorien 77

Die erste zu unterscheidende Klasse, die Oberklasse, kennzeichnet er als *herrschende Klasse* und differenziert sie – auf der 'Horizontalen' des sozialen Raumes – aufgrund des internen Verhältnisses der Verteilung von ökonomischem und kulturellem Kapital (Kapitalstruktur) in eine ökonomische Fraktion der *„herrschenden Herrschenden"* (z.B. Unternehmer, Manager) und in eine strukturell mehr über kulturelles Kapital verfügende Fraktion der *„beherrschten Herrschenden"* (z.B. Wissenschaftler, Künstler) (vgl. Schwingel, 1995, S. 106).

Bei der darunter liegenden Klasse, der Mittelklasse, die sich ebenfalls nach der Kapitalstruktur differenzieren lässt (z.B. kleine Kaufleute vs. Lehrer), sind die Mobilitätsprozesse innerhalb des Sozialraumes am meisten ausgeprägt. Bourdieu differenziert daher diese Klasse vor allem nach dem Kriterium der sozialen Laufbahn in ein *absteigendes*, *exekutives* und *neues Kleinbürgertum*.

Die unterste Klasse schließlich, die *Volksklasse* (z.B. Industriearbeiter vs. Landarbeiter), zeichnet sich dadurch aus, dass ihr ökonomisches und kulturelles Kapital am geringsten ist, es ist die *Klasse der Beherrschten*.

Bourdieu integriert nun in den *objektiven Raum der sozialen Positionen* einen distinktiven *Raum der Lebensstile*, den er als „repräsentierte soziale Welt" (1982, S. 278) der gruppenspezifischen *subjektiven* Wahrnehmungen, ästhetischen Wertschätzungen und Präferenzen versteht. In einem zweiten Schritt werden daher den jeweiligen Positionen, d.h. den jeweiligen objektiven Bedingungslagen sozialstatistisch erfasster Gruppen von Akteuren bestimmte typische Praktiken und Gegenstände der symbolischen Lebensführung zugeordnet. Bourdieu verwendet hierzu mannigfaltiges Material aus der Auswertung von Statistiken und qualitativen Einzelinterviews über Wohnverhältnisse, kulturellen Konsum, Ernährungs- und Freizeitgewohnheiten etc.

Theoretisch wird der Zusammenhang zwischen objektiven Positionen im sozialen Raum und subjektiven symbolischen Präferenzen im Raum der Lebensstile mit dem Konzept des *klassenspezifischen Habitus* gefasst. Demnach sind im Habitus als Inkorporation objektiver Existenzbedingungen auch die ästhetischen Klassifikations-, Bewertungs- und Handlungsschemata (der gruppenspezifische Geschmack) angelegt, die einem spezifischen Lebensstil zugrunde liegen. Der Klassenhabitus leitet so als generatives Prinzip die systematische Praxis der Distinktion sozialer Klassen hinsichtlich kognitiver, normativer und hier vor allem ästhetischer Ausdrucksformen an.

„Der Habitus bewirkt, dass die Gesamtheit der Praxisformen eines Akteurs (oder einer Gruppe von aus ähnlichen Soziallagen hervorgegangenen Akteuren) als Produkt der Anwendung identischer (oder wechselseitig austauschbarer) Schemata zugleich systematischen Charakter tragen und systematisch unterschieden sind von den konstituierenden Praxisformen eines anderen Lebensstils" (Bourdieu, 1982, S. 278).

Es lassen sich daher korrespondierend zu den drei oben angeführten Klassen grob drei lebensstilkonstituierende Geschmacksformen unterscheiden:

Der oberen Klasse entspricht der *legitime Geschmack*, der sich durch einen Sinn für Distinktion und Verfeinerung auszeichnet. Die Oberschicht präferiert die von den kulturellen Legitimationsinstanzen (Universitäten, Kritikern usw.) legitimierten Werke der (herrschenden) Kultur einer Gesellschaft („legitime Kultur"). In moralischen Fragen kommt der großbürgerliche Habitus in Reflektivität, Liberalität und Toleranz zum Ausdruck.

Der Geschmack der Mittelklasse bzw. des Kleinbürgertums ist der *prätentiöse Geschmack*, der sich in dem Bemühen ausdrückt, sich die Gegenstände und Praktiken der legitimen Kultur anzueignen (die dann allerdings *eben nicht mehr* zur legitimen Kultur gehören) und sich zugleich von der vulgären Kultur der Unterschicht zu distanzieren. Wie das absteigende (durch Ressentiment geprägte) zeichnet sich auch das aufsteigende Kleinbürgertum (Prätention) in moralischen Belangen durch Rigorismus und Starrheit aus.

Der *populäre Geschmack* der Unterschicht bevorzugt gerade die von den kulturellen Legitimationsinstanzen nicht sanktifizierten Gegenstände und Praktiken (z.B. „Schundliteratur" und „Volksmusik"). Bourdieu bezeichnet daher diesen Geschmack auch als „illegitimen" Geschmack, aber auch als *Geschmack am Notwendigen*, da der Unterschicht mangels ökonomischen und kulturellen Kapitals kaum Optionen offen stehen.

Wie man sieht, wird der Lebensstil einer Klasse durch den differentiellen Lebensstil der übrigen Klassen qualifiziert. Für den Raum der Lebensstile gilt also (wie für den Raum der sozialen Positionen), dass jeder spezifische Lebensstil durch seine objektive Stellung innerhalb des symbolisch strukturierten Gesamtraums von anderen Lebensstilen unterschieden ist. Auch hier folgt Bourdieu dem strukturalistischen Credo, „dass das, was man gemeinhin einen Unterschied nennt, also ein bestimmtes, meist als angeboren betrachtetes Einstellungs- oder Verhaltensmerkmal (man spricht gern von einem „natürlichen Unterschied"), in Wirklichkeit nur eine *Differenz* ist, ein Abstand, ein Unterscheidungsmerkmal, kurz ein *relationales* Merkmal, das nur in der und durch die Relation zu anderen Merkmalen existiert." (1998, S. 18)

Zusammenfassend lassen sich Klassen nach Bourdieu also bestimmen durch ihre *objektiven* (ökonomischen, kulturellen, sozialen, laufbahnspezifischen) *Lebensbedingungen*, durch ihre aus diesen Lebensbedingungen hervorgegangenen *Habitusformen*, welche die Praxis in kognitiver, normativer und ästhetischer Hinsicht bestimmen, und durch ihren spezifischen *Lebensstil*, d.h. durch die Spezifika der symbolischen Lebensführung.

Bei den so ermittelten Klassen handelt es sich allerdings, wie Bourdieu unermüdlich betont, *nicht* um *reale*, sondern um *theoretische* oder *wahrscheinliche* Klassen. Diese Klassen wurden unter Zugrundelegung eines theoretischen Klassifikationsschemas aus der Beobachterperspektive des Wissenschaftlers konstruiert und sind als Produkt einer explikativen Klassifikation lediglich *Klassen auf dem Papier*. Und es handelt sich auch nicht um die theoretisch einzig mögliche Konstruktion sozialer Klassen; je nach Erkenntnisinteresse und Forschungszusammenhang mag es sinnvoll sein, soziale Klassen entlang anderer Kriterien zu konstruieren.

Die Frage aber, ob es Klassen im Sinne von effektiv handelnden Gruppen gibt, ist für Bourdieu eine empirische Frage, die nur durch eine Analyse politischer Mobilisierungsprozesse beantwortet werden kann. „Was existiert, ist ein sozialer Raum, ein Raum von Unterschieden, in denen die Klassen gewissermaßen virtuell existieren, unterschwellig, nicht als gegebene, sondern als *herzustellende*" (1998, S. 26). Sicherlich bestehen im Normalfall für Akteure, die sich im Sozialraum nahe stehen, größere Chancen eines politischen Zusammenschlusses als für jene Akteure, die im sozialen Raum sehr weit voneinander entfernt sind. Aber die Nähe im sozialen Raum schafft nicht automatisch Einheit, eine theoretisch konstruierte Klasse geht keineswegs notwendig oder zwangsläufig (wie der Marxismus unterstellt) in eine politisch konstruierte Klasse über. Jedenfalls ist „(d)ie 'reale' Klasse, sofern überhaupt jemals eine Klasse 'real' existiert hat, (...) immer nur die realisierte, das heißt mobilisierte Klasse, Ergebnis des *Klassifizierungskampfes* als eines genuin symbolischen (und politischen) Kampfes um die Durchsetzung einer Sicht der sozialen Welt oder besser einer Art und Weise ihrer Konstruktion in der Wahrnehmung und in der Realität und einer Konstruktion der Klassen, in die sie zu unterteilen ist" (1998, S. 25).

Soziale Klassen werden also nicht nur vom Wissenschaftler als theoretische Klassen gebildet, sondern zudem in der alltäglichen sozialen Praxis im Zuge symbolisch-politischer Benennungs- und Mobilisierungsprozesse permanent konstruiert. Eine wesentliche Rolle spielt demnach hier die symbolische Macht (symbolisches Kapital), denn mit der Durchsetzung einer symbolischen Macht konstituieren sich Sinn- und Bedeutungsverhältnisse, welche die objektiven Machtverhältnisse reproduzieren bzw. transformieren. Von Herrschaft kann also dann gesprochen werden, wenn es einer Macht gelingt, sich trotz ihres im Grunde willkürlichen Charakters mit symbolischen Strategien als anerkannte (legitime) Macht zu etablieren. So können die Herrschenden aufgrund ihres umfangreicheren symbolischen Kapitals ihr primäres Kapital eher als andere durch spezifisch symbolische Formen der Macht als legitim anerkanntes Kapital durchsetzen. Letztlich trägt also die symbolische Macht wesentlich zur kontinuierlichen Reproduktion der Klassenstrukturen und damit der sozialen Ungleichheit bei.

3.1.4 Gesellschaft, Praxis und sozialer Wandel

Mit seinem Konzept des Sozialraums zeigt Bourdieu, dass moderne Gesellschaften trotz ihrer Pluralität, Heterogenität und Konflikthaftigkeit nach wie vor als durch Klassenstrukturen geprägte Gesellschaften begriffen werden können. Er hält aber nicht nur am Fortbestehen von objektiven Klassenstrukturen fest, sondern bringt die Klassenzugehörigkeit in einen systematischen Zusammenhang mit den Formen der symbolischen Lebensführung. Neben der unterschiedlichen Verfügbarkeit über *ökonomisches und kulturelles Kapital* unterscheiden sich Klassen demnach hinsichtlich des *Lebensstils* (Wohnverhältnisse, Musik, Literatur, Freizeit- und Konsumgewohnheiten etc.) sowie durch ihren klassenspezifischen *Habitus*.

Bourdieus Ansatz kann unter diesem Gesichtspunkt als kultursoziologische Ausarbeitung jener Problematik gesehen werden, die in Webers Unterscheidung von Klasse und Stand enthalten war – wobei er mit der spezifischen Verklammerung von Klassenzugehörigkeit und Lebensstil einen eigenständigen Beitrag zur Integration von Sozialstrukturanalyse und Kultursoziologie liefert.

Mit dem Sozialraummodell vermag Bourdieu soziale Strukturen auf einer analytischen Ebene zu rekonstruieren, die durchaus als 'gesamtgesellschaftliche Ebene' gelten kann. Indem aber das Sozialraummodell als integrierende Betrachtung der verschiedenen Felder fungiert, kann Bourdieu eine totalisierende Vorstellung von Gesellschaft vermeiden, der zufolge Gesellschaft auf *ein zentrales* Funktionsprinzip zurückgeführt werden kann. Denn mit der Feldtheorie konzeptionalisiert Bourdieu Gesellschaft als Pluralität von relativ autonomen Praxisfeldern, die differentiellen Spielregeln unterstehen. Also ähnlich den Theorien der Postmoderne oder einigen subjektzentrierten soziologischen Ansätzen ist auch bei Bourdieu die Gesellschaft kein homogenes Ganzes (mehr), sondern grundsätzlich heterogen, plural und konflikthaft verfasst. Das heißt aber eben nicht, wie er mit seiner Klassentheorie zeigt, dass sich deshalb der soziale Zusammenhalt bzw. die objektive Klassenstruktur aufgelöst hat und nur noch frei flottierende Individuen oder von sozialen Positionen unabhängige Erlebnismilieus zurückbleiben.

Mit der Auffassung, die spezifischen Felder als solche hätten sich erst im Zuge bestimmter historischer Entwicklungen als relativ autonome Felder ausdifferenziert, knüpft Bourdieu in gewisser Weise an die Tradition soziologischer Evolutions- und Entwicklungstheorien an. Doch im Unterschied beispielsweise zu den Modernisierungstheorien, die von einer universellen, d.h. notwendigen Differenzierung ausgehen, stellt Bourdieu in seiner Feldtheorie die Historizität und Zufälligkeit, d.h. die Kontingenz der Entwicklungsprozesse heraus, die zur Herausbildung der Felder geführt haben.

Kontingenz ist aber auch ein 'internes' Merkmal der Felder, die durch ihre spezifischen Ökonomien, Kapitalformen und Spielregeln charakterisiert sind. So ist soziale Praxis immer strategische Praxis, bei der es um soziale Macht und Anerkennung, d.h. um die Akkumulation von ökonomischen, kulturellen und symbolischen Gütern und um die Legitimität der Spielregeln und Profite geht. Sozialgeschichtlich gesehen ist ein Feld daher in ständigem Wandel begriffen, wobei sich dieser Wandel sowohl auf die Verteilung des Kapitals, also auf die Struktur des Feldes, als auch auf die feldspezifischen Spielregeln bzw. ihre Legitimität beziehen kann. Gesellschaft ist im Grundsatz ein Konfliktgeschehen, bei dem allerdings temporale Kooperation und lokaler Konsens keineswegs ausgeschlossen sind. Die individuellen Konkurrenz- und kollektiven Klassenkämpfen können jedoch durch keine 'letzte Instanz' geschlichtet und vor allem durch keine normative Übereinkunft still gestellt werden.

Seine „Theorie des sozialen Handelns" konzipiert Bourdieu wie beschrieben mit den Begriffen Habitus, Praxis und Strategie. Die Akteure verfolgen Strategien, um sich im 'sozialen Spiel' zu positionieren und möglichst eine dominante Stellung in den relativ autonomen Feldern zu gewinnen. Bourdieus Praxis- und Strategiebegriff unterscheidet sich jedoch von den entsprechenden Konzepten der klassischen Verhaltens- bzw. Handlungstheorien, welche traditionell auf eine rational kalkulierende bzw. intentional agierende Vernunft rekurrieren. In der Regel (und das ist von soziologischem Interesse!) beherrscht der

3. Neuere soziologische Theorien

Habitus als generierendes Prinzip von Strategien und Praktiken die Handlungen der Akteure. Da soziales Handeln somit bereits in der unbewussten Anpassung der präreflexiven Strukturen des Habitus an die objektiven Strukturen verankert ist, wird eine intentional agierende, Präferenzen oder Gründe rational abwägende Vernunft nur in solchen Situationen zum Tragen kommen, in denen die Angepasstheit des Habitus fragwürdig wird. Solange aber die jeweiligen Habitusstrukturen auf Praxisverhältnisse treffen, die ihnen in etwa entsprechen, besteht für die Akteure überhaupt kein Anlass, ihre bewährten alltäglichen Wahrnehmungs- und Denkstrukturen in Frage zu stellen. Dies wird vor allem in 'einfachen', also sozialstrukturell wenig differenzierten Gesellschaften der ('Normal'-) Fall sein.

In hochdifferenzierten und hochdynamischen Industriegesellschaften hingegen wird der Habitus häufiger unter solchen gesellschaftlichen Bedingungen zur Anwendung kommen, die wesentlich anders sind als diejenigen, denen er seine Entstehung verdankt. Obwohl auch der Habitus durch die 'Einverleibung' neuer Erfahrungen in stetigem Wandel begriffen ist – hier sei auf die anregenden Überlegungen von Ebrecht (2002, S. 225 ff) zum Wandel der Habitusformationen hingewiesen – , wird er aufgrund der allgemeinen sozialen Dynamik, durch individuelle soziale Mobilität und durch das Engagement in bislang unvertrauten Feldern zunehmend mit sozialen Strukturen und Ereignissen konfrontiert, an denen er scheitern kann, weil er ihnen kaum oder gar nicht angepasst ist. In diesem Fall werden zunächst andere Produktionsprinzipien von Praxis, wie z.B. rationale Kalkulation und reflektierende Chancenabwägung die habituellen Dispositionen vertreten.

Allerdings kann das Auseinandertreten von Feldstruktur und Habitusstruktur auch auf objektiven feldinternen Faktoren beruhen. Wenn nun eine solche objektive Krise zusammen mit einem kritischen (häretischen) Diskurs auftritt, kann es durchaus zu weitreichenden Transformationen bis hin zu einem häretischen Bruch mit der bestehenden Ordnung (Revolution) kommen. Eine 'soziale' Entwicklung aber, die ein umfassendes, vollständiges und dauerhaftes Auseinandertreten von Habitusstrukturen und sozialen Strukturen zur Folge hätte, ist als soziale hier nicht denkbar, sie brächte das soziale Leben zum Verschwinden.

Bei Bourdieu ist das soziale Leben wesentlich rekursiv und den herausragenden Platz in der Theorie der zirkulären Reproduktion und Transformation des 'Sozialen' nimmt die Relation von Feld und Habitus ein. Theoretisch kann mit typologisch unterschiedlichen Habitus-Feld-Relationen sowohl die Möglichkeit von kontinuierlicher Reproduktion als auch die Möglichkeit von Transformation oder gar Revolution erklärt werden, während allerdings die tatsächliche Relation von Habitus und Feld und das empirische Verhältnis von Reproduktion und Transformation nur durch eine Analyse konkreter historischer Prozesse ermittelt werden kann.

Eben solchen Analysen gilt das eigentliche Interesse Bourdieus, ihm geht es stets darum, zu einem historisch fundierten empirischen Verständnis der Gegenwartsgesellschaft zu kommen. Ursprünglich sind seine theoretischen Überlegungen und Entwürfe daher Nebenprodukte von großen Studien, die sich auf zentrale Felder beziehen, wie Bildung, Universität, Bürokratie, Kultur und Religion, Klassen und Schichten oder die neuen Verelendungsformen, die dem Abbau des Wohlfahrtsstaates entspringen. Das erklärt auch die mit den sozialen Feldern verbundene typische Begrenzung durch Sprache und Nation, die seine Theorie im Gegensatz zu anderen neueren Konzeptionen in gewisser Weise noch aufweist. Zum anderen schlägt sich die vorrangige Beschäftigung mit der empirischen Forschung in der Tatsache nieder, dass manche Theoreme und Konzepte anscheinend noch nicht weitgehend genug überarbeitet und ausgeführt sind. Bourdieu pflegt seine Theoriekomponenten stets forschungspraktisch weiterzuentwickeln. So bezeichnete er ursprünglich (1979) aufgrund seiner Untersuchung der kabylischen Gesellschaft das soziale Kapital als symbolisches Kapital und definierte es als die „Reproduktion bestehender Beziehungen" durch Heirat, Geschenke etc. Ein eigenständigeres Profil erhält das symbolische Kapital dann in der Macht und Herrschaftstheorie.

3. Neuere soziologische Theorien

Die Mehrzahl der Einwände gegen Bourdieus strukturalistische Klassentheorie richtet sich daher vor allem auf Mehrdeutigkeiten und Ambivalenzen bei der Begriffsverwendung (Distinktion sowohl als objektive, subjektive und als unbewusste Abgrenzung), bei den Beziehungen der Konzepte untereinander (Lebensstil gründet in Habitus und/oder Distinktion) sowie auf das nicht immer klare Verhältnis von sozialem Raum und sozialen Feldern (Ganzes-Teile-Beziehung oder Form der Integration). Hans-Peter Müller (1986, S.181) kritisiert vor allem den Status und die Generalisierbarkeit des Kapitalbegriffs: „Funktionieren Sozial- und Kulturkapital tatsächlich nach der Logik ökonomischen Kapitals? (...) Während ökonomisches Kapital tatsächlich nach einer objektiven Systemlogik und folglich auf der Grundlage weitgehend anonymer Marktmechanismen funktioniert, operiert soziales Kapital nach einer sozialen Lebensweltlogik und demnach auf der Basis personal-interaktiver Mechanismen. Im ersten Fall genügt ein Interdependenzverhältnis ohne soziale Interaktion, im zweiten Fall ist soziale Interaktion unumgänglich mit allen Risiken, denen menschliche Kommunikation anhaftet."

Die forschungspraktische Weiterentwicklung der Theoriekomponenten entspricht Bourdieus Soziologieverständnis, nach dem die Soziologie sowohl empirisch als auch theoretisch ausgerichtet sein muss. Nur dann kann der Soziologe Begriffe entwickeln, die so konkret beschaffen sind, dass sie generell einer empirischen Überprüfung zugänglich sind, und gleichzeitig so abstrakt sind, dass sie sich von den Alltagsvorstellungen unterscheiden. Der Soziologe hat aber nicht nur die Verpflichtung, den Vorstellungen und Evidenzen des Alltagsverstandes gegenüber kritisch sein, sondern auch gegenüber den von der wissenschaftlichen Tradition übernommenen Begriffen und Methoden. Gewissermaßen selbstreflexiv muss die Soziologie den Effekt ihrer Theorien bedenken, da auch jede Theorie Einfluss auf die Wahrnehmung und somit auf die Ausformung der sozialen Welt (d.h. auch Machteffekte) hat.

3.2 Anthony Giddens: Theorie der Strukturierung

Ähnlich wie Bourdieu betont auch Giddens die spezifische Situation der Sozialwissenschaften, die „anders als die Naturwissenschaften unvermeidlich in einer Subjekt-Subjektbeziehung zu ihrem Gegenstand (stehen)" (Giddens,1995, S. 405). Die Tatsache, dass einerseits die Mehrzahl soziologischer Begriffe durch die Alltagssprache kontaminiert und vorbelastet sind und andererseits die wissenschaftlichen Konzepte umgekehrt in die alltägliche Welt eingehen und auf diese zurückwirken, bezeichnet Giddens als das Problem der *doppelten Hermeneutik*. Mit der Auslegung im Alltag und mit der Auslegung des Alltags durch die Soziologie werden auf diese Weise zwei sich ständig überschneidende Bedeutungsrahmen erzeugt, die der Soziologe zu berücksichtigen hat. Dieses Problem wurde seiner Ansicht nach bislang von strukturtheoretischen (objektivistischen) und auch von handlungstheoretischen (subjektivistischen) Ansätzen auf je unterschiedliche Weise ignoriert.

Giddens entwickelt daher seinen kulturtheoretischen Ansatz aus der Kritik an den verschiedenen klassischen Theorietraditionen, insbesondere aber am Funktionalismus. Er bestreitet nicht nur die Möglichkeit funktionalistischer Erklärungen (zulässig sind funktionalistische Sätze nur als kontrafaktische Aussagen über notwendige Bedingungen für mögliche Folgen), sondern wendet sich auch gegen den 'Brauch', funktionalistische Modelle essentialistisch zu verwenden, d.h. über die Existenz von Selbstregulationsvorgängen etc. theoretisch vor zu entscheiden. Des weiteren kritisiert er das evolutionistische Denken und zwar jeglicher Couleur; es geht ihm um die 'Dekonstruktion' *aller* Theorien des sozialen Wandels, sein Ziel ist die Rückgewinnung einer 'echten' Geschichtlichkeit. Giddens belässt es daher nicht bei der Kritik, sondern versucht vielmehr, mit seiner *Theorie der Strukturierung* eine Perspektive auf Alternativen zu eröffnen und zugleich die jeweiligen substantiellen theoretischen Kernaussagen der klassischen, objektivistischen und subjektivistischen Theorieströmungen durch die synthetisierende Integration in seiner Strukturationstheorie zu bewahren. Verbindende Grundidee ist dabei sein Konzept der Dualität der

Struktur, mit dem er auf die Aufhebung der alten Gegensätze von Handlung und Struktur bzw. Subjektivismus und Objektivismus zielt. Mit diesem Vorgehen verspricht seine Theorie der Struktur*bildung* einen Ausweg aus dem Dilemma von Determinismus und Voluntarismus.

Grundbegrifflich konzeptionalisiert Giddens dafür Handlung und Struktur nicht als Gegenbegriffe, sondern als zwei lediglich analytisch unterschiedene Momente der Wirklichkeit strukturierter Handlungssysteme. Demnach ist Handeln nicht immer zielgerichtet, aber kompetente (wissensgeleitete) Aktivität von Individuen. Umgekehrt ist Struktur den Individuen nicht äußerlich. Sie ist nicht gleichbedeutend mit Zwang, sondern hat ermöglichende wie beschränkende Aspekte. Handeln ohne Struktur ist nicht möglich, genauso wie Struktur nur im Handeln (bzw. im dem Handeln zugrundeliegenden Wissen) existiert, reproduziert und verändert wird. Die Differenz zwischen „Struktur" und „Praxis" muss als eine analytisch-heuristische Unterscheidung verstanden werden, mit ihr werden keine eigenständig existierenden Sphären voneinander geschieden.

Giddens präsentiert eine Theorie des Zusammenhangs von Regeln, Ressourcen und nicht-intendierten Handlungsfolgen, die dem Begriffskreis Struktur, Habitus und Praxis (Kapital, Habitus und Feld) bei Bourdieu im Prinzip ähnlich ist. Was für Bourdieu der Habitus ist, sind für Giddens im Rahmen seiner Strukturierungstheorie die Regeln des *practical consciousness*, denn der Kern beider Ansätze besteht in dem kulturtheoretischen Argument, dass die sozialen Praktiken von *Habitusformen* bzw. von *Regeln des praktischen Bewusstseins* abhängig sind. Allerdings ergibt sich bei Giddens aufgrund eines anderen Anschlusses an die Theorietraditionen eine stärkere Betonung der handlungskontrollierenden Kompetenz des einzelnen Akteurs gegenüber den inkorporierten Regeln.

Eine geschlossene Darstellung der Grundzüge seiner Strukturierungstheorie gibt Giddens 1984 in seinem Buch „The Constitution of Society" („Die Konstitution der Gesellschaft", 1988). Der Titel des Buches scheint zu suggerieren, Gesellschaft nach Giddens verdanke sich den Konstitutionsleistungen von Subjekten. Ein solcher Verdacht erweist sich jedoch schnell als unbegründet, wenn Giddens gleich zu Beginn seine Grundbegriffe Handeln, Struktur, Strukturierung und System entfaltet. Weder liegen seiner Handlungstheorie die Konstitutionsleistungen eines „Bewusstseins à la Kant" zugrunde, noch denkt er an eine voraussetzungslose Konstitution gesellschaftlicher Strukturen. Auch nach Giddens können soziale Strukturen jeweils nur reproduziert bzw. transformiert werden. Im folgenden sollen nun der Handlungs- und der Strukturbegriff sowie die These von der Dualität der Struktur erläutert werden.

3.2.1 Handeln und Struktur

Zur Konzeptualisierung von Handeln und Handelnden nimmt Giddens den hermeneutischen Standpunkt ein, dem gemäß Handlungen in der Vertrautheit der Akteure mit den in solchen Handlungen ausgedrückten Lebensformen gründen. In enger Anlehnung an die phänomenologischen bzw. ethnomethodologischen Grundannahmen betont Giddens, dass Individuen gerade in komplexen Gesellschaften den Alltag ohne ihre Fähigkeit zur Routinisierung nicht bewältigen könnten. Für Giddens sind nun soziale Handlungen ebenso rekursiv wie einige sich selbst reproduzierende Phänomene in der Natur. „Das bedeutet, dass sie nicht durch die sozialen Akteure hervorgebracht werden, sondern von ihnen mit Hilfe eben jener Mittel fortwährend reproduziert werden, durch die sie sich *als* Akteure ausdrücken. In und durch ihre Handlungen reproduzieren die Handelnden die Bedingungen, die ihr Handeln ermöglichen" (1995, S. 52).

Um in dieser Weise auf den fortlaufenden Prozess des gesellschaftlichen Lebens Einfluss zu nehmen, ist eine spezifische Form der Bewusstheit erforderlich, für die Giddens den Begriff der *Reflexivität* einführt, mit der Akteure ihr Handeln überwachen und kontrollieren. „Die Kontinuität von Praktiken setzt Reflexivität voraus, aber Reflexivität ist umgekehrt nur aufgrund der Kontinuität von Praktiken möglich, wodurch eben diese über Raum und Zeit als identische reproduziert werden" (ebd., S.53). Somit ist menschliches Handeln nicht bloß als reaktives Verhalten, sondern durchaus als zweckgerichtet anzusehen. Es kann aber auch nicht voluntaristisch seiner raum-zeitlichen Kontextualität enthoben konzipiert werden. Handeln vollzieht sich ebenso wie Erkennen als eine „durée, als ein kontinuierlicher Verhaltensstrom" (ebd. S. 53), der sich nicht aus einzelnen, von vornherein abgrenzbaren Handlungen konstituiert. Eine solche Abgrenzung ist erst durch „ein diskursives Moment der Aufmerksamkeit auf die durée durchleuchteter Erfahrung" möglich (ebd. S. 54).

Für Giddens' Akteurs- und Handlungsverständnis ist daher die Unterscheidung zwischen *praktischem Bewusstsein, diskursivem Bewusstsein* und den *unbewussten Motiven* bzw. Wahrnehmungen bestimmend.

Das *praktische* Bewusstsein entspricht in etwa dem Schützschen Gewohnheitswissen, *praktisches* Wissen ist zwangsläufig auf das regelmäßige Tun, auf die Praxis bezogen und wäre daher als praxisenthobene „Bewusstseinsstruktur" missverstanden. In der Regel bleibt dieses Wissen zum Großteil implizit. Allerdings sind Akteure durchaus in der Lage, ihre Handlungen zu problematisieren.

Alles, was Akteure über soziale Zusammenhänge sowie über die Absichten und Gründe ihres eigenen Handelns sprachlich ausdrücken und mitteilen können (Rationalisierung des Handelns), bezeichnet Giddens als *diskursives* Wissen (bzw. Bewusstsein). Es gibt also zwischen dem praktischen und dem diskursiven Bewusstsein keine Schranke, „es gibt nur den Unterschied zwischen dem, was gesagt werden kann, und dem, was charakteristischerweise schlicht getan wird" (ebd., S. 57).

Unbewusste Motive dagegen sprechen handlungsveranlassende 'Bedürfnisse' der Wunscherfüllung oder Angstvermeidung an, die besonders bei spezifischen 'Entwürfen', d.h. in solchen Situationen wirksam werden, die von der üblicherweise nicht motivierten Routine des sozialen Lebens abweichen.

Akteure steuern in Interaktionszusammenhängen kontinuierlich den Fluss ihrer Aktivitäten und kontrollieren dabei zugleich routinemäßig die Aspekte des Kontexts ihrer Interaktion (Reflexivität des praktischen Bewusstseins). Handeln wird als aktives Eingreifen in den

Strom der Ereignisse begriffen und zwar dergestalt, „dass (das Individuum) in jeder Phase einer gegebenen Verhaltenssequenz anders hätte handeln können. Was immer auch geschehen ist, es wäre nicht geschehen, wenn das Individuum nicht eingegriffen hätte" (ebd., S. 60). Als intentional ist ein solches Handeln insofern zu begreifen, als das Individuum von bestimmten Ursache-Wirkungs-Zusammenhängen ausgeht. Allerdings muss unterschieden werden zwischen dem, was ein Handelnder tut und dem, was er beabsichtigt hat. Den Begriff des Handelns bezieht Giddens auf das Tun, das in einen kontinuierlichen Ereignisstrom der Sozialwelt eingebunden ist und mit seinen Konsequenzen weit über alles Intendierte hinausreicht. Giddens verwebt den Handlungsbegriff also eng mit der Praxis. Daher enthält der „Handlungsbezugsrahmen" bei Giddens neben dem Handelnden, den Bedingungen und Mitteln des Handelns und den Intentionen des Akteurs vor allem *auch* die *unintendierten Handlungsfolgen* und die *unerkannten Handlungsbedingungen*. Dabei sind die *raum-zeitlich ausgreifenden Praktiken* und die allgegenwärtigen *unbeabsichtigten Konsequenzen* des Handelns die wesentlichen Elemente seiner Theorie der Strukturbildung.

Das *Geflecht raum-zeitlich produzierter und reproduzierter Handlungen* nennt Giddens „System". Von diesem hebt er die als „Struktur" bezeichneten *Zusammenhänge gemeinsamer Regeln und verteilter Ressourcen* ab, die in die Produktion und Reproduktion sozialer Systeme eingehen. Der Begriff der Struktur ist das Pendant zum Handlungsbegriff; Handeln und Struktur bezeichnen ein und denselben Gegenstand.

Der Grundgedanke des Konzepts der *Dualität von Struktur* ist nun, dass Struktur einerseits das Medium des Handelns ist und andererseits sein Produkt. Dualität von Struktur bedeutet einerseits, dass sich Handelnde in ihrem Handeln auf Struktur beziehen, also auf Regeln (eine kognitive und normative Ordnung) und Ressourcen (auf ein Muster von Ressourcenverteilungen), dass Handeln also im Medium der Struktur stattfindet. Andererseits ist Struktur das Produkt von Handeln, d.h. nur dadurch, dass sich die Handelnden auf „Strukturmomen-

3. Neuere soziologische Theorien

te" (Regeln und Ressourcen) von sozialen Systemen beziehen, existieren sie überhaupt. „Struktur, Strukturmomente oder 'strukturelle Parameter' existieren nur insofern, als es eine Kontinuität in der sozialen Reproduktion über Raum und Zeit hinweg gibt" (Giddens, 1995, S. 269).

Regeln des gesellschaftlichen Lebens stellen nach Giddens „Techniken oder verallgemeinerbare Verfahren (...), die in der Ausführung/Reproduktion sozialer Praktiken angewendet werden" (ebd., S.73), dar. *Ressourcen* sind die Mittel, die zusätzlich zu den Regeln zur Produktion und Reproduktion sozialer Systeme erforderlich sind. Diese Regeln haben also nicht den Charakter von externen, sanktionierenden Normen, sondern den eines impliziten Regelwissens, das in Form von „Erinnerungsspuren" des *praktischen Bewusstseins* wirkt.

Zusammenfassend lässt sich also festhalten: Nach Giddens handeln Akteure immer reflexiv, aber sie kontrollieren niemals vollständig die Prozesse der sozialen Reproduktion. In vielerlei Hinsicht agieren sie als kompetente Akteure auf der Basis lediglich praktischen, impliziten Wissens. Sie wissen, wie man es macht, ohne dass sie immer genau explizieren können, wie und warum sie es tun. Sie handeln ferner aufgrund unerkannter Voraussetzungen und produzieren dabei unintendierte Folgen. Die Resultate zumal kollektiven Handelns fallen oft anders aus als es intendiert war. Kompetente Akteure beziehen sich in ihrem Handeln rekursiv auf Strukturen und schreiben sie durch genau dieses Handeln gewöhnlich mehr oder weniger unverändert fort. Struktur ist (mitlaufendes) Resultat des Handelns und geht in weiteres Handeln als sein 'Medium' ein. Strukturen *ermöglichen* den reflexiv handelnden Akteuren daher, in Interaktionssequenzen kompetent zu handeln, und *schränken* die Handlungsmöglichkeiten gleichzeitig *ein*.

3.2.2 Dimensionen des Sozialen

Soziale Praktiken finden zu bestimmten Zeitpunkten an bestimmten Orten, also in einem jeweils einzigartigen Kontext statt. Die den Praktiken zugrundeliegenden Strukturen müssen hingegen als relativ zeitresistent und kontextunspezifisch gedacht werden, sie existieren über zeitliche und räumliche Grenzen hinweg (Giddens bezeichnet sie in diesem Sinne als *Institutionen*). Wenn allerdings die Unterscheidung zwischen Praktiken und Strukturen nur eine heuristisch-analytische ist, muss auch die Differenz zwischen der unterschiedlichen Zeitlichkeit und Kontextualität von Praxis und Struktur allein analytisch begründet sein. Schließlich *existieren* Strukturen *nur* in ihrer realen Anwendung in der Handlungssequenz, d.h. ihre zeitliche Stabilität gegenüber dem Handlungsstrom muss ebenso relativiert werden wie die prinzipielle Kontextfreiheit der Regeln.

Giddens unterscheidet analytisch auf zwei Ebenen jeweils drei Dimensionen:

Auf der „Ebene sozialer Strukturen" heißen die drei Dimensionen *Signifikation, Herrschaft* und *Legitimation*.

Auf der „Ebene der Interaktion" heißen die drei Dimensionen *Kommunikation, Macht* und *Sanktion*.

3. Neuere soziologische Theorien

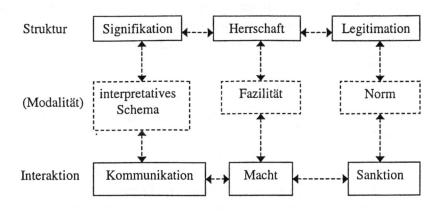

Abb. 4: Dimensionen der Dualität von Struktur (Giddens 1995, S. 81)

Giddens expliziert diese Einteilung etwa folgendermaßen:

Regeln der *Signifikation* (Sinnkonstitution) begründen das, was man ein Bedeutungssystem bzw. eine im Zeitablauf relativ stabile kognitive Orientierung eines sozialen Systems nennen kann. Giddens fasst darunter all jene Aspekte, die mit der Interpretation der Welt als Grundlage von Handeln zusammenhängen.

Herrschaft wird mittels zweier Arten von *Ressourcen* konstituiert, allokative Ressourcen und autoritative Ressourcen:

Allokative Ressourcen beziehen sich auf die Fähigkeit, die materiellen Aspekte sozialer Situationen zu kontrollieren.

Autoritative Ressourcen beziehen sich auf die Kontrolle der Mittel der Organisation von Raum und Zeit sowie auf die Koordination vieler Menschen und der Verteilung ihrer Lebenschancen. Autoritative Ressourcen erlauben also, Macht über Menschen auszuüben.

Regeln der *Legitimation* (Sanktionierung des sozialen Handelns) begründen die normative Ordnung eines sozialen Systems. Giddens unterscheidet *praktizierte* Regeln (verallgemeinerbare Verfahren) und *formulierte* Regeln (kodifizierte Interpretationen von Regeln), die eigentlich Interpretationen und nicht wirkliche Regeln im praktischen Sinne sind.

Die Akteure vermitteln in ihren Interaktionen die Handlungs- und Strukturebene, indem sie die Regeln und Ressourcen unter situativen Umständen situationsspezifisch und auf individuell besondere Weise zu *Modalitäten* ihres Handelns machen.

In *Kommunikationen* kommen Interpretationsmuster ins Spiel, die Strukturen der *Signifikation* repräsentieren. Wenn Akteure miteinander kommunizieren, dann beziehen sie sich auf strukturelle Formen der Signifikation, die sie auf diese Weise zu Modalitäten ihres Handelns machen.

Indem sich Handelnde auf *Macht*mittel beziehen, die wiederum der Herrschaftsstruktur entlehnt sind, reproduzieren sie Herrschaftsstrukturen im Sinne von *allokativen und autoritativen Ressourcen*. Dabei erscheinen die allokativen Ressourcen nicht in ihrer Materialität, sondern *nur* als Bestandteile des Strukturierungsprozesses als Ressourcen (materielle Objekte sind erst Machtressourcen bzw. -mittel, wenn sie *in der Interaktion* als Machtmittel eingesetzt werden).

Die *Rechtfertigung bzw. Sanktionierung von Handeln* bezieht sich auf spezifische Normen als Modalitäten und reproduziert so Strukturen der *Legitimation*. Akteure sanktionieren, indem sie ihrem Handeln Normen unterlegen und das Handeln anderer unter Rekurs auf eben solche Normen, d.h. auf die Weisen der Legitimation bewerten und beurteilen.

Giddens betont vor allem auch in diesem Zusammenhang, dass sowohl die *vertikalen* Trennungen als auch die *horizontalen* Trennungen zunächst als bloß analytische Trennungen aufzufassen seien. Die Strukturdimensionen Signifikation, Herrschaft und Legitimation sind ebenso faktisch untrennbare Aspekte von Strukturen wie die Handlungsdimensionen Kommunikation, Macht und Legitimation faktisch untrennbare Aspekte von Handeln sind. Zudem ist auch die Trennung von Handlungsebene und Strukturebene nicht faktisch aufzufassen, da Strukturen, die nur im Handeln aktualisiert werden, außerhalb des Handelns nur eine virtuelle Existenz zukommt.

Das heißt also: Genauso wenig wie Machtausübung sich nicht nur in der Mobilisierung allokativer und autoritativer Ressourcen erschöpft, sondern auch mittels Normen und Interpretationsmuster vonstatten geht, erschöpft sich Kommunikation nicht nur in der Verwendung von Interpretationsmustern, sondern geht auch immer mit der Verwendung von Machtmitteln und Normen einher. Gleiches gilt für die normen-verwendende Sanktion, die immer auch mit Interpretationsmustern und Machtmitteln unterlegt ist.

Giddens geht von einem alles durchdringenden Einfluss von Macht im gesellschaftlichen Leben aus. „Herrschaft und Macht können nicht nur in der Begrifflichkeit von Verteilungsasymmetrien gedacht werden, sondern müssen als integraler Bestandteil sozialer Gemeinschaften (...) erkannt werden" (ebd., S. 84/85), d. h. beispielsweise, dass Signifikationsstrukturen immer als in Verbindung mit Herrschaft und Legitimation stehend konzipiert werden müssen (ebd. S. 84).

Die Strukturdimensionen finden nun ihren Ausdruck in verschiedenen institutionellen Ordnungen (Strukturmomenten). Die Strukturen der Signifikation 'manifestieren' sich in *symbolischen Ordnungen* bzw. Diskursformen, die der Herrschaft in *ökonomischen Institutionen* (Allokation) sowie *politischen Institutionen* (Autorisierung). Die Strukturen der Legitimation äußern sich in den *rechtlichen Institutionen*. In einem derartigen raum-zeitlichen Institutionengefüge (Regeln- und Ressourcenkombination eines sozialen Systems) sieht Giddens das erste und grundlegendste Identifikationsmerkmal einer Gesellschaft, zu dem allerdings noch weitere herangezogen werden müssen.

Giddens führt folgende auf:
„1.) Eine Verbindung zwischen dem sozialen System und einem bestimmten Ort oder Territorium. Die von den Gesellschaften besetzten Orte müssen nicht notwendig auf Dauer fixierte Gebiete sein. Nomadengesellschaften durchqueren Raum-Zeit-Wege unterschiedlichsten Typs.
2.) Die Existenz normativer Muster, die einen Anspruch auf die legitime Besetzung des Ortes geltend machen. Natürlich können die Arten und Formen solcher Legitimationsansprüche von unterschiedlichster Art sein und in mehr oder weniger heftiger Weise ausgefochten werden.
3.) Zwischen den Mitgliedern der Gesellschaften müssen Gefühle verbreitet sein, die eine wie auch immer ausgedrückte oder geoffenbarte Art gemeinsamer Identität betreffen. Diese Gefühle können sich sowohl im praktischen als auch im diskursiven Bewusstsein manifestieren, und sie setzen keinen 'Wertkonsens' voraus. Individuen können sich darüber bewusst sein, dass sie einer bestimmten Gemeinschaft angehören, ohne gleichzeitig zu meinen, dies sei notwendigerweise gut oder richtig" (Giddens, 1995, S. 218).

Auf diese Weise heben sich Gesellschaften bzw. soziale Systeme von den vielfältigen anderen systemischen Beziehungen ab, in die sie eingebettet sind. Die Ausdehnung und 'Geschlossenheit' von Gesellschaften bzw. sozialen Systemen über Raum und Zeit hinweg ist allerdings kontingent. Giddens verwendet also den Begriff des sozialen Systems in einer anderen Weise als es die Systemtheoretiker und die Funktionalisten tun, er rückt von der Vorstellung geschlossener Gebilde ab. Unter „System" versteht Giddens ein Geflecht raum-zeitlich produzierter und reproduzierter Handlungen bzw. ein Geflecht von „Institutionen".

3.2.3 Zeit und Raum

Zeit- und Raumgefüge sind für soziales Handeln und „Gesellschaft" unabdingliche Strukturen, die nach Giddens' Ansicht in der Soziologie zu wenig berücksichtigt wurden. Giddens versucht nun im Rahmen seiner Theorie der Strukturierung, Zeit und Raum als elementare Kategorien der *Sozialtheorie* zu entwickeln und so herauszuarbeiten, wie Zeit und Raum innerhalb unterschiedlicher Typen von sozialen Systemen 'gehandhabt' werden und in ihre Konstitution eingehen. Er greift dazu auf die Zeitanalysen des norwegischen Geographen

Torsten Hägerstrand zurück und übernimmt von Henri Bergson und Claude Lévi-Strauss den Ausdruck der *durée*, der Dauer, um die „durée" der alltäglichen Aktivität von der „longue durée" der Institutionen zu unterscheiden. Die Zeitlichkeit hat nach Giddens drei Schichten:
- die Durée der Alltagserfahrung,
- die Lebenspanne eines Individuums,
- die „longue durée" der Institutionen.

Mit dem Ausdruck „Durée" will Giddens keineswegs die 'objektive' Zeit mit dem individuellen Zeiterleben kontrastieren, es geht vielmehr darum, in Abhebung von der *physikalischen Zeit* verschiedenartige *kulturelle Zeitschematisierungen* zu gewinnen.

Auch Räumlichkeit weist bei Giddens drei Formen auf:
- Regionen (die vorder- und die rückseitigen Regionen im Sinne Goffmans),
- die räumlichen Aspekte des Körpers und der Bewegung in Zeit und Raum,
- die örtlichen Gegebenheiten von Institutionen und Konventionen.

In der Denkweise der Theorie der Strukturierung geht nun jede dieser drei Schichten der Zeitlichkeit und Formen der Räumlichkeit in die Konstitution der anderen ein, ist deren Ausdruck und bringt sie zum Ausdruck. „Alle sozialen Systeme gleichviel wie groß oder weitspannend sie sind, finden in den Routinen des gesellschaftlichen Alltagslebens ebenso ihren Ausdruck, wie sie diese zum Ausdruck bringen; die Körperlichkeit der menschlichen Akteure – der physische menschliche Körper – spielt als empfindendes Sensorium hier eine vermittelnde Rolle" (Giddens, 1995, S. 89).

Alle Gesellschaften haben eine Raum-Zeit-Ausdehnung und bestehen aus Zeit-Raum-Zonen (Regionalisierung bzw. interne Differenzierung). Allerdings werden Raum und Zeit meist im Sinne von 'äußeren Grenzen' von Gesellschaft und sozialem Handeln aufgefasst. In Giddens' Strukturierungstheorie ist der Raum-Zeit-Aspekt jedoch zentral,

Raum-Zeit-Beziehungen sind notwendige und strukturierende Momente der Produktion und Reproduktion des sozialen Lebens und stellen somit auch spezifische Charakteristika von Gesellschaften dar. So sind hochmoderne Gesellschaften nach Giddens vor allem durch ein „Auseinandertreten von Raum und Zeit", ein „Auseinandertreten von Raum und Ort" und durch eine 'Entbettung' sozialer Systeme und Tätigkeiten gekennzeichnet.

Der Strukturierungstheorie geht es daher um die Frage, auf welche Weise soziale Systeme Zeit und Raum binden, indem sie Gegenwärtiges mit Abwesendem aufeinander beziehen und integrieren. Dazu bestimmt Giddens 'Strukturprinzipien' im Sinne von Organisationsprinzipien, die auf der Grundlage bestimmter Mechanismen der gesellschaftlichen Integration für die Existenz erkennbar konsistenter Formen von Raum-Zeit-Ausdehnung verantwortlich sind. Diese Strukturprinzipien umschreiben die Modalitäten der Differenzierung und Artikulation der 'Institutionen', d.h. der routinisierten Praktiken, die von einer Mehrheit der Mitglieder eines Kollektivs ausgeführt und anerkannt werden. Da die Strukturprinzipien die basale institutionelle Organisation von Gesellschaften festlegen, kommt in ihnen die historisch spezifische Natur einer Gesellschaftsformation zum Ausdruck.

Mit historisch spezifischen 'Strukturprinzipien' lassen sich nach Giddens drei grundlegende Gesellschaftsformationen unterscheiden:

Stammesgesellschaften von Jägern und Sammlern. In ihnen verläuft das dominante Strukturprinzip entlang einer Achse, die Tradition und Verwandtschaft im Medium von Raum und Zeit aufeinander bezieht. In ihnen ist die Zeit-Raum-Ausdehnung noch sehr gering. Verbindung mit der Vergangenheit wird allein durch die Aktualisierung der Tradition erhalten. Somit hat die Speicherung und Kontrolle von Informationen und Wissen eine besondere Bedeutung. Bezüglich der Herrschaftsstrukturen spielen daher die autoritativen Ressourcen eine größere Rolle als die allokativen.

Klassengegliederte Gesellschaften wie Stadtstaaten, antike Imperien und Feudalsysteme. In ihnen ist das Strukturprinzip entlang jener Achse organisiert, die städtische Gebiete mit dem agrarischen Hinterland verbindet. Mit dem Entstehen von Schriftkulturen wird die Stadt

3. Neuere soziologische Theorien

zu einem neuartigen 'Ort', der die Konzentration von allokativen und autoritativen Ressourcen erlaubt. Es kommt zu einem Auseinandertreten von sozialer Integration und Systemintegration. Die räumliche Ausdehnung kann gesteigert werden, allerdings hat das Territorium einer solchen Gesellschaft aufgrund der schwach ausgebildeten Systemintegration noch sehr durchlässige Grenzen. Die Hauptstütze der Herrschaft der städtischen Bürokratie über das Land ist die militärische Macht.

Klassengesellschaften bzw. moderne kapitalistische Gesellschaften. Sie sind entlang des Auseinandertretens von Staat und ökonomischen Institutionen, die dennoch aufeinander bezogen bleiben, organisiert. Erst in diesen Gesellschaften existiert ein eigentlicher Klassengegensatz im Sinne eines strukturellen Konflikts zwischen stratifikatorisch differenzierten (d.h. geschichteten) Kollektiven. In Klassengesellschaften kann die auf der Beziehung zwischen Kapital und Arbeit beruhende Ökonomie rapide expandieren und die Bedingungen für die Akkumulation politischer Macht in den Händen eines 'Nationalstaats' produzieren.

Mit den auf diese Weise identifizierten drei historischen Gesellschaftsformen will Giddens allerdings keinem Phasenmodell bzw. einem evolutionären Schema das Wort reden. Giddens weist evolutionistische und funktionalistische Konzeptionierungen zurück, weil sie auf Konzepte „systemischer Bedürfnisse" oder „systemischer Anpassung" rekurrieren, die der Komplexität sozialer Entwicklung nicht gerecht werden. Vor allem aber gibt es in den Sozialwissenschaften keine eindeutig bestimmbare evolutionäre Grundeinheit, da Gesellschaften einfach nicht jenes Maß an Geschlossenheit besitzen, wie es etwa biologischen Arten zukommt. Die Geschichte der Menschen ist daher auch keine „world growth story" (1995, S. 293) im Sinne einer linearen und kontinuierlichen Entwicklung. Giddens verweist darauf, dass klassengegliederte Gesellschaften entlang von *Raum-Zeit-Schwellen* parallel zu Stammesgesellschaften existierten und deren Entwicklung zumeist entscheidend mit beeinflusst haben. Mit den kapitalistischen Klassengesellschaften sind zusätzlich weitere 'Raum-

Zeit-Schwellen' entstanden. Um die temporale Koexistenz verschiedener Gesellschaftsformationen zu ordnen und um die Beziehungen zwischen unterschiedlichen Formen gesellschaftlicher Totalitäten zu spezifizieren, benutzt Giddens den Begriff *zwischengesellschaftliche Systeme*.

3.2.4 Gesellschaftliche Entwicklung

Giddens entwickelt seine Theorie der Strukturierung vor allem in Auseinandersetzung mit dem Funktionalismus und dem Evolutionismus. Er lehnt mit dem Strukturdeterminismus auch alle Formen universaler Gesetze des sozialen Wandels ab und plädiert für eine Dekonstruktion der evolutionären Modelle der Menschheitsgeschichte. Nach seiner Auffassung ist ein evolutionäres Modell der Geschichte der Menschheit unangemessen, weil „der reflexive Charakter des sozialen Lebens von Menschen die Erklärung des sozialen Wandels mittels eines Satzes einiger einfacher und allgemeiner kausaler Mechanismen nicht erlaubt. Zu wissen, was 'in' der Geschichte geschieht, wird nicht nur zum integralen Bestandteil dessen, was 'Geschichte' ist, sondern auch zu einem Mittel, diese 'Geschichte' zu verändern" (Giddens, 1995, S. 293).

Mit der Strukturierungstheorie eröffnet Giddens einen Freiraum für produktives (Nach-)Denken über epochenspezifische Mechanismen des sozialen Wandels und lenkt mit den Begriffen der 'Raum-Zeit-Schwellen' und der 'Weltzeit' die Aufmerksamkeit auf das Verhältnis zwischen Gesellschaften unterschiedlichen Charakters. Der Autor konzeptionalisiert sozialen Wandel als diskontinuierliche, kontingent bestimmte und sich überlappende Transformationen, die keiner übergreifenden Entwicklungslogik folgen.

Nun ist auf den ersten Blick nur schwer einsehbar, wie Veränderungsprozesse vonstatten gehen sollen, wenn Handeln und Struktur in einem wechselseitig konstitutiven Verhältnis stehen. Da somit auch der zeitliche Charakter aller sozialen Aktivitäten theoretisch integriert ist, können Kontinuität und Diskontinuität, Stabilität und Wandel

3. Neuere soziologische Theorien

nicht einmal in einen Gegensatz gebracht werden. Das Ordnungsproblem besteht für die Strukturierungstheorie im Grunde darin, wie die Dualität der Struktur im sozialen Leben funktioniert, wie sich also die Kontinuität der Handlungsform im Gefolge der alltäglichen sozialen Handlungen erhält. Den herausragenden Platz in der Reproduktion sozialer Praktiken besitzen die Routinen, welche die Kontinuität der Reproduktion gewährleisten. Kontinuität besteht daher auch während der radikalsten Phasen sozialer Transformation, zumindest solange die Akteure überleben.

Quellen und Faktoren des Wandels können allerdings in jenen Bedingungen gesucht werden, die dazu führen, dass der routinisierte Verlauf sozialer Interaktionen behindert oder aufgelöst wird. Dabei ist davon auszugehen, dass gewisse Umstände, gesellschaftsexterne und/oder –interne, auf Gesellschaften mit unterschiedlichen Charakteristika divergierende Einflüsse haben. Unter Entroutinisierung ist jedenfalls jeder Einfluss zu verstehen, der darauf gerichtet ist, den selbstverständlichen Charakter alltäglicher Interaktionen zu konterkarieren.

In traditionalen Gesellschaften, so Giddens, ereignet sich *inkrementeller* Wandel (als Resultat der sozialen Reproduktion selbst) nur allmählich und unmerklich. Wahrnehmbarer Wandel verdankt sich in erster Linie *externen* Einflüssen, die auf eine Entroutinisierung hinauslaufen (durch ökologische Veränderungen, vermeintliche 'Naturkatastrophen' oder die Entstehung von Konflikten bzw. Abhängigkeitsbeziehungen zwischen Gesellschaften unterschiedlicher kultureller Ausstattung).

Giddens (1995 b, S. 178 f.) unterscheidet drei Arten von Umständen, die dazu führen können, dass die tradierten Praktiken unterminiert werden:

Umstände, die von außen auf die Gesellschaft einwirken, führen zu der Verdrängung einer Tradition durch eine andere. Traditionalität als solche wird allerdings nicht unterminiert.

Das Aufkommen auseinanderlaufender 'Interpretationen' und die Konfrontation divergierender Traditionsdeutungen kann zur Ersetzung der einen Tradition durch eine andere führen, aber auch in Teilen die Macht der Überlieferung als solche in Frage stellen. Das Aufkommen einer Art von 'historischem Bewusstsein' bestreitet den Legitimationscharakter jeder Tradition und die Transformation sozialer Institutionen wird zum Programm.

Giddens ist der Ansicht, es mache „wenig Sinn, nach einer übergreifenden Theorie der Stabilität und des Wandels in sozialen Systemen Ausschau zu halten, solange die Bedingungen der sozialen Reproduktion verschiedener Gesellschaftstypen derartig variieren" (1995 b, S. 171). Das gesamte Sozialleben trägt seiner Auffassung nach im wesentlichen *episodische* Züge. Reihen von Handlungen und Ereignissen mit einem angebbaren Anfang und Ende, also einer ihnen eigenen Sequenz, sind ebenso als Episode zu erfassen wie identifizierbare Sequenzen des Wandels von Institutionen in einer gesellschaftlichen Gesamtheit oder wie Sequenzen des Übergangs von gesamtgesellschaftlichen Formen. In Episoden sieht Giddens also durchaus „Prozesse sozialen Wandels, die eine definite Richtung und Form haben, und in denen strukturelle Transformationen auszumachen sind" (1995, S. 300 ff.).

Jedoch sind Richtung und Form des sozialen Wandels in einer solchen Episode nur spezifisch für eben diese eine Episode. Jede historische Episode hat ihren eigenen transformativen Charakter. Eine generelle Richtung für sozialen Wandel lässt sich nicht ausmachen, ebenso wenig „Episoden von Episoden". Im Studium von 'Episoden' sieht Giddens daher die zentrale Aufgabe der historischen Strukturanalyse von Institutionen.

Zur Kategorisierung schlägt Giddens (1995 b, S.183 ff.) folgende Dimensionen und ihre Kombination vor:

Autonomie und Abhängigkeitsbeziehungen zwischen Gesellschaften oder Nationalstaaten.

Die ungleiche Entwicklung verschiedener Sektoren oder Regionen des sozialen Systems (Spannungsgefüge von nachhinkenden und entwickelteren Teilen einer Gesellschaft).

Kritische Phasen radikalen Wandels, in deren Verlauf das bisherige Verhältnis der zentralen Institutionen transformiert wird, unabhängig

davon, ob dabei politische Revolutionen eine Rolle spielen (sog. „Episodenstudien").
Die Idee, dass einzelne Gesellschaften bei der Inszenierung des Wandels eine Art 'Vorreiterrolle' übernehmen können, die ihnen allerdings spätere Veränderungen versperrt, während bislang 'retardierte' Bereiche späterhin einen raschen Fortschritt erfahren.

In der weiteren soziologischen Ausarbeitung seiner Theorie der Strukturation befasst sich Giddens vor allem mit den historischen Eigentümlichkeiten moderner Gesellschaften und unternimmt den Versuch, mit den Konzepten seiner Theorie einen anderen Zugang zum Wesen der Moderne zu eröffnen. Den geläufigen soziologischen Konzepten der „Differenzierung" bzw. „funktionalen Spezialisierung" sozialer Systeme spricht Giddens durchaus einen begründeten Gehalt zu, doch nach seiner Ansicht können diese Konzepte aufgrund ihrer Abhängigkeit von evolutionistischen und funktionalistischen Vorstellungen dem Wesen der Moderne nicht gerecht werden. Giddens entwickelt daher für seine Analyse der institutionellen Transformationen eine Reihe eigener Begriffe.

Die maßgebliche Entwicklung der Moderne sieht Giddens in einer *Radikalisierung ihrer Kernprozesse*, die ihrerseits zu einer hochgradigen Vitalität der Gesamtgesellschaft führen. Den Siegeszug der radikalen Moderne versucht Giddens anhand von drei Entwicklungen nachzuzeichnen:

Die erste Entwicklung bezeichnet er als das *Auseinandertreten von Raum und Zeit*. Mit der Erfindung und Verbreitung der mechanischen Uhr wurde die Zeit entleert, was auch zu einer Entleerung des Raumes, d.h. zu einem Auseinandertreten von Raum und 'Ort', führte. Während in vormodernen Gesellschaften Raum und Zeit durch ihre Anbindung an einen konkreten Ort (Schauplatz) verbunden waren, löst sich in der modernen Gesellschaft diese Anbindung mehr oder weniger auf. Schauplätze werden in höherem Maße 'phantasmagorisch' und von weit entfernten Einflüssen geprägt und gestaltet.

Die zweite Entwicklung, die *Entbettung sozialer Systeme und Tätigkeiten*, steht in einem engen Zusammenhang mit der Entleerung der

Zeit und des Raumes. Mit Entbettung will Giddens das Herausheben sozialer Beziehungen aus ihrem örtlichen Kontext und ihre Reartikulation über unbestimmte Zeit-Raum-Pfade auf den Begriff bringen. Entbettungsmechanismen sind zum einen die „symbolischen Zeichen" bzw. „Austauschmedien" (z.B. das Geld) und zum anderen die „Installation von Expertensystemen". Beide abstrakte Systeme, symbolische Zeichen und Expertensysteme, beruhen auf Vertrauen. Doch statt auf Vertrauen im alten Sinn, als Vertrauen in Personen, ist der moderne Mensch nun auf das Vertrauen in abstrakte Fähigkeiten bzw. in die Richtigkeit von Prinzipien angewiesen.

Das dritte Moment, auf das Giddens die Dynamik moderner Institutionen zurückführt, ist die *„institutionalisierte Reflexivität"*. Die „Reflexivität der Moderne" (1997, S. 52 ff.) meint etwas anderes als die reflexive Steuerung des Handelns. Bei der Institutionalisierung von Reflexivität hat die Wissenschaft eine besondere Rolle gespielt. Die reflexive Aneignung von Wissen über die Kernprozesse der Moderne ist nicht nur unverzichtbares Element der Reproduktion sozialer Systeme geworden, vielmehr wirkt sie in die Gesellschaft zurück. Angesichts der institutionellen Reflexivität der Moderne entspricht das Wissen nicht mehr demjenigen im herkömmlichen Sinn.

Die Faktoren der *Trennung von Raum und Zeit*, der *Entbettung* und der *institutionellen Reflexivität* begründen die Dynamik der Moderne und geben ihr den Charakter einer „Risikogesellschaft" (Beck 1986). Gleichzeitig ermöglichen Organisationen, Symbole und Experten die Wiedergewinnung und Aufrechterhaltung sozialer Vertrauensbeziehungen in neuartigen, sozialen und eben auch abstrakten und globalisierten Zusammenhängen. Giddens spricht hier von *„Rückbettung"*; diese Begrifflichkeit bezeichnet die Rückaneignung und Umformung flottierender sozialer Beziehungen. Auch durch die institutionelle Reflexivität gerät die Moderne nicht etwa über sich hinaus, sondern gelangt vielmehr zu einem Verständnis ihrer selbst. Die Moderne ist somit durch und durch posttraditional, das heißt sie ist kategorisch anders als eine vormoderne, traditionale Gesellschaft, aber sie ist keineswegs schon eine „Postmoderne", sondern ungebrochen und radikalisiert modern, eine ‚radikale Moderne' eben.

Giddens' Ausführungen zur Moderne sind nicht ohne Kritik geblieben. Sie bezieht sich in erster Linie darauf, der Verfasser habe sich mit den Konsequenzen der Moderne für das aus Traditionen freigesetzte individuelle Handeln kaum auseinandersetzt und der Begriff der *Individualisierung* tauche nicht einmal auf, zudem: dass seine Analysen somit auch das Phänomen der „Vervielfältigung von Handlungsmöglichkeiten" vernachlässigten.

Die Kritik an der Giddensschen „Sozialtheorie" richtet sich vor allem gegen die Rekonzeptualisierung des Strukturbegriffs. Das Bemühen, die Relation von Struktur und Handlung als dialektischen Vermittlungszusammenhang zu formulieren, könne sich nicht von grundlegenden Prämissen der „verstehenden Soziologie" Max Webers freimachen und gehe nach wie vor von einer Priorität des Subjekts über die Struktur aus. Die Art und Weise, wie objektive Strukturelemente von sozialen Systemen auf die Ebene des Handelns und damit des Subjekts bezogen werden, ließen strukturelle Momente gegenüber der sozialen Praxis der Menschen als sekundäre Phänomene erscheinen. Daher könne auch der zwingende Charakter sozialer Strukturen, d.h. die strukturelle 'Determination', nicht adäquat konzeptualisiert werden. Ein nicht unerheblicher Teil der Sozialwissenschaftler bestreitet mithin, Giddens habe mit seinem konzeptionellen Ansatz bereits einen Ausweg aus der 'notorischen Theoriekrise' der Sozialwissenschaft gefunden.

Jedoch: In der Absicht, (1) Struktur als objektive, die vergesellschafteten Subjekte auch einschränkende Wirklichkeit zu konzeptualisieren, ohne auf diese Weise einer begrifflichen Auflösung sozialer Akteure Vorschub zu leisten, sowie (2) im umgekehrten Verhältnis, den Handlungsbegriff so dem Strukturbegriff anzunähern, dass Handeln zwar als Aktivität kompetenter Akteure, nicht jedoch im Sinne einer intentionalen Entscheidung, vielmehr als in die Kontinuität des sozialen Geschehens eingebettete rekursive Praktik gefasst wird, hat Giddens der soziologischen Theoriebildung zumindest einen außerordentlich niveauvollen und zudem durchaus gangbaren Weg gewiesen.

3.3 James S. Coleman: Theorie kollektiver Akteure

Auch James S. Colemans Theoriearbeit zielt auf die Entwicklung einer integrativen, themen- und fächerübergreifenden Sozialtheorie. In seinem Werk „Foundations of Social Theory" (1990 (1995)) unternimmt er den anspruchsvollen Versuch, der Soziologie eine einheitliche Grundlage für alle ihre Fragestellungen zu verschaffen. Sein Integrationsprogramm unterscheidet sich allerdings erheblich von ähnlichen Vorhaben wie etwa der Systemtheorie, dem Neofunktionalismus und auch der Strukturierungstheorie.

Coleman nimmt als exponierter Vertreter des Methodologischen Individualismus nicht nur einen ganz anderen Ausgangspunkt ein, sondern wählt auch eine völlig andere Vorgehensweise, um die auseinanderstrebenden soziologischen Theoriebemühungen zusammenzuführen. Als Alternative zu einer rein makrosoziologischen Vorgehensweise empfiehlt Coleman, das Verhalten des Systems über das Verhalten seiner Bestandteile zu erklären, und er schlägt eine Erklärungsstrategie vor, die er als „innere Analyse von Systemverhalten" (1995, Bd. 1, S. 3) bezeichnet.

Coleman entwickelt daher zunächst ein allgemeines Modell für sozialtheoretische Erklärungen, das auf einem Modell zielgerichteten Handelns zur Erklärung individueller Handlungen gründet, um Makrophänomene mikrosoziologisch zu fundieren. Der Autor nimmt also in gewisser Weise die Bemühungen von Parsons wieder auf, eine tragfähige individualistische Handlungstheorie als Basis einer Sozialtheorie zu konzipieren; in diesem Zusammenhang hält er jedoch die Theorien rationaler Wahl letztlich für weitaus erklärungskräftiger als konkurrierende Handlungsmodelle. Coleman favorisiert Prinzipien zielgerichteten, rationalen Handelns, die auch in der Ökonomie Verwendung finden. Die Rational-Choice-Theorien bieten nach seiner Ansicht vor allem die Möglichkeit, die ökonomische Handlungstheorie und die soziologische Rollen- und Normtheorie des Handelns in einem einheitlichen, voluntaristischen Entscheidungsmodell zu integrieren. In diesem Kontext geht es Coleman auch um einen Brückenschlag zu den Nachbardisziplinen der Soziologie, so etwa zur Politischen Wissenschaft, zur Sozialphilosophie und vor allem zur Ökonomie.

3. Neuere soziologische Theorien

Allerdings wird den Rational-Choice-Theorien nicht zu Unrecht entgegengehalten, sie würden die Eigengesetzlichkeiten von Strukturen und Systemen, ihre Reproduktion und Transformation nicht erkennen und berücksichtigen. Strukturen erscheinen vielmehr lediglich als Randbedingungen, unter denen die rationale Nutzenkalkulation das Handeln in eine bestimmte Richtung lenkt. Hierzu werden sog. Brückenprinzipien verwendet, welche zwischen den Strukturen auf der Makroebene und dem Handeln auf der Mikroebene vermitteln.

Nun macht Coleman aber von Beginn an klar, dass der Gegenstand auch von Rational Choice-Erklärungen nicht Handlungen, sondern soziale Systeme sind. Ganz im Sinne der soziologischen Tradition liegt auch für Coleman „(d)ie Hauptaufgabe der Sozialwissenschaft (...) in der Erklärung sozialer Phänomene, nicht in der Erklärung von Verhaltensweisen einzelner Personen." (1995, Bd. 1, S. 2). Zudem betont er den strikten Unterschied zwischen Mikro- und Makroebene (zwischen „Spielern und der Spielstruktur", 1995, Bd. 1, S. 14) und grenzt sich damit deutlich von jenen Spielarten des Methodischen Individualismus ab, die Systemverhalten lediglich als Aggregationen individueller Aktivitäten zu begreifen in der Lage sind.

Dann aber muss eine individualistische Theorie, die soziologische Explananda unter wesentlicher Verwendung nomologischer Aussagen über individuelles Handeln erklären soll (darin sieht Coleman, wie bereits angedeutet, die analytische Hauptaufgabe seiner Sozialtheorie), eine Lösung für das mit einer solchen Theoriearchitektur verbundene 'Transformationsproblem' enthalten.

Im Unterschied zu vielen 'Individualisten' formuliert Coleman daher dieses Transformationsproblem nicht nur explizit, vielmehr schlägt er auch mit dem Modell der Makro-Mikro-Makro-Verknüpfung eine Lösung vor, die das methodologische Rückgrat seiner Sozialtheorie bildet.

3.3.1 Das Makro-Mikro-Makro-Modell

Coleman entwirft für eine soziologische Erklärung ein Zwei-Ebenen-Modell (das durch die bekannte Badewanne veranschaulicht wird) mit einer *Makro-Ebene*, welche sich auf Merkmale eines sozialen Systems bezieht, und einer *Mikro-Ebene*, die im Sinne des Methodologischen Individualismus an individuellen Akteuren und deren Handlungen orientiert ist. Auf der Grundlage dieses Zwei-Ebenen-Modells lässt sich eine soziologische Erklärung in drei Komponenten zerlegen: Die Erklärung behandelt so in drei Schritten

- die *"Logik der Situation"*,
- die *"Logik der Selektion"* und
- die *"Logik der Aggregation"* (siehe Esser,1993, S. 94 ff).

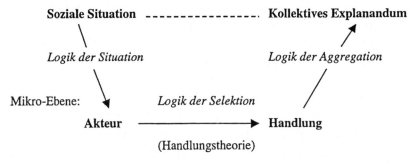

Abb. 5: Allgemeines Makro-Mikro-Makro-Modell

Im ersten Schritt geht es um die soziale Situation des Akteurs und darum, wie diese Situation vom Akteur perzipiert wird. Mit diesem Vorgehen verknüpft Coleman die Makro-Ebene des sozialen Kontextes mit der Mikro-Ebene des Akteurs. Hier wird erarbeitet, welche Bedingungen und objektiven Handlungsrestriktionen in der sozialen Situation vorliegen, welche Handlungsalternativen die Akteure wahrnehmen, welche Handlungsfolgen sie unter diesen Umständen für relevant halten und wie sie diese bewerten. Ziel ist es, zutreffende Brückenannahmen über die Wirkung der Variablen der Makroebene (objektiver Bedingungen) auf die Prädikatoren z.b. der Theorie rationalen Handelns zu formulieren.

Im zweiten Schritt werden nun mit einer allgemeinen Handlungstheorie die beiden Bestandteile der Mikro-Ebene, also Akteure und Handlungen miteinander verknüpft. Coleman erklärt hier die *Selektion* einer spezifischen Handlungsalternative aufgrund der Erwartungen und Bewertungen der Handlungsfolgen durch die Akteure (SEU-Modell, wie oben bereits erläutert). Diese Theorie des rationalen Handelns (bzw. der rationalen Handlungswahl) stellt also den nomologischen Kern der gesamten Erklärung dar.

Im letzten Schritt muss nun mit einer *Logik der Aggregation* der Übergang von der Mikro-Ebene individueller Handlungen zur Makro-Ebene des kollektiven Explanandums vollzogen werden. Allerdings besitzen solche Mikro-Makro-Relationen unterschiedlichen logischen Status. Es kann sich um

- *einfache* Aggregationen wie Summen, Raten und Verteilungen mit definitorischem Charakter handeln, aber auch um
- *empirische* Theoreme, wie Marktmechanismen, Schwellenwert-Modelle etc., und sogar um
- *normative* Aggregierungen (z.B. gesetzliche Aggregierungsregeln für Wahlergebnisse). (vgl. Lüdemann, 1998, S. 159).

Zudem weist Coleman darauf hin, „dass es sinnvoller sein kann, die Entstehung zumindest eines Teils des Systemverhaltens über

Rückkoppelungsprozesse zu beschreiben, die nicht in expliziten Übergängen zwischen Mikro- und Makroebene bestehen, sondern in den Interdependenzen zwischen den Handlungen verschiedener Akteure." (1995, Bd. 1, S. 34) Durch die Einführung zusätzlicher Zwischen- (Meso-)Ebenen kann dieses Modell einer „Makro-Mikro-Makro-Erklärung" vertikal differenziert bzw. zu einem Mehr-Ebenen-Modell ausgebaut werden. So lassen sich z.b. mit Dyaden, Gruppen, Organisationen und Populationen Meso-Ebenen unterschiedlichsten Umfanges konzipieren.

Das Modell lässt sich jedoch auch horizontal erweitern. Mit Hilfe einer 'Hintereinanderschaltung' mehrerer Makro-Mikro-Makro-Modelle kann die Struktur eines sozialen Prozesses über die Zeit hinweg modelliert werden. Ein auf diese Weise 'dynamisiertes' Modell enthält so mehrere Sequenzen der beschriebenen dreischrittigen soziologischen Erklärung.

Diese allgemeine metatheoretische Struktur beschreibt den begrifflichen Rahmen einer Sozialtheorie, die Coleman nun Schritt für Schritt qualitativ und formal spezifiziert. Entsprechend gliedern sich die Kapitel seines Buches „Grundlagen der Sozialtheorie" (1995, 3 Bd.) in Hauptteile, die jeweils ein höheres Aggregationsniveau behandeln:
Teil I: Elementare Handlungen und Beziehungen;
Teil II: Handlungsstrukturen;
Teil III: Körperschaftshandeln;
Teil IV: Moderne Gesellschaft;
Teil V: Mathematische Modelle sozialer Handlungssysteme.

In diesem Zusammenhang setzt sich Coleman mit Themen auseinander, die von unterschiedlichen Analyse- und Erklärungstraditionen in Anspruch genommen werden: Soziale Tauschbeziehungen, Vertrauens- und Normbildung, Herrschafts- und Agency-Problematik, kollektives Verhalten und soziale Bewegungen, Erziehungssoziologie und Sozial- /Humankapitalbildung etc.

3.3.2 Tausch und Transfer

Mit dem Makro-Mikro-Makro-Modell legt Coleman eine erklärungslogische Grundlage vor, die es erlaubt, die Dynamik sozialer Beziehungsformen mit ihren emergenten Struktureffekten als Folge strukturvermittelten Handelns zu modellieren. Dazu müssen nun allerdings die Annahmen über den Akteur und seine Situation möglichst einfach gehalten werden, um den Mikro-Makro-Übergang aus den intendierten und nicht-intendierten Folgen einer Vielzahl individueller Entscheidungen überhaupt modellieren (vor allem deduzieren!) zu können.

Coleman baut daher das zugrundeliegende austauschtheoretische Basismodell sehr sparsam mittels zweier Theoriebausteine, den *Akteuren* und den im System vorhandenen *Ressourcen* auf. Beide sind durch das *Interesse* der Akteure an Ressourcen bzw. deren *Kontrolle* über Ressourcen miteinander verbunden.

Die minimale Grundlage für ein soziales Handlungssystem sind so zwei Akteure, die jeweils Ressourcen kontrollieren, an denen der andere interessiert ist. Gemeinsam mit der Tatsache, dass beide Akteure das Ziel verfolgen, die Verwirklichung ihrer Interessen zu maximieren, erzeugt diese Struktur die Interdependenz oder den Systemcharakter ihrer Handlungen.

Voraussetzung ist also, dass Interesse und Kontrolle auseinanderfallen, dass ein jeder Akteur einerseits Ressourcen kontrolliert, die ihn weniger interessieren, und andererseits mehr an bestimmten Ressourcen interessiert ist, die nicht er, sondern andere kontrollieren. Aufgrund dieser intersubjektiven Differenzen in der Bewertung der Ressourcen kommen dann Transaktionen als Tauschvorgänge zustande.

Dieses einfache Modell aus zwei Arten von Elementen (Akteure und Ressourcen) und zwei Arten ihrer Beziehung (Kontrolle und Interesse) hebt sich allerdings durch die Einführung der Kategorie des *Ereignisses* als Interessen- bzw. Kontrollgegenstand und die Einführung von *Handlungsrechten* als Systemressource von anderen Austauschtheorien ab.

Inwiefern jedoch können Ereignisse ein Gegenstand ausgeübter Kontrolle werden? Coleman hat hier lediglich *Ereignisse* der spezifischen Art im Sinn, die handlungsabhängig sind bzw. als aus Handlungen resultierend gedacht werden können. In Betracht kommen alle Handlungen, die sich auf irgendeine Weise mit Voraussagen von Ereignissen verbinden, also z.B. *Investitionshandlungen* und *Sprechhandlungen* wie Drohung und Versprechen. Wer etwa ein Versprechen gegen eine andere Ressource tauscht, erwirbt damit die Kontrolle über die in dem Versprechen zugesagte Handlung; er kann zu einem späteren Zeitpunkt die Einlösung des Versprechens einfordern.

Ein Tauschvorgang und die mit ihm korrespondierenden Interessen betreffen also die *Kontrolle über Handlungen*. Bei den Ressourcen, die in ökonomischen, politischen und anderen sozialen Tauschvorgängen transferiert werden, handelt es sich jeweils um das Recht, bestimmte Handlungen auszuführen oder ihre Ausführung zu unterbinden. Von der *faktischen Ausübung* der Kontrolle über Handlungen unterscheidet Coleman daher in einem nächsten Schritt das *Recht* der Kontrolle über Handlungen und richtet seine Analysen vor allem auf Tauschvorgänge und Transfers, die das *Recht der Kontrolle über Handlungen* betreffen. (1995, Bd. 1, S.57 ff)

Ferner unterscheidet Coleman drei Formen der Interdependenz von Akteuren.

Die erste Form nennt er *„strukturelle Interdependenz"*. Es handelt sich dabei um den Fall, dass der Akteur seine Umwelt als gegebene, als nicht auf sein eigenes Verhalten reagierende behandeln kann. Hierbei ist der Entscheider lediglich mit Parametern konfrontiert, d.h. die Rationalität der Entscheidung ist wohl definiert.

In der zweite Form sozialer Interdependenz, der *„verhaltensbezogenen Interdependenz"*, sind die Verhaltensweisen der beteiligten Akteure zeitlich miteinander verknüpft. Die Rationalität einer Entscheidung ist unter diesen Bedingungen von der Entscheidungsstrategie der anderen Akteure abhängig. Ein Akteur muss hier seine Handlungen auf komplexe Überlegungen gründen, die in der Wissenschaft meist 'spieltheoretisch' modelliert werden.

3. Neuere soziologische Theorien

Die dritte Form bezeichnet Coleman als „*evolutionäre Interdependenz*". Die Rationalität einer Entscheidung bzw. Entscheidungsstrategie ist hierbei von der Strategiezusammensetzung der Gesamtpopulation aller relevanten Akteure abhängig. Die Rationalität einer Strategie beruht dann nicht auf einem bewussten strategischen Kalkül, sondern erschließt sich über Versuch und Irrtum. (1995, Bd. 1, S. 36-38)

Der größte Teil von Colemans Analysen beschränkt sich allerdings auf die einfache Form der (strukturellen) Interdependenz in parametrischen Situationen. Und in den mathematischen Darstellungen seine formalen Analysen muss er zwangsläufig auf die Berücksichtigung strategischer Interdependenz verzichten, da der hierzu verwendete Rahmen der neoklassischen Ökonomie für dieses Unterfangen weitgehend ungeeignet ist.

Die Situation der Verhaltensinterdependenz hat jedoch für das Theoriemanagement eine besondere Bedeutung, denn hier bringt Coleman eine Innovation ins Spiel, welche die geläufigen austauschtheoretischen Paradigmata ergänzt und erweitert. Das Konzept, um das es dabei geht, ist das *eines einseitigen Transfers des Rechts über die Kontrolle von Handlungen*. Das heißt, ein Akteur überlässt einem anderen Akteur, ohne dass er von diesem eine Gegenleistung erwartet, einseitig das Recht über die Kontrolle seiner Handlungen, wenn er glaubt, dass der andere seine (des Überlassenden) Interessen besser verwirklichen kann als er selbst. Das ist immer noch „Rational Choice" (Nutzen-Kalkül), aber nicht mehr „Austauschtheorie", und Coleman spricht von diesem Moment an konsequenterweise nicht mehr von „Transaktion", vielmehr von „Transfer". Coleman behandelt demnach Tausch und einseitigen Transfer von Kontrollrechten als nebeneinanderstehende Paradigmata.

Diese Erweiterung der Handlungstheorie durch einseitige Transfers von Handlungskontrollrechten erlaubt es einerseits, Phänomenen wie Charisma, Identifikation, Internalisierung, Liebe und vor allem Vertrauen zu erschließen. Andererseits kann Coleman auf diese Weise einige Modellierungsprobleme von Situationen strategischer Interdependenz umschiffen und auch das Soziale am sozialen Handeln thematisieren, ohne sich dabei auf das Problem der doppelten Kontingenz (etwa kulturtheoretisch) einlassen zu müssen. Vor allem schafft er auf diese Weise die Voraussetzung dafür, an dem Modell parametrischer Rationalität als Kern seiner Handlungstheorie festzuhalten, das letztlich die theoretische Kontrolle über den Mikro-Makroübergang, d.h. eine mikrofundierte Ableitung neuer Makrozustände überhaupt möglich macht.

Mit der Einführung des einseitigen Transfers von Rechten der Handlungskontrolle erweitert Coleman also seine *Handlungstheorie* um eine Theorie, die das Sich-Einbringen des Selbst in einen anderen behandelt. Der Gedanke, dass Menschen Teile von sich selbst in einen anderen investieren, hat aber auch Bedeutung für seine *„Theorie korporativer Akteure"* und damit für seine Gesellschaftstheorie, die ja in erster Linie eine *Theorie der Emergenz des Systemtypus 'Korporation' als soziale Form* ist.

Colemans gesamte Theoriekonzeption fußt wie beschrieben auf dem Gedanken, Akteure seien daran interessiert, die *Kontrollrechte* über die Handlungen anderer *zu gewinnen*, und zwar durch *Markttausch*, durch *Verhandlungen* oder auch durch *normative Regelungen*. Jedoch: Wie entstehen nun aus Tauschbeziehungen im utilitaristischen Eigeninteresse der beteiligten Akteure komplexere soziale Strukturen und jene Systemebene, die für die Soziologen 'Gesellschaft' ausmacht?

3.3.3 Herrschaft, Normen und Vertrauen

Die analytische Bedeutung des 'Rechte'-Konzepts besteht darin, mit seiner Hilfe Handlungssysteme im Sinne einer speziellen Verteilung von Rechten zwischen Akteuren analysieren zu können, die das Ergebnis individueller Handlungsentscheidungen darstellen. Innerhalb dieses Rahmens erörtert Coleman die Herrschaftsfrage, indem er im ersten Schritt die *Entstehung einer Herrschaftsbeziehung* aus den rationalen und freiwilligen Tauschhandlungen der Akteure ableitet. Eine

Herrschaftsbeziehung entsteht erst dann, wenn ein Akteur das Recht seine Handlungen zu kontrollieren an einen anderen Akteur überträgt, und ein rationaler Akteur tauscht ein Kontrollrecht über seine Handlungen freiwillig nur gegen eine andere Ressource ein, wenn ihm dies eine bessere Befriedigung seiner Interessen ermöglicht. Coleman definiert so Herrschaft als eine asymmetrische Kontrollbeziehung, die durch die Anerkennung der Akteure legitimiert ist: „Ein Akteur übt in einem bestimmten Handlungsbereich Herrschaft über einen anderen Akteur aus, wenn er das Recht besitzt, die Handlungen des anderen in diesem Bereich zu bestimmen." (1995, Bd. 1, S. 83)

Es gibt nun zwei Formen des Tausches von Rechten, die Herrschaftsbeziehungen unterschiedlicher Art herbeiführen, nämlich eine *unverbundene (disjunkte)*, auf unterschiedlichen, aber komplementären Interessen beruhende sowie eine durch gemeinsame Interessen *verbundene (konjunkte)* Herrschaftsbeziehung. (1995, Bd. 1, S.90, ff)

Im Falle der *disjunkten Herrschaft* werden *Rechte* gegen andere *Güter* eingetauscht, z.B. das Recht auf Freizeit gegen Lohn für Arbeit. Diese Herrschaftsbeziehungen nennt Coleman Organisationen. Disjunkte Herrschaftssysteme sind dadurch gekennzeichnet, dass die Akteure, die ihre Handlungsrechte eingetauscht haben, den Zielen des Akteurs verpflichtet sind, der diese erworben hat. Nun kann der Erwerber der Handlungsrechte diese Recht zwar ausüben, doch die verpflichteten Akteure bleiben eigennutzorientiert agierende Träger der Handlungen, die daher vom Rechteinhaber kontrolliert bzw. motiviert werden müssen, damit die Handlungen auch in seinem Sinne verlaufen (agency problem!).

Im Falle der *konjunkten Herrschaft* verfolgen die Akteure am Anfang keine unterschiedlichen, sondern gemeinsame Interessen. Coleman nennt die so entstehenden Herrschaftsbeziehungen Institutionen. Eine konjunkte Herrschaftsbeziehung entsteht durch einseitige bzw. gemeinsame Übertragung von *Kontrollrechten* (z.B. Familiengründung, Eingehen von Partnerschaften, Vereinsgründungen, Einsetzen eines Führers etc.).Durch die *kollektive Übertragung* bestimmter Kontrollrechte aufgrund einer Übereinkunft aller Akteure kann eine *konjunkte Körperschaft mit Herrschaftsrecht* geschaffen werden, die in der Lage ist, ein kollektives Gut bereitzustellen, an dem alle interessiert sind, nämlich eine soziale Ordnung. Eine soziale Ordnung (*konjunkte Verfassung*) unter rationalen Akteuren beruht so auf dem kollektiven und durch institutionelle Regeln abgesicherten Verzicht auf individuelle Kontrollrechte.

Sobald jedenfalls rationale Akteure einen Teil ihrer Verfügungsrechte zwecks nutzensteigernder Kooperation übertragen, spricht Coleman davon, die beteiligten Individuen bildeten einen *korporativen Akteur*. Die Strukturform des korporativen Akteurs hat, wie noch zu zeigen sein wird, für seine Gesellschaftstheorie eine grundlegende Bedeutung.

Auch die *Etablierung einer Norm* läuft in Colemans Konzeption auf nichts anderes heraus als auf die Gewinnung von Kontrollrechten über die Handlungen anderer. „Es existiert keine Norm, solange der individuelle Akteur das Recht hat, seine eigenen Handlungen zu kontrollieren, und es existiert keine Norm, wenn kein Recht entstanden ist. Eine Norm existiert nur dann, wenn andere sich das Recht anmaßen, die Richtung, die die Handlung eines Akteurs nehmen wird, zu beeinflussen." (1995, Bd. 1,S. 314)

Im Gegensatz zu anderen individualistischen Denkansätzen konstituieren Normen in Colemans Theorie des zielgerichteten nutzenmaximierenden Handelns („Theory of Purposive Action") *eine überindividuelle Entität*. „Normen sind Konstruktionen der Makroebene, die auf zielgerichteten Handlungen auf der Mikroebene basieren, jedoch unter bestimmten Bedingungen mittels eines Übergangs von der Mikro- zur Makroebene entstehen." (1995, Bd. 1, S. 315).

Coleman beschreibt die Voraussetzung für die Entstehung von Normen mit den ökonomischen Begriffen von *Angebot* und *Nachfrage*. Die erste Bedingung für die Normenentstehung sieht Coleman nun in positiven oder negativen Handlungsexternalitäten. Ein Interesse an normativen Regelungen erwächst einerseits aus dem Vorhandensein von negativen Handlungsexternalitäten, um ihre Schadenswirkungen abzuwehren und andererseits aus der Existenz von positiven Externalitäten, um ihre Erträge auf Dauer zu stellen. Mit dem Begriff 'Handlungsexternalität' bezeichnet Coleman *jede* Wirkung der Handlung

3. Neuere soziologische Theorien

eines Akteurs auf einen anderen. So kann jede erwünschte oder unerwünschte Folge des Handelns anderer zum *Ursprung der Nachfrage* nach einer Norm werden, die diese Handlungsfolge verstärkt oder eben unterbindet. Allerdings ist unter rational handelnden Akteuren *nur dann* mit der Entstehung einer Norm zu rechnen, wenn alternative Regelungen wie die Einrichtung von Märkten wegen unverhältnismäßig hoher Einrichtungskosten und Verhandlungslösungen wegen zu hoher Transaktionskosten nicht in Frage kommen. Normative Regelungen sind nur dann erforderlich, wenn „bilateraler Austausch" (Markt oder Verhandlung) versagt. In einem solchen Verständnis gehen Normen zumindest für ihre Nachfrager darin auf, einen gewissen Nutzen zu stiften.

Nun kann jedoch nicht vom Normbedarf auf die Existenz von Normen geschlossen werden. Das Interesse an Normen ist zwar eine notwendige, aber nicht hinreichende Bedingung der Normenentstehung. Denn Normen haben nur Bestand, wenn sie auch durchgesetzt werden. Die Durchsetzung von Normen aber ist ein öffentliches Gut zweiter Ordnung. Coleman führt daher als weitere Bedingung die Lösung des „Free-Rider-Problems zweiter Ordnung" an, das in der Verhängung von Sanktionen gegen schädliches Verhalten liegt.

Ein solches Problem hat unter der Annahme, dass rationale Akteure eine Handlung nur wählen, wenn ihr Nutzen ihre Kosten übersteigt, zwei Lösungen: Entweder müssen die Kosten der Handlung gesenkt oder die Kosten der Handlungsalternative erhöht werden. Im ersten Fall wird derjenige, der die sanktionierende Handlung ausführt, d.h. das öffentliche Gut zweiter Ordnung bereitstellt, von den anderen dabei unterstützt, um seine Kosten gering zu halten. Oder es wird im zweiten Fall derjenige, der es unterlässt, bei Zuwiderhandlungen einzuschreiten, selbst mit einer Strafe belegt, welche die Kosten für dieses Verhalten erhöht.

Kurz gesagt: Normen sind das Ergebnis utilitaristischer Rationalität. Obwohl Normen immer eine Beschränkung der Entscheidungsfreiheit der Akteure bedeuten, liegen sie in deren Interesse. Normen werden geschaffen, wenn verlässliche Kooperation langfristig sicheren Gewinn bringt, ein Normbruch jedoch nach kurzem Vorteil einen langfristigen Schaden. Die Installation von Normen in größeren Gruppen aufgrund eines utilitaristischen Kalküls ist nur dann denkbar, wenn das Free-Rider-Problem bzw. das Spielverderber-Problem gelöst ist, d.h. wenn sich die Sanktionierung der Normbrecher für den/die Sanktionierer lohnt. Konsens und moralischer Diskurs spielen in Colemans Theorieanlage für die Entstehung von Normen keine Rolle, und das Problem der Normenbefolgung denkt er nur mit Hilfe äußerer Anreize. Er betont zwar, dass beispielsweise Rechte nur dann existieren, wenn Gruppenkonsens besteht, aber er macht diesen Konsens ganz und gar von Nutzenkalkülen abhängig und blendet moralische Argumente gänzlich aus.

Da sich insbesondere komplexere Tauschvorgänge oft über einen längeren Zeitraum erstrecken, bedarf es der *Herstellung von Vertrauen*. Für Coleman stellt sich so das Vertrauensproblem mit jeder sozialen Handlung. Vertrauen kann ihm zufolge aus der Abwägung von Risiken und Nutzen einer Handlung hervorgehen oder auf der Einschaltung von Treuhändern beruhen, die darauf angewiesen sind, dauerhaft als ehrliche Makler zu gelten.

Vor allem in Situationen der Verhaltensinterdependenz müssen Akteure bei der Wahl ihres eigenen Verhaltens nicht nur die Ressourcen, Rechte und Interessen des anderen, sondern auch sein *zu erwartendes Verhalten* in Rechnung stellen. Coleman führt hier als neue Variable einen Wahrscheinlichkeitswert für die Vertrauenswürdigkeit eines Akteurs in einen anderen ein. Die Entscheidung, ob man Vertrauen schenkt, wird von Coleman also nicht etwa als eine Entscheidung unter Ungewissheit, sondern als eine Entscheidung unter Risiko konzipiert.

Das Vertrauenskalkül ergibt nur dann einen Gewinn, wenn der Quotient aus der Wahrscheinlichkeit einer Bestätigung des Vertrauens und der Wahrscheinlichkeit einer Vertrauensenttäuschung größer ist als der Quotient aus möglichem Verlust und möglichem Gewinn. Je größer also der Verlust im Verhältnis zum möglichen Gewinn ist, desto größer muss die erwartete Vertrauenswürdigkeit des anderen sein. Wenn man unterstellt, dass der potentielle Vertrauensgeber diesem Kalkül folgt, lassen sich unterschiedliche Handlungs- und Gewinn-

3. Neuere soziologische Theorien

chancen von Akteuren, die unterschiedliches Vertrauen genießen, feststellen. Wer z.B. weniger Vertrauen genießt, erhält auch nur weniger bzw. schlechtere Angebote.

Eine Vertrauensinvestition kann nun bei einer höchst unterschiedlichen Ausprägung der jeweiligen Variablen Erfolg versprechen. Auch wenn der Wert einer der Variablen nur innerhalb bestimmter Grenzen bekannt ist, kann sich eine Vertrauensinvestition lohnen, wenn die anderen Variablen entsprechend größere bzw. kleinere Werte aufweisen.

Auf diese Weise macht ein entsprechend größerer Gewinn bei Vertrauensbestätigung oder ein entsprechend kleiner Verlust im Falle des Vertrauensbruchs eine Vertrauensinvestition auch dann lohnend, wenn die *Wahrscheinlichkeit* der Vertrauensbestätigung schwer abschätzbar ist.

Ist hingegen der möglicherweise eintretende *Verlust* im Falle eines Vertrauensbruchs bzw. die Größe des in Aussicht stehenden *Gewinns* im Falle der Vertrauensbestätigung nicht genau bekannt, muss eben die vermutete Vertrauenswürdigkeit des Gegenübers entsprechend größer sein.

Während nun eine einmalige Begegnung mit einer beinahe unbekannten Person es für diese Person opportun erscheinen lässt, die ihm gewährte Vorleistung einzustecken, ohne eine Gegenleistung zu erbringen, zwingt eine engere Gemeinschaft möglicher Vertrauensgeber jemanden, der auf diese Gemeinschaft angewiesen bleibt, dazu, seine kurzfristigen Gewinnerwartungen zurückzustellen.

Bleibt das Verhalten der Person im ersten Fall relativ folgenlos, kann im zweiten Fall der Vertrauensbruch, wenn er bekannt wird, für die Person fatale Konsequenzen haben. Eine Person, deren Vertrauenswürdigkeit gesunken ist, muss, sollen die Beziehungen zu ihr nicht abgebrochen werden, für ihr entgegengebrachtes Vertrauen mehr leisten als derjenige, der hohes Vertrauen genießt. Wer hingegen Vertrauen bestätigt, gewinnt gewöhnlich an Vertrauenswürdigkeit und kann damit rechnen, in Zukunft attraktivere Vertrauensangebote zu erhalten. Die Neigung, geschenktes Vertrauen zu bestätigen bzw. ein Versprechen zu halten, ergibt sich so bereits aus reinem Eigeninteresse und setzt nicht notwendig ein moralisches Bewusstsein voraus.

Coleman kann also mit Hilfe sehr weniger und einfacher Grundannahmen ein breites Spektrum sozialer Phänomene mit wenigen Zusatzannahmen vor allem aus der Sicht des Vertrauensgebers systematisch rekonstruieren. Er beschränkt sich jedoch nicht nur auf Vertrauensbeziehungen zwischen zwei Akteuren, sondern analysiert und behandelt auch komplexere Konstellationen und die *Dynamik von Vertrauenssystemen*. Er unterscheidet dabei drei typische Konstellationen von Vertrauenssystemen, nämlich

- *gegenseitiges Vertrauen,*
- *Vertrauensintermediäre* und
- *Vertrauen gegenüber einer gemeinsamen dritten Instanz.*

Bei Handlungssystemen, die durch *gegenseitiges Vertrauen* bestimmt sind, handelt es sich um *Systeme mit positiver Rückkopplung*. Aufgrund der Gegenseitigkeit der Beziehung können die Akteure auf einen Vertrauensbruch des Gegenübers mit dem Abbruch der Beziehung oder selbst mit einem Vertrauensbruch reagieren. Da beiden diese Sanktionsmöglichkeiten des anderen bekannt sind, vermindert sich die Attraktivität eines Vertrauensbruchs und steigert dadurch indirekt die Vertrauenswürdigkeit des einen in den Augen des anderen. Dadurch erhöht sich also für beide die Attraktivität einer Vertrauensinvestition noch einmal, so dass auch der mit dem Abbruch der Beziehung einhergehende Verlust noch einmal höher angesetzt werden muss, was wiederum die Vertrauenswürdigkeit des jeweils anderen erhöht usw. Vertrauensnehmer in einer gegenseitigen Vertrauensbeziehung verschaffen einander in einer Art Selbstlauf ein höheres Vertrauen als der Vertrauensnehmer in einer einseitigen Vertrauensbeziehung genießen kann. Akteure werden daher bemüht sein, einseitige Vertrauensbeziehungen in Beziehungen gegenseitigen Vertrauens umzuwandeln.

Vertrauensintermediäre typisiert Coleman als *Ratgeber*, als *Bürgen* und als *Unternehmer*. Diese Systembildung ergibt sich aus dem

3. Neuere soziologische Theorien 121

Problem, dass Vertrauen eben nicht zustande kommt, wenn der Vertrauensgeber dem Vertrauensnehmer nicht oder noch nicht ausreichend trauen kann. In diesem Fall kann ein *Ratgeber*, dem ausreichend Vertrauen entgegengebracht wird, mit seinem Ratschlag die Etablierung einer neuen Vertrauensbeziehung erleichtern. Diese Funktion kann aber auch z.B. bei Kreditgeschäften ein *Bürge* übernehmen, der dem, für den er bürgt, mehr vertraut als die Bank – unter der Voraussetzung, dass die Bank ihrerseits dem Bürgen mehr vertraut als dem Kreditnehmer. Den *Unternehmer* als Typ des Vertrauensintermediärs erläutert Coleman am Beispiel einer Gastgeberin (1995, Bd.1, S. 236-237): Für das Gelingen einer Party ist das Vertrauen der Gäste in die unternehmerischen Fähigkeiten der Gastgeberin ausschlaggebend. Die unternehmerischen Fähigkeiten der Gastgeberin bestehen vor allem darin, für das Erscheinen der Geladenen Sorge zu tragen, da der Erfolg der Party von denen abhängt, die an ihr teilnehmen. Ist die Party nur spärlich besucht, wird das Vertrauen in die Fähigkeiten der Gastgeberin sinken, herrscht ein unerwarteter Zulauf, wird es steigen. Gelingt es der Gastgeberin, den Einzuladenden die Einschätzung zu vermitteln, dass alle Gäste erscheinen werden, wird die Party im Sinne einer *self-fullfilling prophecy* zum vollen Erfolg; entsteht allerdings der Eindruck, es würde kaum jemand kommen, könnten sogar bereits gemachte Zusagen zurückgenommen werden.

Mit dem Typus *Vertrauen in eine dritte Partei* spricht Coleman eine Konstellation an, in der eine dritte Instanz weder einen direkten Einfluss auf die Transaktion ausübt noch als absichtlich eingeschalteter Mittler fungiert. Beispiele sind hier Banken und Kreditinstitute. So beruht die Akzeptanz von Zahlungsformen wie Papiergeld, Scheck oder Kreditkarte nicht auf dem Vertrauen in den Zahlenden, sondern auf dem Vertrauen in die Stabilität der Währung oder in die Solvenz der Bank. Der Bank vertraut man, weil man ihr Zahlungsversprechen auch an andere Personen, die ihr vertrauen, weiterreichen kann, wodurch sich das Vertrauen erhöht. Andererseits kann der gleiche *'Selbstverstärkungsmechanismus'* bewirken, dass bereits die Vermutung oder das Gerücht einer Insolvenz die Insolvenz selbst herbeiführt.

Die gesellschaftliche Eigendynamik von Vertrauensinvestitionen, d.h. ein wesentliches Moment der Strukturbildung, versteht Coleman somit durchgängig im Sinne von Rückkopplungsprozessen, die zur Selbstverstärkung bzw. Selbstinhibition neigen.

Bislang wurde in groben Zügen nachgezeichnet, wie aus Tauschbeziehungen im utilitaristischen Eigeninteresse der beteiligten Akteure Herrschafts-, Normen- und Vertrauensbeziehungen bzw. Systeme entstehen. Jedoch behandelt Coleman das Aggregationsproblem von Mikro-Makro-Übergängen, d.h. die Bildung sozialer Strukturen, weit umfassender als hier gezeigt werden kann. Er befasst sich eingehend mit kollektivem Verhalten, Revolten und Revolutionen, mit sozialem Kapital, kollektiven Entscheidungen und korporativen Akteuren.

Der letztgenannte Strukturtypus, der *korporative Akteur,* ist nicht nur die Grundlage für Colemans „*rationale Rekonstruktion von Organisationen und Gesellschaft*", sondern auch für seine „*Zeitdiagnose*", die den schrittweisen Verlust individueller Freiheitsrechte im Gefolge der Entstehung eigenmächtiger und eigensinniger korporativer Akteure betont.

3.3.4 Die asymmetrische Gesellschaft

Colemans „Gesellschaftstheorie" kann man als „*Theorie kollektiver Akteure*" bezeichnen, zumal er die Makro-Ebene seines Ansatzes ausschließlich mit Systemen kollektiver Akteure bildet, die er zum einen als „Netzwerke sozialer Beziehungen unter Akteuren" und zum anderen als die Strukturform des „Korporativen Akteurs" expliziert. Eine andere Art eigenständiger oder selbstorganisierender Systeme wie beispielsweise Funktionssysteme kommen in seinem Ansatz nicht vor.

Ein korporativer Akteur entsteht, wie schon angesprochen, durch die Übertragung bzw. Zusammenlegung von Verfügungsrechten. Ein korporativer Akteur bündelt so die Einflusspotentiale seiner Mitglieder, die sich von dieser Bündelung eine bessere Chance zur Durchset-

3. Neuere soziologische Theorien

zung ihrer individuellen Interessen versprechen. (Zum Folgenden siehe auch Schimank, 2000, S. 36- 52)

Handelt es sich dabei um einen *expliziten* und *formalen* Zusammenschluss auf der Grundlage gemeinsamer Interessen, bildet sich eine *konjunkte Körperschaft*, die gemeinhin als *Interessenorganisation* bezeichnet wird und in heutigen Gesellschaften vor allem als Verein und als Verband auftritt.

Formale *disjunkte Körperschaften* auf der Grundlage unterschiedlicher, aber kompatibler Interessen realisieren sich als *Arbeitsorganisationen* (Unternehmen, Behörden, Verwaltungen etc.). Hier fungiert ein Individuum, eine Gruppe von Individuen oder eine Körperschaft als Träger, der den korporativen Akteur bzw. die Organisation gründet und leitet. Zur Verfolgung seiner Interessen motiviert dieser Träger weitere Individuen zur Kooperation, indem er ihnen auf ihre eigenen Interessen abgestimmte Anreize (z.B. Lohn) anbietet.

Während in früheren Zeiten korporative Akteure wie Haushalte und Grundherrschaften letztlich aus einer persönlichen Herrschaftsbeziehung, d.h. aus einer personalen Struktur bestanden und in ihrer Existenz von der kontinuierlichen Mitgliedschaft der besonderen Personen abhingen, handelt es sich bei den heute ubiquitär auftretenden *formalen Organisationen* um eine Struktur von Positionen, in der jedes Mitglied als Person austauschbar ist.

Formale Körperschaften werden von Coleman, im Anschluss an Weber als eine der bedeutendsten Erfindungen der Moderne gesehen, die eine neue Sozialstruktur und neue Machtverhältnisse, ja überhaupt Gesellschaft als eine eigene emergente Ebene hervorgebracht haben. Korporative Akteure dieser Art haben in den letzten zwei Jahrhunderten zunehmend die natürlichen Personen in immer mehr Gesellschaftsbereichen verdrängt, was letztlich zu einer Sozialstruktur führte, die ebenfalls aus Positionen und nicht mehr aus Personen besteht, und in der Personen lediglich Inhaber von Positionen sind. Auch hier verweist Coleman auf einen Selbstverstärkungsmechanismus, denn eine Organisation konfrontiert Nicht-Mitglieder und Konkurrenten mit einer Machtbildung, gegen die sie ihre Interessen am besten wahren können, indem sie diese ebenfalls organisieren etc.

Die wesentliche Eigenschaft des Körperschaftsbegriffs liegt in der Existenz einer von Personen separierten Menge von Rechten, Pflichten, Ressourcen und Interessen. Erfunden wurde die besondere Rechtskonstruktion formaler Körperschaften bereits im Hochmittelalter. Im Rückgriff auf den *Universitas*-Begriff des römischen Rechts, der einen Akteur einführt, der weder Staat noch natürliche Person ist, wurden Kirchen zu 'juristischen Personen' mit eigenen Ressourcen und Verfügungsrechten deklariert, deren Existenz und deren Akteurstatus unabhängig von der natürlichen Person des Stifters bzw. des amtierenden Priesters gedacht werden konnte. Mit der Gründung neuer Städte im 13. Jahrhundert (z.B. Freiburg) wurde die Verleihung von Stadtrechten und Privilegien zu einer expliziten konstitutionellen Angelegenheit und die Rechtsfigur eines fiktiven, personenunabhängigen Akteurs gewann eine handhabbare Gestalt. Ihre Anwendung in der Wirtschaft erfolgte mit der Konzeption der GmbH und später der Aktiengesellschaft. Im 20. Jahrhundert setzte sich diese Erfindung endgültig in allen Gesellschaftsbereichen durch. Gleichzeitig resultierte aus der weiteren rechtlichen Ausgestaltung der Körperschafts- bzw. Unternehmens*verfassung* eine zunehmende Verselbständigung der korporativen Akteure gegenüber ihren Trägern.

Coleman vermerkt dazu: „Ohne ernsthafte Reifikation lässt sich also behaupten, dass es funktional gesehen in der Gesellschaft zwei Typen von Personen oder Akteuren gibt ...", denn sowohl natürliche Personen als auch Körperschaften „...weisen die wesentlichen Eigenschaften von Akteuren auf: Kontrolle über Ressourcen und Ereignisse, Interessen an Ressourcen und Ereignissen und die Fähigkeit, Handlungen zu ergreifen, um diese Interessen durch eine solche Kontrolle wahrzunehmen." (1995, Bd. 2, S. 285).

Nun ist in den entwickelten Gesellschaften nicht nur die Anzahl, sondern auch die gesellschaftliche Bedeutung der korporativen Akteure enorm gestiegen. Neben *symmetrischen* Sozialbeziehungen, z.B. zwischen zwei individuellen Akteuren oder zwischen zwei korporativen Akteuren, treten immer häufiger Beziehungen zwischen individu-

3. Neuere soziologische Theorien

ellen und korporativen Akteuren auf, die Coleman aufgrund ihrer Ungleichartigkeit und der darin enthaltenen ungleichen Verfügung über Einflusspotentiale als *asymmetrische* Sozialbeziehungen bezeichnet. So sind korporative Akteure in der Regel wesentlich einflussreicher als Individuen und Individuen sind in größerem Maße von korporativen Akteuren abhängig als umgekehrt. Coleman sieht in diesen asymmetrischen Sozialbeziehungen zwischen individuellen und korporativen Akteuren geradezu das Kennzeichen moderner Gesellschaften und spricht daher von der *„asymmetrischen Gesellschaft"*.

Diese von korporativen Akteuren durchsetzte Gesellschaft hat für die Individuen „neue Risiken" hervorgebracht, die sich von Risiken, die Individuen hervorbringen, zumindest in vier Hinsichten unterscheiden:

Erstens hat Organisationshandeln zeitlich, sachlich und sozial weiterreichende Konsequenzen als individuelles Handeln, d.h. es kann nicht nur größeren Nutzen, sondern auch größeren Schaden stiften.

Zweitens kann in Organisationen aufgrund ihrer meist komplizierten internen Struktur Handlungsverantwortung nur schwer verortet werden, d.h. Organisationen können Verantwortung oft abschieben.

Drittens reagieren Organisationen nicht unmittelbar auf moralische Appelle, sondern nur auf vergleichsweise kostspielige externe Sanktionen, die

viertens oft an den unter zweitens angeführten Gegebenheiten scheitern.

Einerseits produzieren also Organisationen ungleich größere Schäden als Individuen, andererseits können Organisationen viel schwieriger zur Vermeidung oder zur Beseitigung von Schäden gebracht werden. Dann aber resultiert aus der wachsenden gesellschaftlichen Übermacht der korporativen Akteure die Gefahr, dass sich die Risikoproduktion der Organisationen zunehmend jeglicher Kontrolle entzieht.

Coleman belässt es nun nicht bei dieser wenig hoffnungsvollen Gegenwartsdiagnose, sondern stellt Überlegungen dazu an, wie sich die Sozialbeziehungen zwischen Individuen und korporativen Akteuren resymmetrisieren lassen. Er untersucht dazu zwei Möglichkeiten, die eine Rückgewinnung der Kontrolle von Individuen über korporative Akteure versprechen. Die eine Möglichkeit sieht er in der *staatlichen Rechtsetzung* und die andere in dem *Einbau von Marktmechanismen in Organisationen*.

Der demokratische Staat ist per definitionem ein von allen Staatsbürgern gemeinsam geschaffener und aufrechterhaltener korporativer Akteur mit Herrschaftsrecht sowohl über individuelle als auch über korporative Akteure. Das heißt, der Staat kann das Ungleichgewicht zwischen natürlichen und juristischen Personen beseitigen, indem er mit einer entsprechenden Rechtsetzung die Einflusspotentiale von Organisationen beschneidet. Mit einer solchen Rechtsetzung aber versammelt der Staat als Beschützer der Individuen bei sich selbst immer mehr Machtbefugnisse, wodurch sich nun das Ungleichgewicht zwischen dem Staat und *allen* anderen Akteuren vergrößert. Coleman hält daher eine solche Resymmetrisierungsstrategie für kurzsichtig und favorisiert eine Rechtsetzung, die darauf zielt, die Interessen der Individuen zu stärken. Dies könnte nach seiner Ansicht eine Gesetzgebung leisten, welche die *Spielregeln* der Auseinandersetzung zwischen Individuen und Organisationen zugunsten der Individuen verändert, ansonsten aber den Individuen die Durchsetzung ihrer Interessen selbst überlässt.

Neben einer solchen prozeduralen (im Gegensatz zur etatistischen) Steuerung des Verhältnisses von individuellen und korporativen Akteuren sieht Coleman die andere Möglichkeit einer Resymmetrisierung in den Tendenzen eines Einbaus von Marktelementen in Organisationen. Im Zuge der Reorganisationsprogramme in Wirtschaft und Gesellschaft werden aufgrund von Effizienz- und Effektivitätsüberlegungen zunehmend organisationsinterne Märkte geschaffen, wodurch sich eine gewisse Resymmetrisierung als Nebeneffekt ergeben kann. Denn in diesen restrukturierten Organisationen lassen sich missliebige und schädliche Handlungskonsequenzen und auch die Handlungsverantwortung eher und leichter feststellen als in komplexen Hierarchien. Ähnliches gilt für die neuen Unternehmensformen wie z.B. Franchise-Unternehmen etc.

3. Neuere soziologische Theorien

Coleman verspricht sich von einer genauen Analyse des derzeitigen Wandels durchaus weitere Möglichkeiten, die gesellschaftliche Zukunft in einem strukturellen Sinne zu steuern. So steht seine Hoffnung auf eine rationale Gestaltung moderner Gesellschaften seltsamerweise in einigem Kontrast zu seiner eher düsteren Zeitdiagnose.

Colemans Theorie besitzt als Theorie der Rationalität in der utilitaristischen Tradition eine erklärende und eine normative Komponente. Als Erklärung beansprucht sie, die zutreffende Analyse tatsächlichen Verhaltens zu sein. Als Norm gibt sie Empfehlungen der Realisierung rationalen Verhaltens. Mit seiner Theorieanlage verfolgt Coleman so durchaus auch forschungspolitische Absichten, denn nach seiner Überzeugung ist die gesellschaftliche Relevanz sozialtheoretischer Forschung nur plausibel zu machen, wenn die theoretischen Analysen zu Anwendungsmöglichkeiten führen, die zu einer rationalen Gesellschaftsgestaltung taugen.

Nun bleibt auch ein solch imposantes Theoriegebäude, wie es Coleman in seinen „Grundlagen der Sozialtheorie" entwirft, nicht von Kritik verschont. Zum einen richtet sich diese Kritik gegen die Beschränkungen der sozialen 'Grundlagen' auf Tauschakte und freiwillige, vertragliche Beziehungsformen, womit Gewalt und Institutionen mit Zwangsmitgliedschaften ausgeblendet werden. Zum anderen wird die Nicht-Berücksichtigung von 'Kultur' kritisiert, wodurch die Eigenmächtigkeit von Symbolsystemen unbeachtet bleibt, welche die Situationswahrnehmung der Akteure ebenso mitbestimmen wie ihre Akzeptanz moralischer Normen und kollektiver Handlungsorientierungen. Andere Autoren kritisieren, dass der Ansatz die gesellschaftliche Prägung von Interessen und die Tatsache unversöhnlicher Konflikte zwischen Akteuren nicht berücksichtigen kann. Kritisiert wird auch, Colemans Hauptaugenmerk gelte dem theoriespezifischen Aggregationsproblem und weniger der Dynamik der sozialen Systeme, dass er vor allem auch jene Systemprozesse unbehandelt ließe, die über die Zeit zur Ungleichverteilung von Ressourcen führen.

Richard Münch hält die Rational Choice-Theorie schon als Handlungstheorie für unvollständig, da sie nur *einen* Aspekt des Handelns erfasse und dazu neige, diesen Aspekt unzulässigerweise zu verallgemeinern. „Nicht alle Handlungsweisen können auf ökonomisches Wahlhandeln zurückgeführt werden". Münch räumt zwar ein, dass es eine Ökonomie des Konflikts, der Solidarität und des Diskurses gäbe, jedoch „Konfliktaustragung, Solidarität und Diskurs erschöpfen sich nicht in rationalen Wahlhandlungen, sie gründen auf eigenständigen Motiven, folgen einer eigenen Logik und setzen andere strukturelle Bedingungen voraus."(Münch, 1998, S. 79 ff).

Ungeachtet aller Kritik bleibt jedoch hervorzuheben: Colemans Arbeit bietet nicht nur die bisher umfassendste Anwendung der Rational Choice-Theorie auf klassische Probleme der Soziologie und anderer Sozialwissenschaften, sondern begründet auch ein einheitliches, begrifflich konsistentes und deduktiv fruchtbares Forschungsprogramm. Er entwickelt seine Gesellschaftstheorie auf der Grundlage einer utilitaristischen Theorie individuellen Verhaltens. Vom Mikromodell des rational entscheidenden Akteurs über die Randbedingungen der Handlungssituation gelangt sie zur Analyse externer Effekte und aggregierter Interdependenzen im sozialen System. Das Modell benötigt dazu nur wenige Annahmen: Knappheit, Wettbewerb und Ressourcen, Maximierungsstrategie als selektive Erwartung aus Höhe und Wahrscheinlichkeit des Nutzens, nicht-intendierte Folgen interdependenter, aggregierter individueller Entscheidungen.

Coleman zeigt so, dass sich gesellschaftliche Kooperation unter Einschluss elementarer Phänomene des Sozialen wie Recht, Norm und Vertrauen auf das durch Erfahrung aufgeklärte Eigeninteresse der Akteure zurückführen lässt. Auch die Erzeugung kollektiver, öffentlicher und sozialer Güter kann eine rational begründete, utilitaristische Zielsetzung sein. Gleichwohl entgeht es seiner Theorie nicht, dass aus eigennützigen Verhaltensstrategien keineswegs zwingend Kooperation und Kollektivgüter hervorgehen müssen. Genauso gut können die aggregierten Folgen zahlloser einzelner Entscheidungen schädliche Konsequenzen zeitigen.

Mit seinem Erklärungsargument kann Coleman zugleich plausibel machen, dass und wie sich Akteure angesichts ihrer aktuell unbeeinflussbaren Handlungssituation für ein Handeln entscheiden, dessen Folgen sodann zu Verteilungsstrukturen führen, die ihrerseits rekursiv auf die handlungsbestimmenden Situationsmerkmale zurückwirken. Auf diesem Wege lassen sich strukturelle *Reproduktion* und struktureller *Wandel* innerhalb desselben Modells behandeln.

3.4 Richard Münch: Interpenetrationstheorie

Zu dem Programm, die soziologische Theorie aus ihrer Zersplitterung sich wechselseitig bekämpfender Schulen zu befreien, sind vor allem auch die neueren Interpretationen, kritischen Aneignungen, radikalen und orthodoxen Fortführungen von Parsons' Werk durch Theoretiker wie Niklas Luhmann, Jeffrey Alexander und Richard Münch zu zählen.

Dieses Programm kennzeichnet folgendes durchgängiges Muster: Im Anschluss an eine eingehende Auseinandersetzung mit einer Reihe klassischer Theorien, meist der Werke von Marx, Durkheim, Weber und Parsons, dienen deren jeweilige Beschränkungen und Einseitigkeiten dazu, den eigenen Ansatz kontrastreich zu dokumentieren; allerdings, und darauf ist besonders hinzuweisen, auf der Grundlage höchst unterschiedlicher wissenschaftsphilosophischer Ausgangspositionen. Thematische Schwerpunkte sind

- die *Neuordnung der soziologischen Theorie auf der Basis einer einheitlichen Handlungstheorie* und
- die *Theorie gesellschaftlicher Differenzierung*, welche das Kernstück funktionalistischer Theoriebildung über makrosoziale Zusammenhänge und sozialen Wandel darstellt.

Während hierzulande in der Gestalt der Theorieperspektive Niklas Luhmanns eine rein systemtheoretische Betrachtung gesellschaftlicher Differenzierung dominiert, bleibt die Mehrzahl dieser neuen Theorieperspektiven dem Parsonsschen Bezugsrahmen verhaftet, also der sich im AGIL (Adaptation, Goal Attainment, Integration, Latent Pattern Maintenance)-Schema von Systemfunktionen bewegenden Deutungen. Die sog. „Neofunktionalisten" um Jeffrey Alexander zielen, wie auch Parsons ehemalige Weggefährten Shmuel Eisenstadt und Neil Smelser, darauf ab, die von Parsons ausgearbeitete Systemperspektive mit einer Akteurperspektive zu verknüpfen, um so neben systemischen Leistungsdefiziten auch Interessen unterschiedlicher „strategischer Gruppen" (bzw. „Eliten") in die Ursachenerklärungen von Differenzierungsvorgängen einzubeziehen. Dabei wird die ursprüngliche

3. Neuere soziologische Theorien

Vorstellung einer gradlinig verlaufenden gesellschaftlichen Differenzierung um die Konzepte der „blunted", „unequal" und „uneven differentiation" angereichert und zudem werden die Bedingungen einer Regression erörtert. Analog dazu wird in Deutschland vor allem von Uwe Schimank (1996) eine Verbindung der Systemtheorie Luhmanns mit akteurtheoretischen Ansätzen angestrebt.

Richard Münch jedoch wendet sich nicht nur gegen den „Neofunktionalismus", vielmehr auch gegen die 'reine' Systemtheorie Luhmanns.

3.4.1 Der Ansatz

Dem „Neofunktionalismus" hält Münch vor, seine Herangehensweise betone zu stark historische Kontingenzen, die nicht mehr einer verallgemeinerbaren Theorie zuortbar seien. Der Luhmannschen Rede von struktureller Kopplung und Irritation zwischen *autopoietischen* Systemen setzt er den Begriff der *Interpenetration* (effektive Durchdringung) von Systemen entgegen. Nach Münch verstehen „wir die modernen Gesellschaften falsch (...), wenn wir sie allein als ein Kompositum von eigengesetzlich arbeitenden Sphären begreifen, zwischen denen es keine Brücken gibt." Die Institutionen der Moderne zeichnen sich „nicht durch die Herausbildung einspuriger Eigengesetzlichkeiten" aus, sondern sie vereinigen in sich vielmehr „eine je spezifische Kombination von an sich gegensätzlichen Gesetzmäßigkeiten." (Münch, 1998, S. 70).

Und im Gegensatz zu Luhmann bietet für Münch gerade nicht der systemtheoretische, sondern der handlungstheoretische Aspekt des Strukturfunktionalismus die Möglichkeit, gängige Dichotomisierungen, wie Handlungstheorie und Systemtheorie, Individualismus und Kollektivismus, Mikro- und Makrosoziologie sowie auch Theorie des Wandels und Theorie der Stabilität in einer Verbindung unterschiedlicher Ansätze aufzuheben.

Münchs Ziel ist es, die kulturellen, politischen und sozialstrukturellen Vorgänge, welche die Situation des modernen Gesellschaftssystems kennzeichnen, in einen umfassenden theoretischen Bezugsrahmen zu stellen, der eine angemessene Rekonstruktion der modernen Kultur und der sie tragenden Institutionen erlaubt. Ein solcher umfassender Bezugsrahmen muss sowohl die *positivistischen* Ansätze der ökonomischen Theorie und der Macht- und Konflikttheorie als auch die *idealistischen* Ansätze der rationalen Entwicklungslogik und der lebensweltlichen Phänomenologie für die gesellschaftliche Analyse verbinden.

Dazu greift Münch den zentralen Gedanken von Parsons auf, das Problem der sozialen Ordnung sei in einer Analyse des *voluntaristischen Handelns* zu lösen. Um einen Zugang für eine Weiterentwicklung der voluntaristischen Theorie zu gewinnen, in der *Ordnung* und *Freiheit* des Handelns zusammen gedacht werden kann, legt er zunächst den philosophischen Hintergrund und die methodologischen Grundlagen von Parsons' Soziologie frei. Vor diesem Hintergrund entwickelt er sodann seine „Interpenetrationstheorie der Handlung" auf einer Linie, die von der Erkenntnistheorie Kants über den „analytischen Realismus" der Wissenschaftslehre Whiteheads unter Einschluss des „kritischen Rationalismus" Karl Poppers zu Talcott Parsons' voluntaristischer Handlungstheorie führt.

Parsons übernahm bekanntlich den „analytischen Realismus" aus dem erkenntnistheoretischen und kosmologischen Werk Whiteheads, der den Dualismus von Subjekt und Objekt, Geistes- und Naturwissenschaft, Gesellschaft und Natur in der *organismischen Einheit der einen Welt* auflöst. Der „analytische Realismus" macht sich das Zusammengesetztsein konkreter Ereignisse aus vielen Aspekten mit einer jeweils eigenen Ordnung, zum Prinzip und sieht allein in der analytischen Dekomposition von Ereignissen einen Weg zur Realität und ihren Gesetzmäßigkeiten. Der Königsweg zu den letzten Elementen der Realität ist dabei das Verfahren der sich stets wiederholenden Kreuzklassifikation. Gemäß der Wissenschaftslehre Whiteheads erlangen empirische Phänomene immer nur wissenschaftliche Bedeutung, wenn sie in der Perspektive eines theoretischen Bezugsrahmens formulierbar sind.

3. Neuere soziologische Theorien

Diese wissenschaftstheoretische Konzeption versteht Münch nun im Sinne einer speziellen Version der Kantschen Erkenntnistheorie, deren Verknüpfung von Anschauungsformen und Verstandeskategorien in Schemata der Vernunft ihn zu dem Gedanken inspiriert, spezielle Gegenstände der Wissenschaft würden *erst* durch die *Interpenetration* empirischer Beobachtungen und theoretischer Bezugsrahmen konstituiert. (vgl. 1982, S. 45). Während somit bei Parsons Empirie und Theorie im Sinne Whiteheads als immer schon aufeinander bezogene eigenständige Ordnungen (interpenetrierend) gedacht sind, stehen für Münch die als eigenständig aufzufassenden Bereiche in der Realität nicht von vornherein in einem Interpenetrationsverhältnis. Sie sind zunächst wie auch Erkenntnissubjekt und Erkenntnisobjekt voneinander getrennt und müssen erst (idealerweise in einem Interpenetrationsverhältnis) vermittelt werden. Die Einheit von Einheit und Differenz muss *erzeugt* werden.

Zudem nehmen Parsons und Münch vor dem gemeinsamen Hintergrund des erkenntnistheoretischen Realismus unterschiedliche wissenschaftstheoretische Positionen ein. Während so Parsons *diverse Strukturmuster* der Wirklichkeit aufgrund von Erfahrung *abstrahiert*, um einen Bezugsrahmen des Handelns zu gewinnen, *gliedert* Münch *die Wirklichkeit* mit einem analytischen Schema *in Bereiche*, um ihre Ordnung theoretisch zu rekonstruieren.

Jetzkowitz weist darauf hin, dass somit auch die Verwendung des Systembegriffs bei Münch nicht einer methodologischen Position entspringt, „der Systembegriff dient vielmehr als fiktives Erkenntnismittel, das der Komplexität des Objektbereichs am ehesten entsprechen und der zentralen Idee der Bezogenheit von Handeln und sozialer Ordnung Ausdruck verleihen kann. So wird 'System' ein Synonym für 'Ordnung' und 'Funktion', ist eher eine Redeweise für die Bedeutung, die ein Teil einer Ordnung für eine Gesamtheit hat, als dass darin ein Begriff gesehen wird, der für die Analyse von Emergenzphänomenen notwendig ist." (Jetzkowitz, 1996, S. 57)

Denn auch Münch erweitert die voluntaristische Handlungstheorie um eine systemtheoretische Perspektive, die es ihm erlaubt, eine analytische Ordnung zwischen Subsystemen herzustellen und die Handlungselemente auf besondere Strukturen und Prozesse zurückzuführen. Mit dem Begriff der Interpenetration verkoppelt er allerdings soziale Entwicklung, Differenzierung und Integration auf neue Weise miteinander. Ausgehend von diesem Modell der voluntaristischen Ordnungsbildung charakterisiert er die Dynamik der modernen Gesellschaftsentwicklung als eine Interpenetration zwischen kulturellem Universalismus und gesellschaftlicher Partikularität. Dabei begreift er ebenso wie Parsons gesellschaftliche Entwicklung als evolutionäre Höherentwicklung einer sozialen Struktur. Deren Movens sieht er allerdings nicht in adaptiven Bewegungen des Systems, sondern handlungstheoretisch in der Ausweitung der Interaktionen.

3.4.2 Der theoretische Bezugsrahmen

Ausgehend von der Einsicht, dass die Erkenntnis der Wirklichkeit immer nur über Begriffe möglich ist, entwickelt Münch also einen begrifflichen Bezugsrahmen als eine Art Kategorienschema, das es erst ermöglicht, aus einer Auswahl von Erfahrungen Schlussfolgerungen zu ziehen und zu Erkenntnissen zu gelangen. Auf diese Weise führt er das Paradigma einer voluntaristischen Handlungstheorie *formal* in fünf Schritten ein und zeigt dann in einem sechsten Schritt, wie die vorhandenen meta- und objekttheoretischen Ansätze im Paradigma der voluntaristischen Handlungstheorie integriert werden können (vgl. Münch, 1992, S. 28 ff).

Auf *metatheoretischer Ebene* konstruiert Münch zunächst einen analytischen Raum für alles Handeln, in den sich Ereignisse nach den Kriterien der Komplexität ihrer Antezedenzien und der Vorhersagbarkeit ihrer Konsequenzen eintragen lassen. Mit diesen Dimensionen werden dann in einem zweiten Schritt vier methodische Vorgehensweisen und vier Erklärungsweisen begrifflich bestimmt. Im dritten Schritt wird auf *objekttheoretischer Ebene* ein Handlungsbezugsrahmen als Modell jener Faktoren konstruiert, die das Handeln in unterscheidbaren Feldern des Handlungsraumes steuern, um dann in einem vierten Schritt die Subsysteme des Handelns 'systemtheoretisch' zu bestimmen. Schließlich expliziert Münch in einem fünften Schritt diverse methodische Anwendungen des objekttheoretischen Bezugsrahmens:

Bei der Vorhersagbarkeit von Ereignissen spielen zwei Variablen eine Rolle, zum einen die Komplexität der Antezedenzien und zum anderen die Kontingenz der Konsequenzen. Nun werden aber sinnhafte Ereignisse, also menschliches Handeln durch Symbole und Interpretationen gesteuert. Handeln ist somit einerseits an Symbolen mit hoher oder niedriger Komplexität orientiert und ist andererseits stets eine mehr oder weniger kontingente Reaktion auf Symbole. Davon ausgehend gestaltet Münch ein Koordinatensystem, bei dem die *Komplexität von Symbolen* die Ordinate und die *Kontingenz des Handelns* die Abszisse bilden. Mit den vier Extrempunkten der Variablen (höchst und niedrigste Komplexität bzw. Kontingenz) kann er so einen vierdimensionalen Raum abstecken, in dem sich nun die formalen Strukturen von Objektbereichen jeder Art nach dem *Grad ihrer Geordnetheit* klassifizieren lassen.

Mit diesem Koordinatensystem expliziert Münch zunächst vier unterschiedliche Methoden und Erklärungsweisen:

Im rechten oberen Quadranten (hohe Symbolkomplexität und hohe Handlungskontingenz) trägt er die *nomologische Methode* ein, die Gesetzmäßigkeiten in völlig offenen Handlungskontexten zu ermitteln sucht. Dem entspricht die *kausale Erklärungsweise*, die unabhängig von Symbolkomplexität und Handlungskontingenz Handeln mit latenten kausalen Gesetzmäßigkeiten erklärt.

Dem linken oberen Quadranten (hohe Symbolkomplexität und reduzierte Handlungskontingenz) kann die *idealtypische Methode* bzw. die *teleonomische Erklärungsweise* zugeordnet werden. Mit Hilfe von Idealtypen lässt sich trotz hoher Symbolkomplexität eine relativ eindeutige Handlungssteuerung ausmachen, und die teleonomische Erklärung greift auf eine von der Symbolkomplexität unabhängige, latente (Kontingenz einschränkende) Gerichtetheit des Handelns zurück.

Im rechten unteren Quadranten (reduzierte Symbolkomplexität und hohe Handlungskontingenz) findet sich die *konstruktivistische Mo-

dellbildung bzw. die Erklärungsweise des *rationalen Verstehens*. Mit der Konstruktion möglichst einfacher Modelle wird die Komplexität der Symbolwelt reduziert, wobei die Kontingenz des Handelns unberührt bleibt. Entsprechend verfährt das rationale Verstehen, das Handeln auf wenige allgemeine Prinzipien zurückführt.

Links unten (reduzierte Symbolkomplexität und reduzierte Handlungskontingenz) verbleibt dann der Raum für die *idiographische Methode* bzw. das *normative Verstehen*. Die idiographische Methode beschreibt reduziertes Handeln in selbstverständlichen, partikularen (lebensweltlichen) Kontexten von geringer symbolischer Komplexität und niedriger Handlungskontingenz. Normatives Verstehen deutet Handeln als Ausführung eines relativ festliegenden normativen, symbolischen Musters.

3. Neuere soziologische Theorien 137

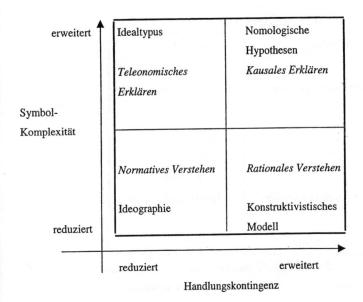

Abb. 6: Methodische Verfahren und Erklärungsweisen (Zusammenführung der Diagramme 1 und 2 aus Münch, 1992, S. 31f.)

Auf der *Ebene der Objekttheorie* formuliert Münch einen entsprechenden Bezugsrahmen von Faktoren, die das Handeln in den vier diskreten Handlungsfeldern leiten. *Mittel* erhöhen die Adaptivität des Handelns (Optimierungsprinzip), *Ziele* geben dem Handeln Gerichtetheit (Realisierungsprinzip), *symbolische Bezugsrahmen* verleihen dem Handeln Identität (Konsistenzprinzip) und *Normen* ergeben die Regelhaftigkeit des Handelns (Konformitätsprinzip).

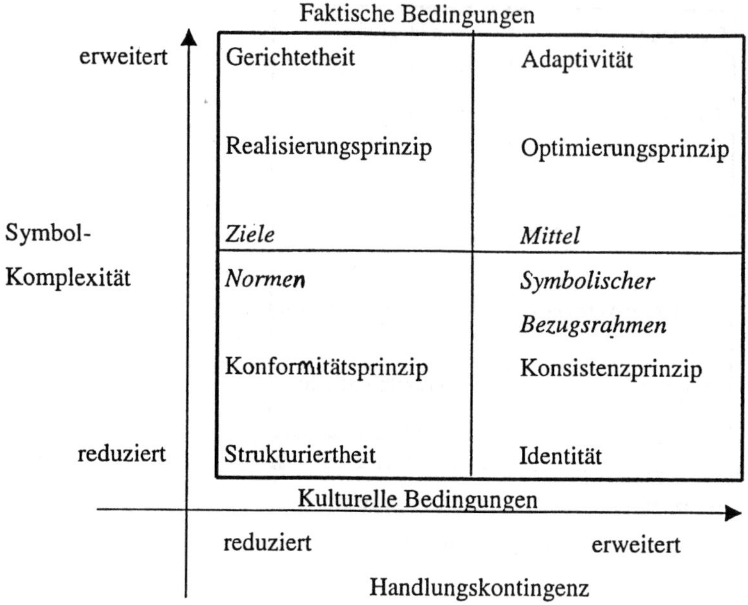

	Faktische Bedingungen	
erweitert	Gerichtetheit	Adaptivität
	Realisierungsprinzip	Optimierungsprinzip
Symbol-Komplexität	*Ziele* *Normen* Konformitätsprinzip	*Mittel* *Symbolischer Bezugsrahmen* Konsistenzprinzip
reduziert	Strukturiertheit	Identität
	Kulturelle Bedingungen	
	reduziert erweitert	
	Handlungskontingenz	

Abb. 7: Der Handlungsbezugsrahmen (Münch, 1992, S. 33)

In einem weiteren Schritt erweitert Münch die Handlungstheorie systemtheoretisch, indem er Parsons' AGIL-Schema dem Koordinatensystem aus Symbolkomplexität und Handlungskontingenz gemäß umdeutet: Hohe Symbolkomplexität und hohe Handlungskontingenz bilden den Teilbereich mit dem niedrigsten Ordnungsgrad (geringste Vorhersagbarkeit), hier ist der Handlungsraum für neue Möglichkeiten offen. Diese *Öffnung* entspricht Parsons' *Adaptionsfunktion* (*Anpassung*). Bei hoher Symbolkomplexität und niedriger Handlungskontingenz sind die Handlungsmöglichkeiten stark spezifiziert. Mit dieser

3. Neuere soziologische Theorien

Spezifikation ist die Systemfunktion *Goal-Attainment* (*Zielverwirklichung*) ausgedrückt. In dem Teilbereich mit gleichermaßen niedriger Symbolkomplexität und Handlungskontingenz (mit dem höchsten Ordnungsgrad) sind die Möglichkeiten des Handelns begrenzt. Diese *Schließung* entspricht der Parsonsschen *Integrationsfunktion*. Bei niedriger Symbolkomplexität und hoher Handlungskontingenz ist der Bedeutungshorizont von Symbolen erweitert, was Münch als *Generalisierung* fasst, mit der die *Latent Pattern Maintenance-Funktion* zum Ausdruck kommt.

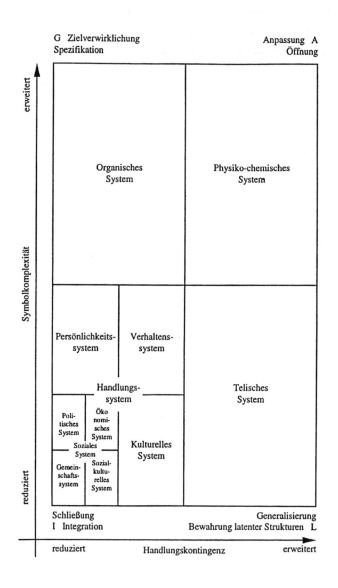

Abb. 8: Die Conditio Humana (Münch 1992, S. 35)

3. Neuere soziologische Theorien

Wie die Abbildung zeigt, können die einzelnen Bereiche als Subsysteme auf den drei Ebenen der Conditio Humana, des allgemeinen Handlungssystems und des Sozialsystems interpretiert werden; auf diese kann das Schema dann wiederum angewandt werden. Das Sozialsystem umfasst so vier unterschiedliche Handlungsbereiche/-weisen: den ökonomischen Tausch, der den Handlungsraum erweitert (A), das politische Machthandeln, das den Handlungsspielraum spezifiziert (G), das den Handlungsraum schließende Gemeinschaftshandeln (I), und den Diskurs, der den Handlungsraum generalisiert (L).

Münch bestimmt nun das Verhältnis der Systeme untereinander, indem er seinem Koordinatensystem entsprechend vom Ordnungsgrad der Bereiche ausgeht und zwischen *Dynamik* und *Steuerung* unterscheidet. Je höher der Grad der Unordnung in einem Subsystem, um so größer ist seine dynamisierende Wirkung, und je größer seine Ordnung, desto größer ist seine steuernde Wirkung. Während so der *Latent Pattern Maintenance-* und der *Goal Attainment-Bereich* sowohl dynamisierende als auch steuernde Wirkung haben, übt der *Adaption-Bereich* die größte *dynamisierende* Wirkung und der *Integration-Bereich* den größten *steuernden* Einfluss aus.

Als Formen der Beziehung zwischen den Systemen lassen sich unterscheiden: die *Interpenetration* (wechselseitige Beeinflussung unter Erhaltung der Spannung zwischen Systemen), „die *Dominanz* steuernder (z.B. Gemeinschaft) über dynamisierende Systeme (z.B. Wirtschaft), die *Anpassung* steuernder an dynamisierende Systeme, ihre gegenseitige *Isolierung*, ihre *Versöhnung* ohne wechselseitige Beeinflussung und ihr *ungeregelter Konflikt*." (1992, S. 23).

Die Art der Beziehung zwischen den Subsystemen des Handelns und zwischen der Gesellschaft und ihrer Umwelt ist aber nicht nur vom Ordnungstypus der Subsysteme und vom Grad ihrer Ausprägung abhängig, sondern auch vom Grad der Entfaltung von Vermittlungssystemen und von deren Ordnungstypus. So bewirkt Tausch eine offene und labile Integration, Herrschaft eine zwanghaft beherrschend durchgesetzte Integration, Vergemeinschaftung eine konformistisch-immobile und Diskurs eine versöhnende Integration. (vgl. Münch, 1992, S. 39)

Schließlich zeigt Münch, wie mit Hilfe seines umfassenden Paradigmas gleichermaßen konstruktivistisch, idealtypisch, nomologisch und idiographisch vorgegangen werden kann. Bei einer konstruktivistischen Vorgehensweise liegt dann die Betonung auf Abstraktion (L). Idealtypen sind Spezifikationen des allgemeinen Bezugsrahmens (G) und nomologische Thesen sind auf das Feld der Öffnung des Handlungsspielraums (A) bezogen, während sich ideographische Beschreibungen auf das Feld der Schließung des Handlungsspielraumes (I) richten.

Den Felder des Bezugsrahmen der voluntaristischen Handlungstheorie können nun auch die speziellen Sichtweisen der geläufigen theoretischen Paradigmen zugeordnet werden: die Sichtweise der utilitaristischen Theorie (A, Öffnung) und der Konflikttheorie (G, Zielverwirklichung) als Varianten des Positivismus sowie die Sichtweise der normativistischen Lebenswelttheorie (I, Schließung) und der rationalistischen Kulturtheorie (L, Generalisierung) als Varianten des Idealismus.

Mit einer solchen Verbindung unterschiedlicher Ansätze wird nach Münch nicht nur eine integrierte Betrachtung von Mikro- und Makroebene möglich, sondern auch die Überwindung theoretischer Dichotomien wie Individualismus und Kollektivismus, Handlung und System etc., vor allem aber kann so mit dem Interpenetrationstheorem gesellschaftlicher Wandel ebenso erklärt werden wie gesellschaftliche Verfestigung und Stabilität. Ein wirkliches Verständnis der Moderne, das all ihren Strukturkomponenten gerecht werden will, ist nach Münch nur zu gewinnen, wenn ihre Strukturkomponenten in die Perspektive eines umfassenden Paradigmas gestellt werden, das die Beschränkungen einseitiger Sichtweisen zu überwinden vermag. Mit seinem Modell der voluntaristischen Ordnungsbildung will er der Soziologie einen Weg zu verallgemeinerbarem Wissen über Kultur und Gesellschaft der Moderne weisen.

3. Neuere soziologische Theorien

3.4.3 Interpenetration

Wie bereits hervorgehoben, ist in Münchs Ansatz im Gegensatz zu Parsons weder von Beginn an eine Beziehung zwischen den Systemen gewährleistet noch befinden sich die Systeme, sofern denn eine Austauschbeziehung zwischen ihnen besteht, von vornherein in einem Hierarchisierungsverhältnis. Münch verwendet den Systembegriff also nicht im methodologischen und kybernetischem Sinne, d.h. mit der Implikation von kybernetischer Kontrolle und Konditionierung. Münch will so nicht nur die *Beziehungen* zwischen Handlungsfeldern bzw. Subsystemen *präziser* bestimmen, er will vor allem auch die *Entstehung* von Systemen bzw. von (normativer) sozialer Ordnung *erst* herausarbeiten. Dabei steht nun der Begriff der Interpenetration im Mittelpunkt seiner Theorie.

Nun ist *Interpenetration* (d.h. die gegenseitige Durchdringung von steuernden und dynamisierenden Systemen) – neben der Dominanz der dynamisierenden Systeme über die eigentlich steuernden Systeme (bzw. deren *Anpassung*) sowie der Dominanz der steuernden über die dynamisierenden Systeme (d.h. deren *Einschnürung*) und ihrer gegenseitigen *Isolierung* – nur *eine* Möglichkeit von intersystemischer Beziehung, aber in eben dieser Beziehungsform sieht Münch das „Bauprinzip der Moderne".

Mit dem Konzept „Interpenetration" kann daher die Entwicklungsgeschichte der Moderne, d.h. sowohl das Entstehen als auch der Wandel sozialer Ordnung begriffen werden. Zunächst ist mit Interpenetration ganz allgemein die wechselseitige Beeinflussung von Systemen in einer Weise gemeint, in der beide sich ihre Leistungen zur Verfügung stellen und dadurch ihre innere Ordnung erhöhen, ohne dass sich die Ordnungen aneinander angleichen.

Münch bestimmt nun in seiner „Theorie des Handelns" *Interpenetration* wie folgt:

„Als 'Interpenetration' können wir (...) einen Vorgang bezeichnen, in dem ein (kollektiver) Akteur so in die Umwelt hineinwirkt und die Umwelt so in das Handeln des (kollektiven) Akteurs, dass sich beide an den Randzonen umformen, ohne ihren Kern gegenseitig zu verändern. Je stärker die Randzonen ausgeprägt sind, um so mehr bilden sich abgrenzbare Subsysteme, die zwischen (kollektivem) Akteur und Umwelt vermitteln. Je enger sie selbst miteinander verbunden sind, um so mehr formen sie zusammen ein Subsystem, das Aspekte des (kollektiven) Akteurs und Aspekte der Umwelt in sich vereinigt (...)." (Münch, 1982, S. 112).

Durch die Interpenetration von zwei unterschiedlichen Handlungslogiken entsteht also in deren Interpenetrationszonen ein *neues Handlungsfeld*, das fortan als Bindeglied zwischen den einander entgegengesetzten Handlungslogiken dient und als *eigenständige Sphäre* das Handeln beeinflusst. Jetzkowitz (1996) präzisiert das in systemischer Perspektive so: „Es entstehen funktional spezifische Subsysteme auf jeder Seite der interpenetrierenden 'Kerne'. Ihre Integration – und damit ihre Etablierung als eigenständige Ordnung – ist nur dann gewährleistet, wenn die Interpenetration aufrechterhalten bleibt und es nicht zu einem schiefen Beziehungsverhältnis zwischen den Systemen kommt oder sie gar gegenseitig isoliert werden. Bleibt die Interpenetration aufrechterhalten, d.h. werden die neu entstandenen Ordnungen integriert, dann werden sie auch wieder neue Interpenetrationszonen mit anderen Systemen bilden und der Vorgang kann sich wiederholen." (Jetzkowitz, 1996, S. 63).

Sowohl die *Differenzierung von Strukturen* als auch *soziale Integration* sind demnach als das Ergebnis der Interpenetration verschiedener Systeme zu verstehen.

Für „Interpenetration" steht in Luhmanns Systemtheorie die „Übertragung von reduzierter Komplexität", d.h. dass die strukturelle Komplexität eines Systems zum Aufbau eines anderen Systems zur Verfügung gestellt wird. Vor dem Hintergrund der Autopoiesis der Systembildung bedeutet dies aber nicht, dass sich die Operationen von Systemen überschneiden und die interpenetrierenden Systeme gemeinsame Elemente aufweisen.

Für Münch hingegen ist Interpenetration als eine *Überschneidung* von Systemoperationen zu untersuchen, denn gerade diese Überschneidung trägt in seiner Sicht zum Strukturaufbau und zur Strukturveränderung von Teilsystemen bei. Münch wendet sich damit ausdrücklich gegen die funktionalistische Systemtheorie Luhmannscher Prägung, die funktionale Differenzierung von Subsystemen als die

Hauptlinie der Herausbildung der modernen Gesellschaft betrachtet. Systemdifferenzierung, so Münch (1982), sei für Luhmann im Prinzip auch schon die Lösung des Integrationsproblems, das dieser nicht als Problem der Herausbildung einer gemeinsamen Ordnung begreife, sondern als Bewahrung der Kompatibilitäten zwischen unterschiedlichen Orientierungen des Handelns, die schon durch ihre Differenzierung erreicht werde. Münch meint daher (allerdings nicht unwidersprochen), Luhmanns Differenzierungstheorie behandele die Entwicklung der Gesellschaft nur als Herauslösung aus vorher bestehenden Bindungen und könne auf diese Weise die entscheidenden Kennzeichen der modernen Gesellschaft nicht erklären. Die spezifischen Eigenschaften z.B. der modernen Wirtschaft beruhen nach Münch gerade nicht auf Ausdifferenzierung, sondern auf Interpenetration. In modernen Gesellschaften sei beispielsweise ein Tauschvorgang als konkretes Ereignis in seinem Vollzug sekundär auch durch Machtbeziehungen, Solidarität und Kommunikation bestimmt, ja würde ohne deren Mitwirkung gar nicht zustande kommen. Im Tauschvorgang ist also sowohl die *Differenz* zu Machtausübung, Solidarität und Kommunikation wie auch die *Verknüpfung* mit diesen enthalten.

Das Neue an Münchs Ansatz besteht so vor allem darin, die Entstehungsgeschichte der modernen Institutionen *nicht* aus der Entwicklung der *inneren Eigengesetzlichkeiten* von Handlungssphären zu erklären, vielmehr durch die Interpenetration von *Strukturbestandteilen* von Handlungssphären. Aus der Interpenetration faktischer und kultureller bzw. konditionaler und normativer Faktoren lässt er dann Systemdifferenzierung *und* Integration hervorgehen.

3.4.4 Entwicklung moderner Gesellschaften

Münchs Erklärung der Entstehungsgeschichte der modernen Institutionen schließt im Interesse einer theoretischen Systematisierung an Webers Religionssoziologie an, welche die Spannung von Ethik und Welt in großen Weltreligionen untersucht und die Entwicklung sozialer Ordnung dann als einen Prozess der Rationalisierung modelliert. Der Autor stellt dabei die *Entwicklung der kulturellen Rationalisierung* und den *Übergang zur gesellschaftlichen Rationalisierung* in seinen theoretischen Bezugsrahmen und liest in Webers „Typen der Beziehung zwischen religiöser Ethik und Welt" sein eigenes Schema der intersystemischen Beziehungen ein.

So heißt es dann: „Die konfuzianistische Weltanpassung ist eine Form der Anpassung steuernder an dynamische Systeme. Versöhnung und Weltflucht sind Formen der Isolierung steuernder und dynamischer Systeme, und beide sind typisch für Indien: die Versöhnung für die hinduistische Lehre von Vergeltung und Wiedergeburt, die Weltflucht für die buddhistische Lehre. Die Interpenetration charakterisiert das antike Judentum und den Calvinismus." (1982, S. 508, Anm. 67). Da es nur in der 'Gesellschaftsgeschichte' der okzidentalen Gesellschaften zu einer Interpenetration von religiöser Ethik und Alltagshandeln kommt, muss die Herausbildung der modernen Institutionen mit einer Interpenetration von Ethik (Kultur) und Gesellschaft erklärt werden. Die Entwicklung der modernen Gesellschaften ist kein Ergebnis einer Entwicklungslogik, sondern der besonderen historischen und sozialstrukturellen Bedingungen.

Münch weist daher die Interpretation von Rationalisierung als intellektuelle Rationalisierung (Differenzierung zwischen Heiligem und Profanem) *und* als Entfaltung eigengesetzlicher, sich differenzierender Handlungssphären zurück. Lebensordnungen entwickeln sich vielmehr in den Interpenetrationszonen zwischen Kultur und Gesellschaft. So ist für Münch wie beschrieben das funktionalistische Differenzierungstheorem für die Rekonstruktion der strukturbildenden Auswirkungen des Rationalisierungsvorganges methodologisch und sachlich unbrauchbar.

3. Neuere soziologische Theorien

Mit dem Interpenetrationstheorem wird somit auch ein Differenzierungsbegriff eingeführt, der sich von dem Begriff der vorliegenden differenzierungs- und modernisierungstheoretischen Ansätzen unterscheidet. Münch vermerkt dazu:

„Die Bindung eines analytisch-funktionalen Systems an konkrete soziale Einheiten muss aufgehoben werden, so dass jedes analytisch-funktionale Subsystem mehrere konkrete empirische Einheiten in dem durch das funktionale Subsystem bestimmten Aspekt einschließt. Differenzierung hat als Merkmal der Evolution genau diesen Sinn: die Differenzierung analytisch-funktionaler Systeme mit eigenen Leistungen von konkreten sozialen Einheiten und gerade nicht die gegenseitige empirische Isolierung der analytisch-funktionalen Systeme gegeneinander durch die Verteilung auf exklusive soziale Einheiten. Die Kultur ist in diesem Fall nicht nur Sache einer exklusiven Priesterkaste, die politische Herrschaftsausübung nicht nur Sache einer politischen Kaste oder Amtspfründnerschicht, das Gemeinschaftshandeln nicht nur auf Sippengenossen begrenzt und der ökonomische Tausch nicht nur der Beziehung zu Sippenfremden vorbehalten. Die Erfüllung der entsprechenden analytisch differenzierbaren Funktionen wird dadurch von den Bindungen an solche konkreten Einheiten befreit." (Münch, 1980, S. 39)

Typisch für moderne Gesellschaften ist also nicht die Differenzierung, sondern ihre differentielle Ordnung.

Für die Herausbildung dieser differentiellen Ordnung liefert Münch auf der Grundlage seines Interpenetrationstheorems eine *evolutionstheoretische Erklärung*. Er geht wie Parsons von drei Stufen in der Gesellschaftsentwicklung aus, die durch eine unterschiedliche Ausbildung des Verhältnisses von sozialer Ordnung und Handlungsspielräumen bzw. -freiheiten gekennzeichnet sind.

Auf der *primitiven Stufe* konstituieren sich Gesellschaften in der problembewältigenden Interaktion mit ihrer Umwelt als relativ geschlossene Gemeinschaften, in denen jedes Handeln durch gemeinsame Normen geregelt ist. Wenn diese geschlossene Ordnung nun aufgrund von Interaktionen mit Fremden mit anderen Ordnungen interpenetriert, können sich gesellschaftliche Subsysteme ausbilden, d.h. Handlungsbereiche, die nicht durch gemeinschaftliche Normen geregelt sind, in denen Handeln nach eigenständigen Prinzipien möglich wird.

Auf der *traditionalen Stufe* sind dann Bereiche ausgebildet, in denen das Handeln von gemeinschaftlichen Bindungen befreit ist. Hier wird bereits der Spielraum des Handelns vom sozio-kulturellen System durch reine Sinnsuche generalisiert, vom politischen System durch reine Machtpolitik spezifiziert und vom ökonomischen System mit seinem utilitaristischen Prinzip geöffnet. Die ausdifferenzierten Subsysteme sind jedoch *noch nicht integriert*. Es hat sich zunächst nur ein erster Schritt der Rationalisierung vollzogen, denn das soziokulturelle System hat sich zwar als intellektuelles Nachdenken über die Welt ausdifferenziert, aber das rationale Nachdenken durchdringt noch nicht die anderen Handlungssphären.

Dieser zweite Schritt des Rationalisierungsprozesses kennzeichnet dann die dritte Stufe, die *Stufe moderner Gesellschaften*. In der *jüdisch-christlich* geprägten westlichen Kultur, in der das Verhältnis der sinnhaften Orientierungen auf Interpenetration mit der Gesellschaft ausgerichtet ist („Protestantische Ethik", „Berufsmensch"), wird gemeinschaftliches, politisches und ökonomisches Handeln zunehmend von rationalen Prinzipien geformt, die auch die Institutionalisierung von neuen Wertinterpretationen im kulturellen System selbst ermöglichen. Die *Interpenetration* von religiöser Ethik und Alltagshandeln unterscheidet sich wie gesagt von einer *Anpassung* (Konfuzianismus), von *Versöhnung* (Hinduismus) und von *Weltflucht* (Buddhismus). Ist das Verhältnis von kulturellem System und Gesellschaft ein Interpenetrationsverhältnis, sind die ausdifferenzierten Bereiche integriert und das Handeln ist nicht mehr durch Bereichsgrenzen beschränkt; Handlungsmuster können von einem Bereich in den anderen übertragen werden. Es entsteht eine auf einer aktiven Gestaltung der Gesellschaft gründende normative soziale Ordnung, in der sozialer Wandel auf Dauer gestellt ist.

Wandel entsteht durch die Bereiche erweiterter Handlungskontingenz, also durch öffnende und generalisierende Strukturen des ökonomischen und sozialkulturellen Systems (Tausch, Anreize und Lernen), welche die bereits bestehenden gemeinschaftlichen Normen in Frage stellen. Innovationen und damit Erweiterungen von Handlungsstrukturen werden durch Argumente und Diskurse begünstigt. Macht und Herrschaft bewirken zwar die Durchsetzung von Handlungen und

Handlungsstrukturen, können aber die symbolischen Strukturen nicht stabilisieren. Stabilisiert werden die symbolischen und die Handlungsstrukturen durch strukturerhaltende Faktoren wie die Verpflichtung auf Normen und das Commitment zu einer Gemeinschaft.

Sozialer Wandel ist somit ein Prozess, der Veränderungen in allen vier Subsystemen erfordert und daher ihre Interpenetration voraussetzt. Über den Interpenetrationsprozess vollzieht sich sozialer Wandel als evolutionäre Höherentwicklung in dem Sinne, dass sich Handeln zunehmend stärker entfalten kann. Da Kultur hier diejenige Instanz ist, die Handeln eine Orientierung gibt und gleichzeitig den Charakter der sozialen Ordnung bestimmt, ist sozialer Wandel als Institutionalisierung neuer Muster normativer Kultur zu begreifen. Die Institutionalisierung neuer kultureller Muster fasst Münch als selektiven Vorgang. Welche neuen kulturellen Muster institutionalisiert werden können, wird insbesondere durch das Wertmuster einer Gesellschaft bestimmt. Und nur unter der Bedingung systemischer Interpenetration kann überhaupt ein neues Handlungsmuster in die soziale Ordnung integriert werden.

Münch verdeutlicht diesen Gedanken mit einer handlungstheoretischen Interpretation evolutionstheoretischer Kategorien. Das vorwiegend latente Wertesystem einer Gemeinschaft stellt so einen „genetischen Code" dar, der sich in „Genotypen", „Phänotypen" und „phänotypischen Institutionen" manifestiert.

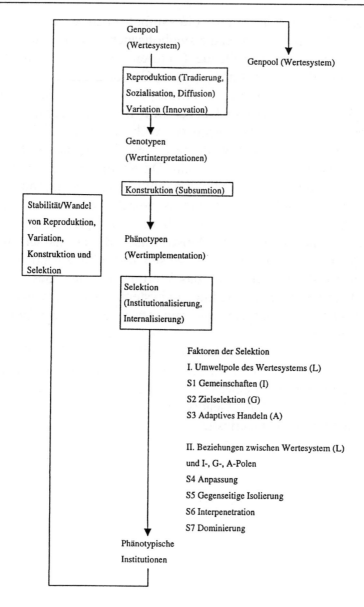

Abb. 9: Nach Münch, 1982, S. 170: Genpool, Reproduktion und Variation von Genotypen, Konstruktion und Selektion von Phänotypen

Den auf der Interpenetration zwischen Kultur und Gesellschaft beruhenden *kulturellen Code* moderner Gesellschaften charakterisiert Münch durch die Bestandteile *Universalismus* und *Individualismus*, *Rationalismus* und *Aktivismus*. Als Kriterien der „inneren Logik" der Rationalisierung des kulturellen Codes der westlichen Gesellschaften führt er die *sinnhafte Konsistenz*, die *kognitive Wahrheitsfähigkeit*, die *normative Richtigkeit*, die *expressive Identitätsverbürgung* sowie die *argumentative Begründung* und ihre *Gültigkeit* an.

Als *Genotypen* sieht Münch die Interpretationen des Wertesystems an, durch die das Wertesystem sich sowohl reproduziert als auch wandelt. Durch die Orientierung der Gesellschaftsmitglieder an der Kultur werden diese in das Wertesystem sozialisiert. Sie tradieren überkommene Deutungen (Reproduktion) und bringen neue Deutungen hervor (Variation).

Die *Phänotypen* werden durch die Anwendung dieser Wertinterpretationen in konkreten Handlungssituationen (in Entscheidungsprozessen) hervorgebracht. Hier können innovative Interpretationen des Wertesystems zu sozialem Wandel führen. Welche der möglichen Wertinterpretationen institutionalisiert werden, wird durch den inhaltlichen Aspekt der Interpretation (L), durch die Gemeinschaft (I), durch die Zielselektion der Handlungssphäre (G) und durch die Interessenartikulationen (A) und vor allem von der Art der Beziehung der Subsysteme bestimmt, denn nur bei einer Interpenetrationsbeziehung zwischen den Systemen kommt eine Institutionalisierung überhaupt zustande.

Mit dem dargestellten handlungstheoretischen Muster und seiner soziologischen Evolutions- und Integrationstheorie unternimmt Münch eine umfassende Analyse des institutionellen Aufbaus der modernen Gesellschaft. Die Entwicklung der kulturellen Rationalisierung und der Übergang zur gesellschaftlichen Rationalisierung arbeitet er mit Fallstudien zu den Gesellschaften heraus, aus denen sich die moderne Kultur entwickelt hat. Als Leitfaden dazu nimmt er das charakteristische Verhältnis zwischen Protestantismus und Gesellschaft am Beispiel Englands, der USA und Deutschlands sowie zwischen Katholizismus und Gesellschaft in Frankreich. Er macht deutlich, dass die Entwicklung der modernen Gesellschaften von den besonderen soziokulturellen und die sozio-strukturellen Ausgangsbedingungen in den verschiedenen Ländern auf unterschiedliche Weise geprägt wurde.

Bezugsprobleme bei Münchs Untersuchungen sind die fundamentalen Paradoxien der Modernisierung (z.B. 1998, S. 21):

Die *Paradoxie des instrumentellen Aktivismus* (Interventionismus): Jeder Eingriff in die Welt (technologischer, politischer oder rechtlicher Art) ruft eine Vielzahl von Folgen und Nebenfolgen sowie Interdependenzen hervor, die dem intendierten Zweck und anderen Zielen zuwiderlaufen.

Die *Paradoxie des Rationalismus*: Mit unserem Wissen wächst zugleich überproportional das Wissen um das Nichtwissen, weil jede neue wissenschaftliche Entdeckung zu neuen Sichtweisen zwingt und die Vorläufigkeit jeden Wissens bestätigt.

Die *Paradoxie des Individualismus*: Mehr Freiheiten schaffen zugleich mehr Abhängigkeiten, weil mit der Erweiterung von Handlungsspielräumen und Wahlmöglichkeiten zugleich die Zahl der Menschen zunimmt, von denen der Handlungserfolg des Einzelnen abhängt.

Die *Paradoxie des Universalismus*: Die Verwirklichung von Gleichheit an einer Stelle bringt neue Ungleichheiten an anderer Stelle hervor.

In seinem anspruchsvollen Versuch, die kulturellen, politischen und sozialstrukturellen 'Vorgänge' und globalen Interdependenzen der sozialen Handlungsfelder zu erfassen, beschreibt er die derzeitige Gesellschaft als eine „Kommunikationsgesellschaft", in der die moderne Kultur erst zu ihrer vollen Entfaltung gelangt. Die „Dialektik der gesellschaftlichen Kommunikation" (1991) stellt Münch in den Dimensionen der „entfesselten Kommunikation" dar; deren Kennzeichen sind die Expansion der Kommunikation, die Flut der Skandale, der Zwang zur öffentlichen Darstellung, die Inflation der Worte und die sozialen Wandel induzierende Dynamik der Diskurse.

3. Neuere soziologische Theorien

Die Dynamik der Entwicklung ist für ihn dadurch gekennzeichnet, dass vergrößerte Zonen der Interpenetration zwischen Diskursen, Märkten, Vereinigungen und politischen Entscheidungsverfahren entstehen, welche die Handlungsfelder durch Vernetzung, Kommunikation, Aushandeln und Kompromissbildung restrukturieren. Die Moderne ist somit nicht zu Ende, sondern tritt in eine neue und riskante Entwicklungsstufe („Dritte Moderne") ein, die durch die Expansion der Subsysteme hervorgebracht wird.[4] Die spannungsreiche moderne Kultur hält die Gesellschaft in Bewegung und zwingt den Handelnden dazu, ständig Vermittlung zwischen unterschiedlichen Bereichen zu leisten. Seine gesellschaftstheoretische Analyse der Entwicklung moderner Gesellschaften führt Münch mit einer Untersuchung der Auswirkungen des europäischen Einigungsprozesses auf gesamtgesellschaftlicher Ebene fort („Das Projekt Europa", 1993).

Um die Ambivalenz des europäischen Einigungsprozesses nachzuzeichnen, macht er theoretische Leitlinien und allgemeinere Perspektiven der Soziologie aus den Forschungsbereichen zur politischen Geschichte und Nationenbildung, Sozialstruktur, Zivilgesellschaft und Massenkultur fruchtbar. Die europäische Gesellschaftsbildung sieht er als einen kulturellen Wandlungsprozess in Richtung Universalismus, in dem die partikularen Elemente ihre Bedeutung verlieren. D.h. die regionalen Kulturen büßen ihre lebensweltliche Verankerung und Orientierungsfunktion ein und werden zu vermarktbaren Elementen einer universalen europäischen Einheitskultur.

---

[4] Obschon im Sprachgebrauch mitunter ähnlich, setzt sich Münch entschieden von der ‚Theorie reflexiver Modernisierung' (Beck 1993) ab. Nach einer kritischen Analyse bilanziert Münch u.a. wie folgt: „Die Probleme beginnen mit der Verallgemeinerung einer Zeitdiagnose für einen begrenzten Zeitraum... zu einer Theorie, die aus einem landesspezifischen Schub der nachholenden Modernisierung einen universellen Epochenwandel macht. Dadurch werden die Grenzen der Haltbarkeit der vorgetragenen Thesen weit überzogen....Die Plausibilität der Theorie reflexiver Modernisierung beruht .. in hohem Maß auf der Bereitstellung einer Situationsdefinition mit hoher suggestiver Kraft, die ihre Bestätigung dadurch erhält, dass sie die Begriffe bereithält, mit denen die Rezipienten der Theorie die Situation definieren und damit die Theorie bestätigen. Die auf diese Weise zustande kommende Definition der Situation mit Sinn stiftenden Begriffen ist das Kennzeichen einer erfolgreichen Zeitdiagnose, kann aber nicht als Prüfstein einer Theorie dienen, die falsifizierbare Aussagen über die Realität macht..." (Münch, 2002, S.441).

Noch problematischer stellt sich in dieser Sicht der „Weg in die Weltgesellschaft" dar („Globale Dynamik, lokale Lebenswelten", 1998). In der Weltgesellschaft vernetzen sich Ökonomie (Markt), Politik (Demokratie) und gesellschaftliche (pluralistische) Vereinigungen. Kultur und Gesellschaft entwickeln sich aus der Dynamik von Widersprüchen, aus der Dynamik spezifischer Problemkomplexe, die durch neue Erfahrungen, Enttraditionalisierungen und Universalisierungen, Falsifikationen von Wissen, Vorgängen der Dezentrierung und Interessenkonflikten in sozio-kulturellen Lebenswelten hervorgebracht werden.

Münch argumentiert wie folgt: „Dieser Vorgang befreit uns von nationalstaatlichen Grenzen und Zwängen und eröffnet uns neue Handlungsmöglichkeiten. Die Individualisierung unseres Lebens, die immer schon die Moderne bestimmt hat, erhält einen neuen Schub. Gleichzeitig findet aber auch eine neue, noch nicht überschaubare und kontrollierbare Vergesellschaftung statt. Wir werden in Handlungszusammenhänge hineingezogen, von Entscheidungen weit entfernt von uns betroffen, an deren Gestaltung wir noch einen viel kleineren Anteil haben als auf der Ebene des Nationalstaates, geschweige denn auf der Ebene lokaler Gemeinden. Es ergibt sich eine zwangsläufige Deregulierung des sozialen Lebens, eine Tendenz zur Anomie, d.h. zur Regellosigkeit und zum ungeregelten Kampf aller gegen alle, weil auf globaler Ebene die eingelebten nationalstaatlichen Institutionen ihren Dienst versagen." (Münch, 1998, S. 17).

Im Spannungsfeld zwischen globaler Dynamik und lokalen Lebenswelten müssen daher die soziale Integration und die Ausbalancierung des Verhältnisses zwischen individueller Freiheit und sozialer Bindung neu gestaltet werden. Doch die durch die kulturelle, politische und ökonomische Mobilisierung erzeugten Konflikte können nach Münch nur konstruktiv gelöst werden, wenn sich „vermittelnde Institutionen" herausbilden, die den Austausch von Leistungen und Konfliktlösungen regeln. Das Ziel institutioneller Innovationen der „dritten Moderne" sollte daher der Aufbau einer globalen Mehrebenendemokratie sein.

3. Neuere soziologische Theorien

Im Sinne einer zusammenfassenden Betrachtung lassen sich nun folgende Stärken und Kritikpunkte der Entwicklungs- und Integrationstheorie Richard Münchs ansprechen:

Münch nimmt in einer Weiterentwicklung des Ansatzes von Talcott Parsons die Kritik auf, die an der klassischen Theorie der strukturellen Evolution und Differenzierung, an den unilinearen Entwicklungstheorien von Gesellschaft und an den neueren Differenzierungstheorien des soziologischen Funktionalismus geübt wurde. Auch für Münch kann Gesellschaftsanalyse nicht mehr umstandslos auf Konzepte wie Differenzierung und funktionale Integration gegründet werden. Eine differenzierungstheoretische Deutung sozialen Wandels lehnt er als unzulänglich ab. Und die Vorstellung, die gesellschaftliche Entwicklung vollziehe sich aufgrund einer globalen, gesellschaftsübergreifenden und umweltunabhängigen Steuerungsdynamik ist für ihn nicht akzeptabel. Er betont vielmehr die historische Einmaligkeit empirischer Handlungsabläufe gegenüber einer abstrakten Evolution und betrachtet sozialen Wandel nicht als linearen Prozess, vielmehr als eine vielfach gebrochene, von historischen Zufällen abhängige Entwicklung.

Mit seiner Neuinterpretation des AGIL-Schemas und seinem Interpenetrationskonzept kann Münch das Modell des Fließgleichgewichts ersetzen und so dem Verdacht entgehen, teleonomische Erklärungen abzugeben. Anhand des Interpenetrationstheorems legt Münch offen, sozialer Wandel könne auch in Sackgassen führen. Neue Strukturelemente müssen wiederum interpenetrieren, wenn sie nicht pathologische Effekte erzeugen sollen. Ein neues kulturelles Muster, das lediglich aufgrund einer situativ adaptivitätssteigernden Selektion inkludiert wurde, könnte durchaus zu einem späteren Zeitpunkt die weitere Anpassung der Gesellschaft an ihre Umwelt behindern. Gerade aber dieses Konzept, demzufolge die Inklusion von neuen Handlungsmustern in die soziale Ordnung davon abhängt, ob eine systemische Interpenetration vorliegt, wird von Vertretern der systemtheoretischen Differenzierungstheorie kritisiert.

Jetzkowitz (1996) bemängelt, Münch lasse die kybernetischen Gehalte des Systembegriffs unberücksichtigt, was dazu führe, dass er die

Eigengesetzlichkeit systemischer Ordnung nicht dem Phänomen entsprechend thematisiere. Dieser Kritiker bemerkt: „Auf eine sehr lange Sicht ist Münch sicherlich zuzustimmen, dass eine ausdifferenzierte Einheit nur dann als integriert zu betrachten ist, wenn sie wiederum interpenetriert, also: sich weiterentwickelt. Wenn jedoch Interpenetration auf diese Perspektive verkürzt wird, nimmt man sich die Möglichkeit, Phänomene zu erfassen, und in ihren Wirkungen zu erklären, bei denen die ausdifferenzierten Einheiten nicht im Münchschen Sinne mit ihren Umwelten interpenetrieren und sich weiter differenzieren. Das Problem von Münchs Theorie sozialen Wandels, Integration und Interpenetration zu eng aneinander zu koppeln, hat also zur Folge, dass Emergenzphänomene nicht ausreichend thematisiert werden." (Jetzkowitz, 1996, S. 72) So richtet sich die Kritik der Vertreter der systemischen Differenzierung vor allem darauf, Münch berücksichtige die Eigengesetzlichkeiten in seinen Bezugsfeldern nicht ausreichend. Sie führen beispielsweise an, selbstproduzierte Pfadabhängigkeiten in der Entwicklung verwiesen auf eine relative Autonomie von Funktionssystemen in modernen Gesellschaften und gerade nicht auf Elementverknüpfungen.

Der Begriff der Interpenetration ist sicherlich noch explikationsbedürftig. Wenn Geld, Macht, Wahrheit und Einfluss sich kommunikativ miteinander verknüpfen sollen, bleibt (noch) intransparent, was präzise faktische Elementverknüpfung beinhaltet. Gerhard Preyer (1998) meint, eine Explikation könne von der Rekonstruktion der Geltungspräsuppositionen sozialen Handelns ausgehen.

3.5 Jürgen Habermas: Theorie der Gesellschaft

Habermas' Gesellschaftstheorie lässt sich als eine offene und entwicklungsfähige Theorie der Gesellschaft beschreiben. Dieses Charaktermerkmal der Evolutionsfähigkeit erscheint adäquat für Gesellschaften, die sich hinsichtlich ihrer Strukturen, Funktionsweisen und Akteurskonstellationen in einem stetigen Wandel befinden. Führt man sich vor Augen, dass vermutlich alle Gesellschaften, nicht nur die modernen und funktional hochdifferenzierten, durch konstanten sozialen Wandel gekennzeichnet sind, so dürften Habermas' Ausführungen das Prädikat einer Universaltheorie der Gesellschaft zukommen.

Im Laufe der Jahre erfuhren die Hauptaspekte der Habermasschen Theorie kleinere und größere Bedeutungsverschiebungen sowie Neupositionierungen. So schätzte er in früheren Jahren vergleichsweise rigide dualistische Strukturen als zu analytischen Zwecken geeignete Instrumente sozialwissenschaftlicher Forschung hoch ein; in den 90er Jahren jedoch nahm er eine Umorientierung vom strikten Dualismus hin zum Komplementarismus bzw. zur Entität, der Einheit von Differenz, vor: Die zunächst als idealtypische Kategorien konzipierten Kontrastbegriffe wurden von Habermas verquickt, d.h. aus isolierten Gegensatzpaaren wurden Komplementärbegrifffe. Dieser Perspektivenwechsel entspricht tentativ einer gesellschaftlichen Parallelentwicklung, nämlich dem Übergang vom Frühkapitalismus zum Spätkapitalismus: Während im Frühkapitalismus die *Entkoppelung von System und Lebenswelt* konstitutionell geworden war, setzte im Spätkapitalismus bzw. in der Postmoderne eine – so unsere These – *Entkoppelung der Entkoppelung von System und Lebenswelt*, also eine Durchdringung bzw. Verschränkung von System und Lebenswelt ein.

Mit diesem Perspektivenwechsel, zweifelsohne eine gesellschaftstheoretische Weiterentwicklung, ließe sich, basierend auf der Arbeit des Handlungstheoretikers Habermas, eine inhaltliche Annäherung an den Systemtheoretiker Niklas Luhmann annehmen; auch Luhmann spricht von der „Einheit der Differenz von..." und verweist somit auf die Existenz komplementärer – und nicht: dualistischer – Strukturen.

Habermas (be)nutzt die soziale Realität als eine Art Kontrastfolie, der er theoretische Begriffe entgegensetzt. Auf diese Weise gelangt er zu idealtypischen Kategorien, mit deren Hilfe er empirisch arbeiten und Fragen nach gesellschaftlicher Entwicklung, wie beispielsweise den Folgen paradoxer Rationalisierungstendenzen spätkapitalistischer Gesellschaften, nachgehen kann. Das Konzept der Idealtypen dient Habermas damit lediglich als ein Hilfsmittel mit Werkzeugcharakter zur Gesellschaftsanalyse, eine Verfahrensweise, die im übrigen in den Sozialwissenschaften weit verbreitet ist.

Das Herzstück der Habermasschen Gesellschaftstheorie bilden Überlegungen zu den Triebkräften des sozialen Wandels sowie eine Analyse des Modernisierungsprozesses, der potentiell pathologische Entwicklungen einschließt, die dem gesellschaftlichen Wohlergehen und ihrer Zukunftsfähigkeit abträglich sein können. Im Rahmen der Analyse des Wandels bedient sich Habermas trotz seiner späteren Favorisierung von Komplementarismen zunächst dualistischer Begriffskategorien: *System versus Lebenswelt* und *Arbeit versus Interaktion*.

Trotz aller Kritik und Warnungen am spätkapitalistischen Prozess der Modernisierung scheint Habermas' Arbeit vom Prinzip der Hoffnung durchdrungen zu sein. Sein fester Glaube an den Kontingenzcharakter sozialen Wandels – eine Entwicklung kann in die eine *oder* in die andere Richtung gehen; eine Überzeugung, die er mit Luhmann teilt – gibt der Hoffnung Raum zur Entfaltung. Insbesondere seiner Vision einer Zivil- und Staatsbürgergesellschaft unterliegt ein durchgängiger Sozialoptimismus.

3.5.1 System und Lebenswelt

Nach Habermas ist die Gesellschaft gekennzeichnet durch die gleichzeitige Existenz von System und Lebenswelt. Diese beiden Sphären bilden eine Entität, innerhalb derer sie sich parallel entwickelt und differenziert haben. Die Habermas interessierende Frage ist jene nach den jeweilgen Relationen innerhalb dieser Entität – wie viel System, wie viel Lebenswelt herrscht vor, welcher Aspekt überwiegt?

3. Neuere soziologische Theorien

Im Zuge der Modernisierung kommt es zunächst zu einer *Entkoppelung von System und Lebenswelt*. Das System wird dabei in die Lebenswelt eingebettet; möglicherweise tritt die Lebenswelt hinsichtlich ihrer Bedeutung für die Gesellschaft gegenüber dem System sogar zurück, und das System dominiert das soziale Leben. Durch diese Schwerpunktverlagerung entsteht zweifelsfrei eine andere, eine neue gesellschaftliche Strukturvariante, gleichwohl keine zwingend pathologische.

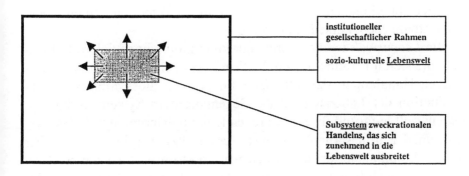

Abb. 10: *System und Lebenswelt in ihrer pathologischen Variante des Frühkapitalismus*

System und Lebenswelt weisen unterschiedliche Charakteristika auf (siehe anschließende tabellarische Übersicht). Da sie sich verschiedener Kommunikationsmedien bedienen, bedürfen sie, soll ein Austausch zwischen diesen zwei Sphären stattfinden können, eines kompatiblen Mediums zwecks wechselseitiger Verstehensfähigkeit. Diese Aufgabe kann, so Habermas, beispielsweise die Umgangssprache als eine intersubjektiv geteilte und anerkannte, in der Lebenswelt verankerte Symbolik übernehmen.

Das *System* steht für die Zweckrationalität abstrakter (Arbeits)Leistungen, wie sie vor allem im 'Reich der Notwendigkeit' anzutreffen sind. Des weiteren findet im System nach den Regeln zweckrationalen Handelns die materielle Reproduktion der Lebenswelt statt. Im System koordinieren entsprachlichte Kommunikationsmedien, beispielsweise Geld oder Macht, die Handlungszusammenhänge. Im Rahmen des Modernisierungsprozesses zeigt das System die Neigung, in die es umgebende Lebenswelt vorzudringen. Aufgrund der auf diese Weise zunehmenden Dominanz systemisch organisierter Handlungszusammenhänge vermutet Habermas einen Trend zur systemischen Verselbständigung.

Die *Lebenswelt* ist die Heimat der kommunikativ-sozialen Rationalität, die sich im 'Reich der Freiheit' in Form von konkreten und interaktiven Handlungen darstellt. Hier findet auch die symbolische Reproduktion der Lebenswelt statt. Gegenüber dem System erfährt die Lebenswelt aufgrund ihrer erfahrenen Kolonialisierung durch das System einen Einflusspotentialverlust ; grundsätzlich gilt: je schwächer (d.h. je kolonialisierter) die Lebenswelt, desto mächtiger das System. Die Lebenswelt bietet nach Habermas einen Resonanzboden für kolonialisationsbedingte Krisenerfahrungen; entsprechend seinem Verständnis von Krisen als (potentielle) Chancen, kann eine vitale Öffentlichkeit, eine Zivilgesellschaft aus dieser Lebenswelt erwachsen.

Da es sich bei System und Lebenswelt um entkoppelte, obgleich nicht entzweite gesellschaftliche Sphären handelt, bietet sich die Frage nach einer möglichen Brücke oder Schnittstelle an. Habermas nennt an dieser Stelle zwei vermittelnde Instanzen: Zum einen das Persönlichkeitssystem, zum anderen die Öffentlichkeit, möglicherweise in Form aggregierter Persönlichkeitssysteme (siehe 3.3.4).

3. Neuere soziologische Theorien

	System	Lebenswelt
Imperativ	Zweckrationalität → abstrakte Leistung	soziale/kommunikative Rationalität konkrete Handlung
Handlungstypen	• zweckrationales Handeln • strategisch-instrumentelles Handeln • erfolgsorientiertes Handeln → diese Handlungstypen zielen auf die materielle Reproduktion der Lebenswelt ab	• kommunikatives Handeln • verständigungsorientiertes Handeln • konsensorientiertes Handeln → diese Handlungstypen zielen auf die symbolische Reproduktion der Lebenswelt ab
Sphären	Arbeit ('Reich der Notwendigkeit')	Interaktion ('Reich der Freiheit')
Funktionale Differenzierung	Politik, Recht, Wirtschaft	Gesellschaft, Kultur
Kommunikationsmedien	entsprachlichte Kommunikationsmedien (z.B. Geld, Macht)	symbolisch-sprachliche Kommunikationsmedien (z.B. Umgangssprache)

Abb. 11: System versus Lebenswelt – konträre Bedeutungs- und Funktionsmodi

Im Zuge fortschreitender Modernisierung verschwimmt die imaginäre Trennungslinie zwischen System und Lebenswelt zusehends. Einerseits basiert dieser Habermassche Befund auf einer nachfolgend erklärten Kolonialisierung bzw. Systematisierung der Lebenswelt; andererseits spielt auch eine genau gegenläufige Entwicklung, die (zumindest partielle) Verlebensweltlichung des Systems, eine bedeutende Rolle in der allmählichen Grenzverwischung zwischen System und Lebenswelt. Aus diesem Grund erscheint die Vermutung berechtigt, der einstige Dualismus *System versus Lebenswelt* gehe tatsächlich über in einen Komplementarismus, indem eine neue integrative Handlungslogik, basierend auf einem veränderten Öffentlichkeitsverständnis (dazu später mehr), System und Lebenswelt zusammenführt.

3.5.2 Arbeit und Interaktion

Anhand der Unterscheidung der beiden Handlungstypen Arbeit und Interaktion können gesellschaftliche Systeme danach differenziert werden, ob in ihnen zweckrationales Handeln oder Interaktion (= sozial rationales Handeln) überwiegt.

Arbeit ist eng verbunden mit dem Konzept der strategisch-instrumentellen Zweckrationalität. Als Handlungstypus, der im System, dem 'Reich der Notwendigkeit', beheimatet ist, dient Arbeit der materiellen Reproduktion der Lebenswelt. Lange Zeit orientierte sich der soziologische Arbeitsbegriff nahezu ausschließlich an abhängiger und entfremdeter (entfremdender) Lohnarbeit. Erst in jüngerer Zeit wird deutlich, dass dieses tradierte Verständnis von Arbeit vor allem im Zusammenhang mit der Debatte um Dienstleistungsarbeit und Dienstleistungsgesellschaft nicht länger angemessen ist. Zudem scheint der von Ulrich Beck beschriebene „Fahrstuhleffekt" (1987, S. 16f.), der das gesamtgesellschaftliche Arbeits- und Lebensniveau anhebt, den früheren latenten Konflikt – klassischerweise zwischen Kapital und Arbeit – leicht zu entschärfen.

Im Gegensatz zur Arbeit ist *Interaktion* nicht eine Facette des Systems, sondern der Lebenswelt. Damit wird ihre Nähe zur sozialen bzw. kommunikativen Rationalität deutlich. Interaktion und Kommunikation weisen verwandte Bedeutungsinhalte auf; kommunikatives und verständigungsorientiertes Handeln ist nach Habermas ein grundlegendes Element sozialer Operationen, das aus den Kategorien Arbeit versus Interaktion hervorgegangen ist.

Trotz der vergleichsweise klaren idealtypischen Kategorisierung von Arbeit als dem System zugehörig und Interaktion als der Lebenswelt zugeordnet lässt sich vor allem über den kommunikativen Handlungsaspekt der Arbeit eine Verbindung vom zweckrationalen System

3. Neuere soziologische Theorien

zur sozial rationalen Lebenswelt herstellen. Aus den (früheren) *Dualismen Arbeit versus Interaktion* sowie zweckrationales Handeln versus sozialrationales Handeln hat sich die Kategorie des kommunikativen Handelns herausgebildet, die verständigungs- *oder* erfolgsorientiert sein kann, je nach situativem Bedarf. Diese Feststellung gewinnt im Zuge des sozialen Wandels an Relevanz, da der gesellschaftliche *Tertiärisierungstrend*, die Entwicklung von der Industriegesellschaft zur personenorientierten und kommunikationsintensiven, wissensbasierten Dienstleistungsgesellschaft, eine *Interaktivierung der Arbeit*, ja, partiell sogar eine *Verlebensweltlichung des Systems* – als Kontrast zur vorherigen Systematisierung der Lebenswelt – nach sich zieht.

Unter dem Aspekt zunehmender Individualisierung und der wachsenden Relevanz von Dienstleistungsorientierung innerhalb moderner Gesellschaften erhalten die Kategorien der Lebenswelt (Kultur, Gesellschaft, Persönlichkeitssystem) eine neue Qualität; sie gewinnen an Bedeutung. Zugleich bedeutet aber beispielsweise selbst die (behauptete) Entwicklung zu einer ‚Freizeitgesellschaft' auch weiterhin eine zunehmende Kolonialisierung der Lebenswelt, da der Einflussbereich des entsprachlichten Kommunikationsmediums Geld wächst: Wer sich in einem (kommerziellen) Freizeitpark vergnügen möchte, wird nicht umhin kommen, eine Eintrittskarte *käuflich* zu erwerben – ein davon abweichendes Verhalten wäre nicht *system*konform.

Aufgrund dieser ‚postmodernen' (Wieder-)Annäherung von System und Lebenswelt über die evolutionäre Schlaufe der Individualisierung und Dienstleistungsorientierung (These von der *Entkoppelung der Entkoppelung*) kommt es zu einer Vereinigung des 'Reichs der Notwendigkeit' (System) und des 'Reichs der Freiheit' (Lebenswelt) im Bereich der Ökonomie. Auf diese Weise verwischen sich auch hier, wie im Falle des zuvor beschriebenen ehemaligen Dualismus System versus Lebenswelt, die einst rigiden Grenzen zwischen Arbeit und Interaktion. Der Dualismus wird über den Weg der Tertiärisierung einmal mehr zum Komplementarismus und macht damit eine *Reformulierung des Arbeitsbegriffs* notwendig: Moderne Dienstleistungsarbeit – es sei exemplarisch an die Arbeit einer Altenpflegerin erinnert – kann entweder als (a) interaktive Arbeit oder (b) systematisierte Interaktion betrachtet werden. Im ersten Falle überwiegt der systemische Aspekt der Arbeit, d.h. obgleich die Altenpflegerin möglicherweise Emotionen gegenüber den ihr Anvertrauten entwickelt, befindet sie sich dennoch in der Arbeitswelt, die nicht in erster Linie auf die Entwicklung von Gefühlen abzielt. Im zweiten Falle überwiegt der lebensweltliche Aspekt der Interaktion, d.h. Gefühlsarbeit – Zuspruch, Trost, etc. – mag als vorrangiges Ziel der Tätigkeit einer Altenpflegerin betrachtet werden. In jedem Falle gilt, dass in den personenorientierten Dienstleistungsberufen immer häufiger zwischen beiden Sphären gewechselt werden (können) muss, und zuweilen müssen sogar beide Sphären gleichzeitig gelebt werden.

Habermas geht davon aus, dass der Tertiärisierungsgrad einer Gesellschaft ein bedeutender Indikator für das Niveau der Entwicklung darstellt. Haben die Produktivkräfte einmal einen bestimmten (technologischen) Entwicklungsstand erreicht, treten die Produktionsfaktoren Wissen und Sozialkompetenz an die prominente Stelle des vormals dominanten Produktionsfaktors Arbeit. Dass die Dienstleistungsquote, der Anteil der Dienstleistungen an sämtlichen Erwerbstätigkeiten, steigt, geht auf gesellschaftliche Differenzierungsprozesse zurück, diese erfordern nach Habermas immer unfangreichere *formbeschützende Aktivitäten*. Johannes Berger und Claus Offe zufolge umfasst „Dienstleistung .. die Gesamtheit jener Funktionen im gesellschaftlichen Reproduktionsprozess, die auf die Reproduktion der Formalstrukturen, Verkehrsformen und kulturellen Rahmenbedingungen gerichtet sind, untere denen die materielle Produktion stattfindet." (1984, S. 274f.) Am Charakter des Dienstleistungssektors lässt sich demnach der Entwicklungsstand einer spätkapitalistischen Gesellschaft ablesen: Je höher der Anteil formbewahrender und die reinen (materiellen) Produktionsprozesse umrahmender Aktivitäten ist, desto entwickelter ist die Gesellschaft.

Vor dem Hintergrund der Entkoppelung der Entkoppelung von System und Lebenswelt mag auch der Tertiärisierung der Arbeitswelt eine *Entkoppelung der Entkoppelung von Arbeit und Interaktion* unterliegen, denn interaktive Handlungsaspekte, die der Sphäre der In-

3. Neuere soziologische Theorien

teraktion entstammen, ziehen zunehmend in die Arena der Arbeit ein, die sie offenbar mehr und mehr auch determinieren. Der Begriff ‚Arbeit' geht im Spätwerk von Habermas in den Begriff der *reflexiven Arbeit* über; er steht für das Bemühen einer Gesellschaft, einen von pluralistischer Vernunft geprägten demokratischen common sense zu finden. Auf diese Weise erfährt der Begriff eine fundamentale Veränderung: *Arbeit, Sprache, Interaktion sind in einer Kategorie zusammengefasst.* Reflexive Arbeit kann im Sinne eines verständigungsorientierten Handelns mit Erfolgsorientierung interpretiert werden, welches auf strategische Maßnahmen nicht verzichten muss und dies realiter wohl auch nicht kann.

Zusammenfassend lässt sich sozialer Wandel im Bereich der Arbeitswelt wie folgt skizzieren:

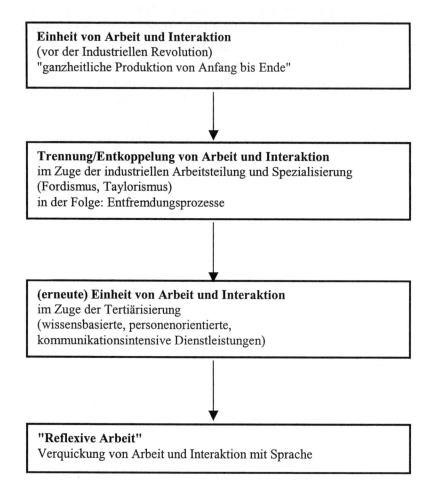

Abb. 12: Arbeitswelt im Wandel – von der Einheit über die Differenz und zurück zur Einheit

3.5.3 Sozialer Wandel, Modernisierung und Pathologien der Moderne

Habermas deutet die Moderne anhand von gesellschaftlichen Tendenzen der Verrechtlichung, Bürokratisierung und Monetarisierung, kurzum: Tendenzen der Säkularisierung. Im Rahmen dieses verweltlichenden Modernisierungsprozesses, der religiöse Lebensaspekte nachhaltig in den Bedeutungshintergrund drängt, kommt es in kapitalistischen Gesellschaften zu einer zunehmenden funktionalen Ausdifferenzierung, einer Systemdifferenzierung, bei gleichzeitiger Dominanz des ökonomischen Subsystems.

Habermas über soziale Evolution (als Synonym zu sozialem Wandel): „Ich verstehe soziale Evolution als einen Differenzierungsprozess zweiter Ordnung: System und Lebenswelt differenzieren sich, indem die Komplexität des einen [des Systems; Anm. d. Verf.] und die Rationalität der anderen [der Lebenswelt; Anm. d. Verf.] wächst, nicht nur jeweils als System oder Lebenswelt – beide differenzieren sich gleichzeitig voneinander." (1999, II, S. 230)

Diese Formulierung ist zunächst einmal eine wertneutrale Deskription des sozialen Wandels. Modernisierung meint folglich Wandel, und zwar in Form von funktionaler Ausdifferenzierung der Gesellschaft. Der Systemtheoretiker Luhmann begreift Evolution als einen Differenzierungsprozess, aber sind damit auch, sozusagen im Umkehrschluss, gesellschaftliche Differenzierungsprozesse automatisch gleichzusetzen mit sozialen Evolutionsprozessen? Im Falle des Begriffs *soziale Evolution* könnten ja immerhin positive Assoziationen, wie beispielsweise *gesellschaftlicher Fortschritt*, mitschwingen. Habermas warnt vor einer solchen verkürzten Betrachtungsweise. Differenzierungsprozesse, oder allgemeiner: gesellschaftliche Dynamiken und Strukturen, können *Anzeichen* für Evolutionsprozesse sein, sie müssen es aber nicht. Vielmehr können derartige Veränderungen auch *Ursachen* für ein ‚Festrennen' in evolutionären Sackgassen darstellen. Jeder Wandlungsschub ist nach Habermas mit Kontingenz verbunden: *Innovation oder Sackgasse.*

Soziale Evolution, vor allem in Richtung Innovation, wird durch zwei Prozesse bestimmt. (a) Aufgrund des stetigen Zuwachses an technisch verwertbarem, für die Produktivkraftentfaltung relevanten Wissen, (b) durch den stetigen Zuwachs an für sozialintegrative Interaktionsstrukturen relevantem moralisch-praktischen Bewusstsein. Technik, Wissenschaft und technokratisches Bewusstsein stellt Habermas mit Verweis auf die Rationalisierungsthese Max Webers als *Ideologie neuer Qualität* dar. Diese Qualitäten treten erst mit dem Frühkapitalismus an die Wahrnehmungsoberfläche. Er stellt darüber hinaus fest, dass sich in spätkapitalistischen Ländern zwei parallele Entwicklungstendenzen bemerkbar machen: „1. Ein Anwachsen der interventionistischen Staatstätigkeit zur Sicherung der Systemstabilität [siehe b; Anm. d. Verf.] und 2. ein Anwachsen der Interdependenz von Forschung und Technik, welche Wissenschaft zur ersten Produktivkraft macht [siehe a; Anm. d. Verf.]." (1978, S. 74)

Wie lässt sich soziale Evolution messen, wie sehen die Indikatoren aus? Soziale Evolution bemisst sich nach Habermas

- am Niveau der gesellschaftlichen Lernmechanismen („welche Steuerungsprobleme sind innovativ gelöst worden?"),
- an der Verfügbarkeit der gesellschaftlichen Lernkompetenzen („durch welche Lernkompetenzen sind solche Innovationen möglich geworden?"),
- am Grad der Ausschöpfung von Lernmechanismen und Lernkompetenzen.

Der gesellschaftliche Evolutionsstand ergibt sich mithin in technologischer Hinsicht aus dem Entwicklungsstand der Produktionsmittel und in sozialer Hinsicht aus der Komplexitäts- und Problembewältigungskapazität der Gesellschaft sowie aus der Konstellation ihrer Produktionsverhältnisse. Das bedeutet, letztlich ist die Beziehung von System und Lebenswelt sowie diejenige von Arbeit und Interaktion ausschlaggebend. An den Formen der Austauschbeziehungen von System (Wirtschaft und Staat) und Lebenswelt (Privatsphäre und Öffentlichkeit) zeigen sich Modernisierungsprozesse; ein Wandel dieser Relationen setzt sich schließlich sukzessive im Wandel der Gesellschaftsstruktur fort. In der konkreten Gestaltung dieser Sozialstruktur,

3. Neuere soziologische Theorien

die auch seitens des Staates initiiert und koordiniert werden kann ('interventionistische Staatstätigkeit'), liegt nun die große Herausforderung der Modernisierung, die nach Habermas, will sich die Gesellschaft ihr stellen, nur mittels „pluralisierter Vernunft" erfolgreich bewältigt werden kann.

Wer oder was ist evolutionsfähig? Nach Habermas macht die Verbindung von Gesellschafts- und Persönlichkeitssystem ein evolutionsfähiges (Gesamt-)System aus. Und von welchen Faktoren hängt es ab, ob ein evolutionärer Schritt vollzogen wird, d.h. wie kommt es, dass unter bestimmten Umständen neue gesellschaftliche Entwicklungsniveaus erreicht werden?

Dazu Habermas: „...die Gattung lernt nicht nur in der für die Produktivkraftentfaltung entscheidenden Dimension des technisch verwertbaren Wissens, sondern auch in der für die Interaktionsstrukturen ausschlaggebenden Dimensionen des moralisch-praktischen Bewusstseins. Die Regeln des kommunikativen Handelns entwickeln sich wohl in Reaktion auf Veränderungen im Bereich des instrumentellen und strategischen Handelns, aber sie folgen einer eigenen Logik." (1976, S. 162f.)

Die Dialektik des Fortschritts liegt darin, dass mit dem Erwerb von innovativen gesellschaftlichen Problemlösungskompetenzen neue, zuvor völlig ungeahnte Problemlagen zu Bewusstsein kommen. Die Produktion von Wissen geht also mit der Produktion von Nichtwissen einher (Niklas Luhmann spricht im vergleichbaren Zusammenhang von der Komplexitätssteigerung, die mit der Komplexitätsreduzierung unweigerlich einhergehe.)

Obgleich Habermas den kontingenten Charakter sozialer Evolution im Auge behält, unterliegt seinem Evolutionsbegriff ein höherer normativer Grad als beispielsweise Luhmanns Evolutionsverständnis: Habermas' Ausführungen zum sozialen Wandel sind, wie schon angemerkt, durchgängig sozialoptimistisch, wenn er soziale Evolution als einen Prozess der Erarbeitung von Lernmechanismen fasst, die eine Gesellschaft befähigt, sich auf verschiedenen Ebenen weiterzuentwickeln, auf diese Weise der drohenden evolutionären Sackgasse zu entgehen und eine bessere Gesellschaft zu werden.

Der Modernisierungsprozess wartet mit einem enormen Gestaltungspotential auf. Es handelt sich um einen evolutionären Vorgang mit nicht kalkulierbarem, also offenem Ausgang. Die Modernisierung ist kontingent, indem sie janusköpfig ist: Der Modernisierung als Aspekt sozialen Wandels wohnt einerseits ein destruktives Potential (evolutionäre Sackgasse) inne, das sich in Form von sozialen Pathologien offenbaren kann; andererseits weist die Modernisierung ebenso ein konstruktives Potential auf, da Krisen auch als Innovationschancen interpretiert werden können. Mit dieser fortwährenden Gleichzeitigkeit von potentieller Destruktion und Konstruktion, der unabänderlichen Ambivalenz der Moderne, muss sich Gesellschaft arrangieren. Dieses Arrangement kann erfolgreich oder weniger erfolgreich verlaufen (Innovation oder Sackgasse).

Unter einem erfolgreichen, also geglückten Modernisierungsprozess versteht Habermas die Herausbildung einer kontingenzbewussten, selbstreflexiven und aktiven Moderne, deren Öffentlichkeit zur handlungsfähig-agilen Zivilgesellschaft *(Civil Society)* wird. Des weiteren ist anzunehmen, dass sich die Verschiedenartigkeit der beiden Sphären, System und Lebenswelt, mittels der Klammer einer differenzenüberwindenden Einheit (Entität) verschränkt, so dass fortan von einer *Entkoppelung der Entkoppelung von System und Lebenswelt* die Rede sein kann.

Zu den sozialen Pathologien, die das Resultat eines missglückten, also weniger erfolgreichen Modernisierungsprozesses sind, zählen nach Habermas beispielsweise

- soziale Integrationsprobleme, deren Ursprung in einer für die Gesellschaft unbewältigbar hohen systemischen Ausdifferenzierung liegt,
- die Vereitelung des herrschaftsfreien Diskurses durch die Maxime des Wirtschafts- und Rechtssystems sowie der Massenmedien,
- das *Rationalisierungsparadoxon*, das die durch das System überforderte Lebenswelt in einen beständigen Anomiezustand versetzt.

3. Neuere soziologische Theorien

Hintergrund der letztgenannten sozialen Pathologie ist die Tatsache, dass die Konstitution moderner Gesellschaften paradoxerweise sowohl auf der Entkoppelung von System und Lebenswelt als auch auf deren Entität beruht: System und Lebenswelt sind getrennt und hängen doch ‚irgendwie' zusammen. Dieses Rationalisierungsparadoxon erfordert zu seiner Bewältigung die Nutzung des gesellschaftlichen Lernpotentials sowie die Reflexivität entwickelter Gesellschaften.

Pathologische Entwicklungen moderner Gesellschaften sind für Habermas Ausdruck dauerhafter Dysbalancen, die entstehen können, wenn das evolutionäre Stadium der *Entkoppelung von System und Lebenswelt* (= Pathologie des Frühkapitalismus) nicht überwunden worden ist, stattdessen weiterhin von zwei praktisch separaten Sphären ausgegangen werden muss bzw. wenn eine einseitige Durchdringung lebensweltlicher Handlungszusammenhänge durch systemische Imperative (= Pathologie des Spätkapitalismus) vorliegt.

Der Übergang von der stratifikatorisch (= geschichteten) zur funktional differenzierten Gesellschaftsform markiert den Rationalisierungsprozess der Moderne. Er umfasst zwei Rationalisierungsschritte:

Einen permanenten *Rationalisierungs-/Anpassungsdruck von unten*, der sich im Zusammenhang mit der Institutionalisierung der sich ausbreitenden Marktökonomie etabliert und die Gesellschaftsmitglieder – Stichwort: *Kolonialisierung* – zur Abkehr von traditionalen Handlungsorientierungen zwingt; als eine Ausprägung dieses Rationalisierungstrends mag die Formel 'Zeit ist Geld' betrachtet werden;

einen *Rationalisierungszwang von oben*, der den gesellschaftlichen Überbau seiner früheren Legitimationsargumente beraubt; „die hochkulturelle Form der Legitimation von Herrschaft durch kosmologische Weltinterpretationen" (1978, S.68) wird in Frage gestellt und durch eine neue Herrschaftslegitimation ersetzt, die eher einen wissenschaftlichen Charakter hat und vor allem in marktförmig organisierter, gesellschaftlicher Arbeit – der Sphäre des Systems – begründet ist; hier ließe sich der Leitspruch 'Wissen ist Macht' oder 'Wissen regiert die Welt' anführen.

Das Zusammenwirken von Rationalisierungsdruck (von unten) und Rationalisierungszwang (von oben) stellt die Gesellschaft unter einen *Modernisierungszwang*, der sich in der zunehmenden Unterwerfung der Lebenswelt unter die Imperative der Zweckrationalität des Systems äußert.

Dieser Modernisierungsprozess führt zur Mediatisierung der Lebenswelt, die sich wiederum mit großer Wahrscheinlichkeit in der Kolonialisierung der Lebenswelt fortsetzt. In sprachlicher Anlehnung an den österreichischen Ökonomen Joseph A. Schumpeter (1883 – 1950) charakterisiert Habermas die Modernisierung des Westens als einen „Prozess der schöpferischen Zerstörung" (Rede am 14. Oktober 2001): Die Schöpfung schreitet voran, wenn auch zerstörerisch.

Mediatisierung bezieht sich Habermas zufolge auf die Regulierung sozialer Komplexität über systemische Steuerungsmedien, wie z.B. Geld und Macht. Auch dieser sozialevolutionäre Vorgang bietet durchaus zwei Seiten: Positiv betrachtet entlasten derartige Steuerungsmedien – Habermas spricht von „entsprachlichten Kommunikationsmedien", Luhmann bezeichnete sie als „symbolisch generalisierte Steuerungsmedien" – die Lebenswelt hinsichtlich reproduktiver und Koordinationsaufgaben; negativ betrachtet bewirkt die Mediatisierung subtile Entfremdungsvorgänge seitens der Gesellschaftsmitglieder, eine schleichende Distanzierung von den Dingen. Rationalisierung der Lebenswelt durch Mediatisierung kann aus der (vordergründigen) Teilnehmerperspektive also durchaus als *Entlastung* wahrgenommen werden; aus der (tiefgründigeren) Beobachterperspektive jedoch zeigt sich das Ausmaß der *Belastung* der von Rationalisierungstendenzen betroffenen Lebenswelt: Die lebensweltlichen Gestaltungsmöglichkeiten werden massiv eingeschränkt. Es besteht die Gefahr der Vereinnahmung der Lebenswelt durch das System. Im Sinne der Habermasschen Generalannahme von Kontingenz muss jedoch darauf aufmerksam gemacht werden, dass die Mediatisierung nicht zwangsläufig auf eine Pathologie hinauslaufen muss, es aber in der sozialen Praxis doch oftmals der Fall ist.

Kolonialisierung kennzeichnet nach Habermas den Prozess der sukzessiven Okkupation der Lebenswelt durch systemische Maxime –

3. Neuere soziologische Theorien

und zwar mit der Folge, dass lebensweltliche Funktionen durch die Lebenswelt oder Subsysteme zukünftig weniger gut erfüllt werden können; so wird dann beispielsweise genuin lebensweltliche Kommunikation mittels systemischer entsprachlichter Kommunikationsmedien durchgeführt ('kommunikative Handlung wird zur geldwerten Leistung'). Oder, ein zweites Beispiel, Wissen gelangt vornehmlich in Form verwertbarer und monetär lukrativer Technologien in die lebensweltlichen Zusammenhänge; das in die Lebenswelt eingebettete Subsystem Ökonomie steht im Zentrum der Lebenswelt (siehe Skizze unter 3.3.1) und ist von daher ausschlaggebend für deren Gestaltung und Handlungszusammenhänge, die eigentlich Regeln kommunikativen Handelns folgen müssten, nunmehr aber unter strategisch-instrumentelle Imperative gestellt werden. (Dieser Ansatz würde erklären können, warum Ingenieur- und Naturwissenschaften weitaus mehr gefördert werden als Geistes- und Sozialwissenschaften: Sie lassen sich besser mit den Vorgaben des Subsystems Ökonomie, eingebettet in die Lebenswelt, vereinbaren). Im Falle derartiger Szenarien spricht Habermas von einer „pathologischen Sozialstrukturvariante". Ein einseitiger Kolonialisierungsprozess, nämlich der der Lebenswelt durch das System, ist ein Hinweis dafür, dass sich die destruktiven Aspekte der Modernisierung durchgesetzt haben und die Gesellschaft in eine evolutionäre Sackgasse geraten ist.

Die Annahme einer sozialevolutionären Kontingenz bedeutet nun aber auch, dass in der Lebenswelt stattfindende Mediatisierungsprozesse, die tendenziell pathogenes Potential aufbauen, auch in umgekehrter Richtung verlaufen können. Die *Verlebensweltlichung des Systems* oder der Subsysteme ist zumindest denkbar und kann als anschlussfähige Variante oder als aktive Gegenbewegung zur *Systematisierung der Lebenswelt* betrachtet werden.

Sowohl Mediatisierung als auch Kolonialisierung sind nur infolge der Modernisierung denkbar, d.h. in ihrer zuvor skizzierten häufigsten Erscheinungsform als Pathologien der Moderne sind sie kontingente Resultate des sozialen Wandels. Es *kann*, nicht muss zu solchen Entwicklungen kommen. In jedem Fall stellt sich die Frage, ob die beschriebenen Pathologien moderner Gesellschaften im Kapitalismus und seiner Wirkungsweise begründet, also unweigerlich mit ihm verbunden sind oder ob sie sich, ganz im Sinne der Habermasschen Kontingenzannahme, theoretisch und auch praktisch vermeiden ließen.

Zusammenfassend lässt sich der Modernisierungsprozess, d.h. die Entkoppelung von System und Lebenswelt, als sozialer Wandel wie folgt skizzieren:

3. Neuere soziologische Theorien

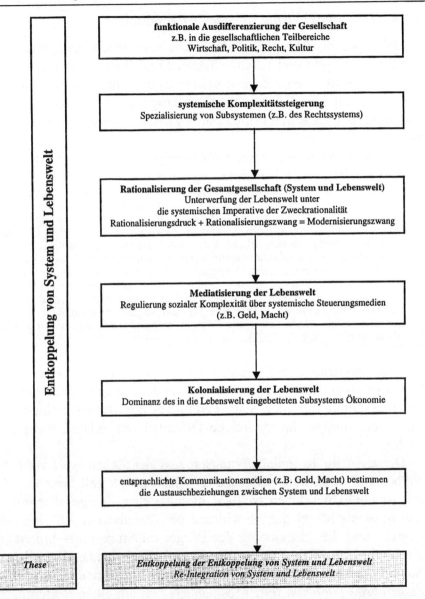

Abb. 13: *Soziale Evolution – von der Entkoppelung zur Entkoppelung der Entkoppelung von System und Lebenswelt*

3.5.4 Habermas' Vision von der Zivilgesellschaft

Habermas begibt sich auf die Suche nach einem gangbaren Weg zwischen Religion und Kirche einerseits und Wissenschaft und Technik andererseits – seine Zukunftsvision ist die eines demokratisch aufgeklärten, mit pluralisierter Vernunft ausgestatteten *Common Sense*, gleichsam einer wachen dritten Partei zwischen Tradition und Moderne.

Die Wirkungsweise dieser vielstimmigen Öffentlichkeit des Common Sense, beschreibt Habermas wie folgt:

> „Sobald eine existentiell relevante Frage ... auf die politische Arena gelangt, prallen die Bürger ... mit ihren weltanschaulich imprägnierten Überzeugungen aufeinander und erfahren so das anstößige Faktum des weltanschaulichen Pluralismus. Wenn sie mit diesem Faktum im Bewusstsein der eigenen Fehlbarkeit gewaltlos umgehen lernen, erkennen sie, was die in der Verfassung festgeschriebenen säkularen Entscheidungsgrundlagen in einer postsäkularen Gesellschaft bedeuten. ... Die pluralisierte Vernunft des Staatsbürgerpublikums folgt einer Dynamik der Säkularisierung nur insofern, als sie im Ergebnis zur gleichmäßigen Distanz von starken Traditionen und weltanschaulichen Inhalten nötigt. Lernbereit bleibt sie aber, ohne ihre Eigenständigkeit preiszugeben, gleichsam osmotisch nach beiden Seiten, zur Wissenschaft und zur Religion, hin geöffnet." (Rede vom 14. Oktober 2001)

Eine moderne demokratische Gesellschaft kann nur anschluss- bzw. evolutionsfähig bleiben, wenn sie in der Lage und auch bereit ist, anschlussfähige Common Senses zu finden, d.h. wenn sie eine vielseitige, vielstimmige, facettenreiche Öffentlichkeit zulässt, mehr noch: fördert.

Die einst im Kolonialisierungsprozess der Lebenswelt vom Aussterben bedrohte, defensiv-reaktive *Öffentlichkeit* soll über das Zwischenstadium der lebensweltlich mobilisierten *Zivilgesellschaft*, die den Staat als Mittel der Einwirkung der Gesellschaft auf sich selbst begreift und die Aktivierung der Bürger im Sinne einer hinreichend allgemeinen und fundamentalen Wandlungsdynamik darstellt (vgl. Schmalz-Bruns, 2000), weiter zum eigenständigen und lernfähigen *Staatsbürgerpublikum* reifen (es handelt sich um einen Reifeprozess). Mit anderen Worten: Nach Habermas wird im Rahmen des sozialen Wandels aus der defensiv-reaktiven Öffentlichkeit eine offensiv-aktive Öffentlichkeit, die sich gegen die Tendenzen der Mediatisie-

3. Neuere soziologische Theorien

rung und der Kolonialisierung, den Schattenseiten der Modernisierung, zu wehren weiß. Öffentlichkeit tritt also aus der früheren Defensive heraus und nimmt offensiv-progressive Funktionen wahr; Öffentlichkeit ist nicht länger reaktiv, sondern aktiv. Sie gewinnt damit an Wirkungskraft. Habermas' Optimismus basiert auf dem potenziell konstruktiven Umgang mit potenziell destruktiven (pathologischen) Aspekten der Modernisierung, kurz: auf der gesellschaftliche Fähigkeit und Bereitschaft, einen erfolgreichen Modernisierungsprozess zu inszenieren.

Das Habermassche Öffentlichkeitsverständnis stellt das Kriterium der Vernunft an oberste Stelle. In der Öffentlichkeit ringen unterschiedliche Handlungstypen (instrumentell-strategisches Handeln, kommunikatives Handeln) um einen weithin tragbaren Kompromiss zwischen Erfolg und Konsens. Dennoch lassen sich schwer überwindbare, kommunikativ auszutragende Auseinandersetzungen zuweilen nicht vermeiden. Der Umgang mit diesen Konflikten bedarf des verständigungs- bzw. konsensorientierten Handelns und der Kommunikation, insbesondere der alltäglichen Umgangssprache, als den zwei wichtigsten Handlungselementen der öffentlichen Arena. Die bereits erwähnte pluralisierte Vernunft trägt zur Lösung von Kommunikationsproblemen bei, die aufgrund der differenten Kommunikationsmedien von System und Lebenswelt entstehen. In diesem Zusammenhang wird auch die Überlegenheit des *herrschaftsfreien Diskurses* in der entwickelten Gesellschaft deutlich; Habermas definiert diesen Dialog (a) als vorbehaltlosen und zwanglosen Austausch von Argumenten unter Freien und Gleichen und (b) als die Einsicht in bessere Argumente. Mithin darf die Praxis des herrschaftsfreien Dialogs als ein Indikator einer nicht nur technologisch, sondern auch in sozialer Hinsicht hochentwickelten Gesellschaft betrachtet werden.

Für Habermas nimmt der von pluralistischer Vernunft geprägte demokratische Common Sense, der der Ertrag *reflexiver Arbeit* und verständigungsorientierten Handelns mit Erfolgsorientierung ist, die Rolle einer vitalen und zivilisierenden dritten Partei, positioniert *zwischen* System und Lebenswelt, ein. Reflexive Arbeit vereint, wie gezeigt, die Aspekte Arbeit und Interaktion mit Sprache und unterscheidet sich folglich von herkömmlicher Arbeit, die nahezu ausschließlich im System verankert ist. Zweifelsohne bedeutet Kooperation, sei es zwischen System und Lebenswelt oder verschiedenen Systemen/Subsystemen bzw. Lebenswelten, Mühe und Anstrengung in Form eines kreativen und verständnisvollen Perspektivenwechsels von einer Seite der Entität zur anderen. Mit dieser konsensorientierten Überbrückung der beiden ehemals dualistischen Sphären mittels des Common Sense werden zwei Sachverhalte deutlich:

Es existiert keine wirkliche Alternative zur graduellen Verschränkung von System und Lebenswelt gibt und der Modernisierungsprozess kann zu einem (optimistisch stimmenden) *n-Summenspiel* werden, falls es der Gesellschaft gelingt, System und Lebenswelt über gelegentliche, vom Common Sense initiierte Reflexionsschübe konstruktiv zu integrieren.

(Nebenbemerkung: Die einzige, durchaus *nicht* empfehlenswerte Alternative zur *Entkoppelung der Entkoppelung von System und Lebenswelt* wäre der Zerfall der Entität aus System und Lebenswelt, also das Ende der modernen Gesellschaft als Ganzes.)

An dieser Stelle bietet es sich an, über die potentielle Reversibilität der Habermasschen *These von der Entkoppelung von System und Lebenswelt* nachzudenken: Für den Fall, dass diese These tatsächlich als ein Produkt der Erfindung der Moderne zu verstehen ist, müsste konsequenterweise eine *Ent-Findung der Moderne* diesen Vorgang quasi rückgängig machen – und damit beinahe zwangsläufig zu unserer Gegenthese, der *These von der Entkoppelung der Entkoppelung von System und Lebenswelt*, eben der Verschränkung früherer Differenzen, führen. Dazu Bruno Latour: „Wir haben die Modernisierung erfunden, wer sollte besser als wir in der Lage sein, die Erfindung wieder zurückzuschrauben, sie zu ent-finden?" (DIE ZEIT, Nr. 16/2001, S. 31f.) Gemeint ist eine Ent-findung im Sinne einer Neuformulierung auf der Basis des Bekannten, im Sinne eines Innehaltens und Reflektierens, keineswegs ein Zurückgehen und ‚Im-Zurück-Verbleiben'. Dominierten zu Zeiten der Dualismen Kampf und *Polyloosertum* die Realität –

3. Neuere soziologische Theorien

es gab wenige Gewinner und viele Verlierer –, so ist der sozialevolutionäre Fortschritt darin zu sehen, dass in Zeiten der Komplementarismen Kooperation und *Polywinnertum* überwiegen: Die Mehrzahl der aktiv Beteiligten gewinnt weitaus mehr als sie durch Kooperation verliert. Der soziale Wandel, sofern er erfolgreich verläuft, macht aus einem unattraktiven Nullsummenspiel ein für alle Beteiligten attraktives n-Summenspiel.

Habermas' Vision von der Zivilgesellschaft ist ein dynamisches Gesellschaftsmodell, das System und Lebenswelt als ein über die Öffentlichkeit, den Common Sense, verwobenes Ganzes darstellt.

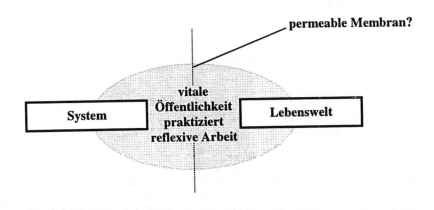

Abb. 14: System – vitale Öffentlichkeit – Lebenswelt

Die Öffentlichkeit wird ‚breiter', verliert ihren Status als Grenzlinie zwischen System und Lebenswelt und entwickelt sich zu einer Art Mittlerinstanz, einer übergreifenden Kategorie, die eben diese einstige Grenze aufhebt: Die systemische und die lebensweltliche Öffentlichkeit verschmelzen miteinander, indem sie gemeinsam die Durchmischungs- und Transmissionsprozesse, die zwischen System und Lebenswelt ablaufen, steuern, koordinieren und formen. Die zunehmende Verwobenheit beider ehemals konträren Seiten führt zu flexiblen *Grenzzonen*. Aus dem früheren Dualismus System versus Lebenswelt ist über die Entitätsstufe ('zwei Seiten einer Medaille') eine neue synthetisierte Form entstanden, die System, Lebenswelt *und* Öffentlichkeit als drei Seiten ihrer selbst zulässt.

Es ist anzunehmen, dass es sich bei der die Grenzzone (= Öffentlichkeit) zwischen System und Lebenswelt markierenden Membran um eine permeable, also beidseitig durchlässige Membran handelt: Systemische Zweckrationalität diffundiert in die Lebenswelt, und lebensweltliche soziale Rationalität diffundiert in das System.

Was bedeutet die zunehmende Verfilzung von System und Lebenswelt, die Verschmelzung beider Öffentlichkeiten zu einer einzigen Öffentlichkeit, für die Entstehung von Konfliktpotentialen? An Stelle von Konflikten an der Nahtstelle zwischen System und Lebenswelt treten Unstimmigkeiten und Reibungen jetzt im gesellschaftlichen Ganzen, in der *Systemlebenswelt* oder im *Lebensweltsystem*, auf, also in etwa in jenem Bereich, der in der obigen Skizze die „vitale Öffentlichkeit" (grau) darstellt. Zum Phänomen der ganzheitlichen gesellschaftlichen Konflikte mit Blick auf die Gewerkschaften haben wir an anderer Stelle ausgeführt:

„Gewerkschaften verlieren Mitglieder und Einfluss (nicht nur wegen des schwindenden Klassenbewusstseins der Menschen), weil ihre Themen noch stark daraufhin ausgerichtet sind, die Mitglieder vor den Folgen der Zweckrationalität und der Willkür des Systems zu bewahren und als Vermittlungsinstanz zwischen den unterschiedlichen Rationalitäten, zwischen System und Lebenswelt zu fungieren. Die Menschen haben sich aber in einer veränderten Lebenswelt längst eingerichtet und haben sich die Zweckrationalität zu eigen und zunutze gemacht. Das mag als Beleg für die gelungene Kolonialisierung der Lebenswelt gelten. Hier stellt sich die Frage nach der Entfremdung von der Entfremdung als Folge der durchgesetzten Kolonialisierung der Lebenswelt. Zudem: Warum nehmen Gewerkschaften die Veränderungen in der Lebenswelt und die Tendenzen der partiellen Mediatisierung in umgekehrter Richtung nicht wahr oder können sie nicht verstehen und handeln daher kontraproduktiv gegen sich selbst, bedienen sich unangepasster Kommunikationsmedien? Beispielsweise stehen seitens der Gewerkschaften die *entsprachlichten* Kommunikationsmedien Geld und Macht weit oben auf der Prioritätenliste, viele Menschen wollen aber über neue Formen der Kooperation, über die Vereinbarkeit von Familie und Beruf, d.h. über die *Gleichzeitigkeit* von und die *Verständigung* zwischen symbolischer und materiel-

3. Neuere soziologische Theorien

ler Reproduktion, *diskutieren*. Die Einbeziehung des 'ganzen Menschen' in den materiellen Reproduktionsprozess generiert die Einbeziehung des 'ganzen Menschen' in die symbolische Reproduktion. Die perfekte Kolonialisierung der Lebenswelt hat dann stattgefunden. Jedoch verquickt dieser 'ganze Mensch' dann System und Lebenswelt immer stärker: aus organisatorischen Gründen, die aus der Flexibilisierung von Arbeitszeit, -ort und -form erwachsen, und wegen der verschwimmenden Grenzen, die sich daraus zwischen beiden Sphären ergeben." (Jäger/Baltes-Schmitt, 2002, S. 134)

Die vorangegangenen Überlegungen konzentrieren sich auf die Thematik sozialen Wandels auf nationalstaatlicher Ebene, noch zutreffender: auf intranationale Modernisierungsprozesse. Habermas würdigt den Nationalstaat für seine gesellschaftlichen Integrationsleistungen zu Beginn der Moderne – diese vom Nationalstaat eingenommene Rolle als Mediator zwischen System und Lebenswelt eigne sich hervorragend, der Gesellschaft den Weg in die sich seit geraumer Zeit ankündigende Ära der Postnationalität zu weisen. Dazu Habermas selbst: „Die Leistung des Nationalstaats besteht darin, dass er zwei Probleme in einem löst: er macht einen neuen Legitimationsmodus durch eine neue Form der sozialen Integration erst möglich." (1995b, S. 176)

Diese Ausführungen lassen sie sich ohne Modifikationen auf die globale Ebene übertragen. Habermas weist im Zusammenhang mit der *Globalisierung* – nichts anderes als ein Modernisierungsprozess auf globaler Ebene, basierend auf zunehmender funktionaler Differenzierung – und den mit ihr auftretenden neuen und komplexen Problematiken, z.B. die bislang relativ unkontrollierte internationale Kapitalmobilität oder das Phänomen grenzüberschreitender Umweltkatastrophen, auf das Ende der alleinigen nationalstaatlichen Problembewältigungskapazität und damit auf die Notwendigkeit supranationaler institutionalisierter Steuerung sowie eines Kurswechsels in Richtung einer *Weltinnenpolitik* hin. Hintergrund der von ihm geforderten *supranationalen Öffentlichkeit* (auch hier eine Parallele zur Nationalstaatsebene) im Rahmen einer „Suprademokratie" ist das Bestreben, den durch die Globalisierung hervorgerufenen Verlust nationalstaatlicher Souveränität und Kontrolle zumindest teilweise über einen globalen kommunikativen Zusammenhalt kompensieren zu können.

4. 'Modelle' des Wandels – Wandel der 'Modelle'

Die fünf hier aufgeführten neueren Theorien werden von ihren *Autoren* in sehr unterschiedlicher Weise entwickelt und vorgestellt. Während z.B. Coleman eine klare Linie verfolgt und seine Theorie schrittweise darlegt, ordnet Giddens seine Argumentation in Wiederholungen quasi konzentrisch um die Idee der Dualität von Struktur an, ohne dass die einzelnen Argumente aufeinander aufzubauen scheinen. Das erschwert es, *ein* Darstellungsprinzip zu gewinnen, das bei allen Theorien in etwa durchgehalten werden kann. In diesen Ausführungen wurde daher versucht, den Schwerpunkt auf die *Theorie- und Modellbildung* sowie die *Erklärungslogik* zu legen. Die *Zeitdiagnosen* der einzelnen Theoretiker wurden dabei eher flüchtig gestreift. Das will aber nicht suggerieren, die Auseinandersetzung mit Sozialität und sozialem Wandel sei lediglich eine Angelegenheit von Beschreibung und Erklärung, sie ist vielmehr immer auch eine Angelegenheit seiner Beurteilung.

Da eine Zusammenschau der gegenwärtigen Theorien nicht ohne weiteres möglich ist, sollen nun in diesem Kapitel die neueren theoretischen Rahmen bzw. Modellierungen („Modelle" des Wandels) kurz rekapituliert werden, um dann den Wandel der soziologischen Theoriebildung (Wandel der „Modelle") zu konturieren.

4.1 Analytischer Rahmen

Münch unternimmt den Versuch, die Probleme des 'alten Paradigmas' durch eine Weiterentwicklung zu lösen, Coleman bietet eine beachtens- und bedenkenswerte Alternative an, während Bourdieu, Giddens und Habermas gewissermaßen einen 'neuen Anlauf' nehmen, um einen neuen analytischen Rahmen für die Erforschung der in struktureller und dynamischer Hinsicht komplexen und komplizierten Wirklichkeit zu schaffen. Es soll hier nun nicht erörtert werden, ob die Ansätze etwa auch als Modelle von Gesellschaft bzw. für konkretes

4. 'Modelle' des Wandels – Wandel der 'Modelle'

Handeln anzusehen sind, die deskriptive Gültigkeit beanspruchen, oder ob sie auf einer abstrakteren Ebene lediglich einer Analyse von konkreten Problemen eine gewisse Systematik verleihen. Festzustellen ist jedenfalls, dass in den einschlägigen Forschungsarbeiten die jeweils verwendeten Theorien nicht getestet werden, sondern lediglich als Bezugs- bzw. als Interpretationsrahmen in die Arbeit eingehen. Das gilt auch für die Annahmen der „Theorie der rationalen Wahl", sie sind ebenso ein Analyseinstrument wie der Handlungsbezugsrahmen, also keine realistischen empirischen Hypothesen.

Bourdieu, Giddens, Coleman, Münch und Habermas sehen denn auch ihren theoretischen Beitrag in der Entwicklung eines grundlegenden Konzepts. Sie betrachten ihre jeweiligen Entwürfe in erster Linie als einen konzeptionellen Rahmen, in dem die Defizite bisheriger Theorieprogramme überwunden werden können.

Insbesondere Bourdieu und Giddens vertreten dabei explizit ein verändertes, tendenziell 'alternatives' Verständnis über die Aufgaben der Theorie. Giddens distanziert sich von der Konstruktion und Zuschreibung von Erklärungen aufgrund von Theorien und entwickelt seinen Ansatz aus der *Analyse* von Handlungen und Handlungssituationen, die – zumindest vom Anspruch her – nicht von vornherein durch restriktive theoretische Vorannahmen bestimmt war. Theorie hat hier die Funktion, Begriffe zur Verfügung zu stellen und relevante Dimensionen der Phänomene aufzuzeigen, um Prozesse und Verläufe in ihrem Entstehungs- und Entwicklungszusammenhang zu analysieren. So sind Bezugsrahmen und Begriffe nötig, um Phänomene überhaupt identifizieren zu können. Soweit aber mit einem Bezugsrahmen die Zuschreibung von kausalen Prozessen verbunden ist, also Fragen nach Ursachen und Bedingungen nicht mehr durch empirische Analyse beantwortet werden können, sondern theoretisch präjudiziert werden, ist nach dieser Auffassung der Bereich der empirischen Wissenschaft zugunsten einer dogmatischen Feststellung von sozialen Prozessen verlassen.

4.1.1 Interpenetrierende Systeme

Richard Münchs Modellbildung liegt allerdings das Theorieverständnis des „analytischen Realismus" zugrunde, der in der analytischen Dekomposition von Ereignissen *den* Weg zur Realität und ihren Gesetzmäßigkeiten sieht. Münch schließt explizit an die Anstrengung Parsons' an, die mikrosoziologische Analyse sozialen Handelns mit der makrosoziologischen Analyse gesellschaftlicher Prozesse zu verbinden, und er integriert die unterschiedlichen objekt- und metatheoretischen Ansätze einer soziologischen Handlungstheorie in den Bezugsrahmen einer voluntaristischen Handlungstheorie. Wie Parsons führt er die Handlungselemente systemtheoretisch auf besondere Strukturen und Prozesse zurück, die einer analytischen Ordnung zwischen Subsystemen entstammen. Mit seinem Modell will Münch alle Strukturkomponenten moderner Gesellschaften in einer umfassenden Perspektive versammeln und soziale Entwicklung, Differenzierung und Integration mit dem Begriff der 'Interpenetration' auf neue Weise miteinander verkoppeln. Mit diesem Konzept umgreift er den Aufbau von Strukturen ebenso wie ihre Veränderung. Dabei lässt er die Systemdifferenzierung und auch Integration aus der Interpenetration *faktischer und kultureller* bzw. *konditionaler und normativer* Faktoren hervorgehen.

Wandel entsteht durch die Bereiche erweiterter Handlungskontingenz, also durch öffnende und generalisierende Strukturen des ökonomischen und sozialkulturellen Systems. Welche neuen Muster normativer Kultur institutionalisiert werden, wird durch das Wertmuster einer Gesellschaft selektiert. Nun sind ausdifferenzierte Einheiten nur dann als integriert zu betrachten, wenn sie wiederum interpenetrieren. Phänomene also, bei denen ausdifferenzierte Einheiten mit eigenen Gesetzmäßigkeiten nicht wiederum interpenetrieren und sich weiter differenzieren, werden in der Modellbildung nicht berücksichtigt, d.h. sie können in ihren Wirkungen weder erfasst noch erklärt werden.

Sozialer Wandel ist auf diese Weise als Institutionalisierung neuer Muster normativer Kultur aufzufassen. Dabei begreift Münch ebenso wie Parsons gesellschaftliche Entwicklung als evolutionäre Höher-

4. 'Modelle' des Wandels – Wandel der 'Modelle'

entwicklung einer sozialen Struktur. Deren Movens sieht er allerdings nicht in adaptiven Bewegungen des Systems, sondern handlungstheoretisch in der Ausweitung der Interaktionen, d.h. in der Zunahme von Interpenetrationszonen.

Münch geht es offensichtlich darum, eine 'verbesserte' *Theorie der Moderne*[5] zu entwerfen, nicht etwa eine analytisch verwendbare Theorie sozialen Wandels. In seinem Modell wird sozialer Wandel zwar als kontingent betrachtet, aber letztlich doch im Rahmen einer „*Theorie der Steigerungsdynamik von Gesellschaft*" konzipiert. Mit seinem Ansatz kann Münch allerdings die Vielfalt der möglichen Entwicklungsszenarios herauszuarbeiten. Die Nützlichkeit des theoretischen Rahmens zeigt sich denn auch vor allem darin, dass er Münch in die Lage versetzt, eine Fülle von theoretischen Ansätzen (vor allem klassischer Autoren), von Erkenntnissen anderer Disziplinen (z.B. der Ökonomie) und von empirischen Befunden aus unterschiedlichen Quellen in systematischer Form zu verarbeiten.

---

[5] Auf den seit langem bekannt problematischen, bislang jedoch keiner befriedigenden Lösung zugeführten Gebrauch der Begrifflichkeit ‚Moderne' und ‚Modernität' hat jüngst der spanisch-indische Religionsphilosoph Raimon Panikkar in einem Gespräch mit der Frankfurter Rundschau vom 20. August 2002 erneut aufmerksam gemacht: „...Für mich ist die Modernität... eine Erfindung des westlichen Geistes... Das Streben nach Modernität ist endogen im Westen und exogen in fast allen anderen Kulturen. Der Begriff Modernität ist immer noch ein kolonialistischer Begriff, der nur die Modernität als Modelle für den Fortschritt anderer Kulturen darstellt...Modern heißt sich an die Zeit anpassen. An welche Zeit? Die Modernität ist wesentlich mit dem westlichen Geist verbunden, der Idee der Materie, des Raumes, der Idee der linearen Zeit. Zeit, Raum und Materie sind in dieser Form große, geniale Erfindungen einer einzigen Kultur – der westlichen Kultur... Der Evolutionsgedanke erlaubt uns zu glauben, dass wir an der Spitze zur Evolution stehen und deshalb alle anderen Kulturen noch nicht entwickelt sind...Wenn Modernisierung Verwestlichung und Demokratisierung heißt sowie alles, was im Westen ursprünglich als westliche Werte gewachsen ist, ist man nicht berechtigt, diese Werte zu universalisieren. Man muss die entsprechenden Äquivalente für andere Kulturen finden. Ich bin vor allem gegen die monolithischen, monistischen, totalitären Systeme, die nur ein Modell, nur eine Begriffswelt, eine Ideologie, eine Modernität für die ganze Welt anerkennen wollen." Auch wenn sich im Rahmen der hier diskutierten Sozialtheorien ein Königsweg zur Problemlösung nicht abzeichnen lässt, eröffnet möglicherweise Habermas' (vor allem nach dem 11. September 2001) Plädoyer für die Akzeptanz differenter Kulturen mittels vitaler Öffentlichkeit, kollektiver Lernprozesse und gesellschaftliche Steigerung von Lernkapazitäten eine Perspektive zu der von Panikkar geforderten ‚Äquivalenzfindung'.

4.1.2 Emergente Strukturdynamiken

Auch der Rational Choice-Ansatz konstruiert den Objektbereich aufgrund einer Theorie, indem er den Phänomenen schon von vornherein bestimmte 'Ursachen' (nutzenmaximierende Motive) zuweist, die für ihr Bestehen oder ihre Entstehung notwendig sind. James S. Coleman modelliert mit einer lerntheoretisch erweiterten „Theorie wechselwirksamen Entscheidens" die Dynamik sozialer Beziehungsformen mit ihren emergenten Struktureffekten als Folge strukturvermittelten Handelns. Seine Modellogik stellt so die lokalen oder situativen Parameter des interdependenten Handels der Akteure ebenso in Rechnung wie dessen struktur- und regelvermittelte Dynamik.

Coleman konzipiert seine Akteure als rationale Inhaber von Rechten und Ressourcen, die zur Maximierung ihrer Interessen in Tauschbeziehungen zueinander treten; dabei wirken die undurchsichtigen Struktureffekte dieser Tauschbeziehungen auf die weiteren Handlungschancen der Akteure zurück. Mit der Konstruktion kompatibler Kalküle für die jeweiligen situativen Bedingungen, Situationsdefinitionen und Abwägungen vermag Coleman zu zeigen, wie die emergente Systemdynamik von z.B. vertragsgesteuerten Autoritätsbeziehungen und netzwerkvermittelter Vertrauensbildung etc. durch die Regelorientierung der Akteure und den Austausch bzw. Transfer von Rechten und Zustimmung erklärt werden kann.

Mit diesem Vorgehen sieht sich Coleman in der Lage, im Gegensatz zu Parsons' Strukturfunktionalismus strukturellen Wandel aus der veränderten Zielsetzung eigensinniger und entscheidungsfähiger Akteure abzuleiten. Und im Gegensatz zu globalen Entwicklungstheorien oder Modellen 'genereller Evolution' und auch zu Funktionsanalysen gesellschaftlicher Systeme ist es mit Colemans Ansatz beispielsweise möglich, theoretische Analysen in praktisch-technologische Anweisungen zur Gesellschaftsgestaltung umzuformulieren. Zu bedenken ist allerdings, dass dieses Modell alle Sozialbeziehungen auf Tauschbeziehungen verengt und die lebensbestimmende Bedeutung von Makrostrukturen nicht hinreichend berücksichtigt, die hier lediglich als Randbedingungen der rationalen Nutzenkalkulation fungieren.

4.1.3 Soziale Strukturen und symbolische Formen

Die Theorie von Bourdieu stellt eine Herausforderung für voluntaristisch oder entscheidungstheoretisch orientierte soziologische Theorien dar. Sein Entwurf steht zu den Theorien des rationalen Handelns ebenso in Opposition wie zu den interpretativen Theorien. Bourdieu verbindet mikrosoziologische Ansätze der Phänomenologie und der Wissenssoziologie mit makrosoziologischen Ansätzen zu einer luziden (Spät-)Kapitalismus-Analyse.

Ausgehend von der Annahme, dass das soziale Leben durchgängig von Status- und Klassenkämpfen bestimmt ist, konzipiert Bourdieu die Zusammenhänge zwischen Sozialstruktur und Kultur als Zusammenhänge zwischen Klassenlagen und -positionen, Geschmacksdispositionen und Lebensstilen. Soziale Beziehungen fasst er als Tauschbeziehungen und entwirft eine „Ökonomie der praktischen Handlungen".

Seine Theorie des Handelns entwirft Bourdieu mit den Begriffen Habitus, Praxis und Strategie. Die Akteure sind mit sowohl sozial als auch biographisch erworbenen Dispositionen ausgestattet, innerhalb derer sie ihre Strategien für individuelles Handeln wählen. Im Gegensatz zu den Konzepten der klassischen Handlungstheorien, welche traditionell auf eine rational kalkulierende bzw. intentional agierende Vernunft rekurrieren, steht bei Bourdieu der gesellschaftlich vorbestimmte Akteur im Vordergrund, für dessen Praxis der Habitus, ein Ensemble von Denk-, Wahrnehmungs- und Handlungsmustern, konstitutiv ist.

Handlungen und Handelnde werden mittels der drei wechselseitig verwobenen Kategorien Habitus, Feld und Kapital modelliert: Während der Habitus für das Handeln eine 'verinnerlichte' Konturierung, aber auch Begrenzung darstellt, sind mit den Konzepten Feld und Kapital externe Bestimmungen und Begrenzungen des Handelns angesprochen. Felder sind der strukturierte Rahmen sozialer Praxisformen.

Die die Felder konstituierenden Regeln schränken Akteure auf spezifische Weise in ihren Handlungsmöglichkeiten ein, denn sie legen fest, was der Akteur tun darf (aber nicht was er tun muss). Die zweite Form der Begrenzung ergibt sich aus den von Bourdieu als (ökonomisches, soziales, kulturelles und symbolisches) Kapital bezeichneten Ressourcen, die Knappheitsbedingungen unterliegen. Das Kapital strukturiert das soziale Feld aufgrund von Verteilungsmerkmalen, da bestimmte Kapitalsorten die Profitchancen in bestimmten sozialen Feldern erhöhen.

Die soziale Welt wird zunächst theoretisch und abstrakt konstruiert. In einer Art Sozialtopologie steckt Bourdieu einen mehrdimensionalen, durch die Verteilung der primären Kapitalsorten klassenmäßig strukturierten Raum ab und modelliert den sozialen Reproduktionsprozess mit dem Begriffskreis 'Struktur Habitus und Praxis'. Den herausragenden Platz in der „Theorie der zirkulären Reproduktion und Transformation des Sozialen" nimmt die Relation von Feld und Habitus ein. Die *tatsächliche Relation* von Habitus und Feld und das empirische Verhältnis von Reproduktion und Transformation aber muss durch eine Analyse konkreter historischer Prozesse festgestellt werden.

Bourdieu geht es um ein historisch fundiertes empirisches Verständnis der Gegenwartsgesellschaft. Allerdings erscheint sein Ansatz insgesamt als relativ statisch, die Lernfähigkeit und die Flexibilität von Individuen und der Wandel von Strukturen finden keinen rechten Platz.

Mit seinem Habituskonzept kann Bourdieu vor allem deutlich machen, dass es neben der ausdrücklichen Norm oder dem rationalen Kalkül noch andere Erzeugungsprinzipien von Praxis gibt. Akteure mit einem entsprechenden Habitus verhalten sich in bestimmten Situationen auf eine ganz bestimmte Weise. Die Tendenz, auf regelmäßige Weise zu handeln, die zur Basis einer Prognose werden kann, beruht hier nicht auf einer Regel oder einem ausdrücklich formulierten Gesetz, sondern auf einem System von Dispositionen zu praktischem Handeln.

4.1.4 Strukturelle Reproduktionsprozesse

Anthony Giddens will mit seinem Strukturierungsansatz den Dualismus von Handeln und Struktur überwinden, d.h. eine Verbindung zwischen strukturalistischen und funktionalistischen Positionen auf der einen Seite und hermeneutischen und interpretativen Positionen auf der anderen herstellen, und die Zeit-Raum-Spezifizierung sozialen Wandels thematisieren. Dazu fasst er den bestehenden Dualismus konzeptionell neu als *Dualität von Struktur*, um zum Ausdruck zu bringen, dass soziale Akteure durch ihre Handlungen die Bedingungen (Struktur), die ihr Handeln ermöglichen, reproduzieren und dass Strukturen sowohl das Medium als auch das Ergebnis sozialen Handelns sind. Durch die Fassung von Struktur als Dualität richtet sich der Fokus der sozialwissenschaftlichen Analyse weder auf die Erfahrung des individuellen Akteurs noch auf irgendeine gesellschaftliche Totalität, sondern auf die über Raum und Zeit geregelten sozialen Praktiken.

Handeln vollzieht sich nach Giddens als ein kontinuierlicher Strom reflexiven Handelns und setzt sich nicht aus klar voneinander unterschiedenen einzelnen Handlungen zusammen. Handeln ist intentional, wenngleich sehr oft nur vom „praktischen Bewusstsein" der Akteure begleitet. Handlungen, die in einem bestimmten Kontext und durch die Bezugnahme auf Struktur ermöglicht werden, haben stets auch unbeabsichtigte Folgen, die unerkannte Bedingungen weiteren Handelns darstellen. Die Konzepte der unerkannten Handlungsbedingungen und der nicht beabsichtigten Handlungsfolgen stellen Kernelemente der Theorie der Strukturierung dar, die den rekursiven Charakter des sozialen Lebens betont. Mit seinem Neologismus *Strukturierung* macht Giddens deutlich, dass Struktur als ein Prozess der Produktion und Reproduktion zu betrachten ist und nicht als stabiler Zustand. Struktur fasst er als Regeln und Ressourcen, die interaktive Beziehungen über Raum und Zeit stabilisieren. Regeln treten dabei als (handlungs-)praktisches Wissen in die Subjektivität der Akteure ein, während die Ressourcen ihr Handlungsvermögen begründen. Regeln beziehen sich zum einen auf Sinn (Signifikation) und zum anderen betreffen sie Rechte und Verpflichtungen (Legitimation). Die Anwendung von Regeln in den alltäglichen Praktiken ist im Sinne einer *Orientierung* an diesen Regeln und nicht als Befolgung zu verstehen, denn Regeln können nicht ohne Bezug zu allokativen und autoritativen Ressourcen betrachtet werden, in denen die Strukturmomente Macht und Herrschaft zum Ausdruck kommen.

Giddens ist primär an der Konzeptualisierung systemisch-struktureller Reproduktionsprozesse interessiert. Gemäß der Theorie der Strukturierung ist es nun zum einen möglich, immer wieder die gleichen, routinierten Handlungen durchzuführen, die sozialen Systemen einen stabilen Charakter verleihen. Zum anderen ist es aber auch möglich, radikal neue Praktiken zu generieren, die einen fundamentalen sozialen Wandel zur Folge haben. Allerdings spezifiziert Giddens nicht, wo und wann welche Bedingungen vorliegen. Diese Bedingungen bestehen wohl darin, dass entweder die Regeln eng definiert und die Ressourcen nur schwer umzuwidmen oder die Regeln weit interpretierbar und die Ressourcen problemlos konvertierbar sind.

Das Feld zwischen diesen beiden Extrempositionen wird allerdings von Giddens nicht gefüllt. Er sieht seinen Beitrag vielmehr in der Entwicklung eines grundlegenden Konzepts bzw. eines konzeptionellen Rahmens, in dem die Entwicklung von Theorien mittlerer Reichweite auf der Basis des Strukturierungsansatzes vorangetrieben werden kann. Die Verknüpfungspunkte zwischen der Theorie der Strukturierung und empirischer Forschung liegen dann in der inhaltlichen Füllung der Kernbegriffe 'Handeln' und 'Struktur' bzw. in der inhaltlichen Konkretisierung der abstrakten Konzepte wie Regeln und Ressourcen.

Der konzeptuellen *Neufassung von Struktur* liegt zugleich eine *methodische Reorientierung* zugrunde. Da Handlung und Struktur in der Theorie der Strukturierung als nur analytisch zu differenzierende Aspekte ein und derselben Realität gefasst werden, muss ein zu erforschendes Phänomen von zwei Seiten, mit einem jeweils anderen Blick betrachtet werden, d.h. waren es zunächst Handlungen (Analyse des strategischen Verhaltens), sind es anschließend Strukturen (Institutionenanalyse) und umgekehrt.

In der *Analyse des strategischen Verhaltens* verschafft sich der Forscher einen Zugang zur Welt der sozialen Akteure, indem er ihre (strategisch-intentionalen) Handlungen verstehend rekonstruiert. Ausgehend von dieser Rekonstruktion der (handlungspraktischen) Wissensbestände thematisiert er dann den Prozess der Strukturierung sozialer Systeme und die Struktur sozialer Systeme.

In der *institutionellen Analyse* sollen die strukturellen Momente, die dem handelnden Subjekt nach Giddens undurchsichtig sind bzw. bleiben, aufgedeckt werden. Hierbei dient das Klassifikationsschema der Strukturdimensionen „Signifikation, Herrschaft, Legitimation" als Orientierungshilfe.

Zusammenfassend gilt: Sozialer Wandel stellt sich als vergleichend offen zu analysierende, intendierte bzw. nichtintendierte Veränderung von Strukturprinzipien, Strukturen und Strukturmomenten dar.

4.1.5 Von Dualismen zu Komplementarismen

Habermas bedient sich im Interesse seiner „Theorie der Gesellschaft" strikter Dualismen: 'System versus Lebenswelt', 'Arbeit versus Interaktion'. Aufgrund unterschiedlicher Charakteristika von System und Lebenswelt lässt sich entscheiden, welcher dieser beiden Sphären ein beobachteter sozialer Tatbestand, beispielsweise ein bestimmter Handlungstyp, zuzurechnen ist. Die eindeutige Kategorisierung – ein vorteilhaftes Merkmal von Dualismen – macht Habermas' Ansatz zu einem vergleichsweise leicht handhabbaren, zumindest jedoch stringenten Modell. Folgt man Habermas, lässt sich mit Hilfe dieser vier grundlegenden Begriffe – System und Arbeit, Lebenswelt und Interaktion – die Gesellschaft bereits vollständig erfassen; sowohl gesellschaftliche Strukturen als auch gesellschaftliche Prozesse wie der soziale Wandels können beschrieben und analysiert werden.

Erst im Zuge neuerer gesellschaftlichen Entwicklungen, wie zum Beispiel dem arbeitsweltlichen *Tertiärisierungsprozess*, scheint Habermas' These von der *Entkoppelung von System und Lebenswelt* an eine gewisse Erklärungsgrenze zu stoßen. Die Rigidität der idealtypisierenden Polarisierung von System und Lebenswelt erweist sich als nicht länger adäquat für eine in zunehmendem Maße beobachtbare Verquickung dieser beiden im Zuge der Modernisierung entkoppelten, gleichwohl nicht entzweiten Sphären. Die einstigen Dualismen müssen zu Komplementarismen umgewandelt werden. Habermas' Modell erlaubt diese notwendige Transformation, die wir mit unserer These der ‚postmodernen' *Entkoppelung der Entkoppelung von System und Lebenswelt* zu umreißen bemüht sind.

Im Gegensatz zu konkurrierenden Modellen des sozialen Wandels, wie exemplarisch Colemans „Theorie kollektiver Akteure", wirkt Habermas' Gesellschaftstheorie weniger akteurszentriert; vielmehr setzt er seine Analysen an Strukturen (System und Lebenswelt) sowie Handlungstypen (Arbeit und Interaktion) an. Seine Akteure müssen sich mit diesen vorfindbaren Strukturen und Handlungstypen arrangieren; sie stecken eher ‚im Detail': So sollte unmissverständlich sein, dass es Akteure sind, die 'arbeiten' bzw. 'interagieren', indem ihr jeweiliges situatives Handeln in System bzw. Lebenswelt verankert ist.

Habermas' Konzeptualisierung struktureller Ausgangslagen sozialen Wandels bietet der Theorie selbst den Vorzug einer nahezu unbegrenzten Evolutionsfähigkeit; die Vision einer zukunftsfähigen, offensiv-aktiven Zivilgesellschaft illustriert seinen Sozialoptimismus: Die entkoppelten Sphären System und Lebenswelt werden via 'Öffentlichkeit' (wieder) miteinander verbunden. Sozialen Wandel interpretiert Habermas im Sinne eines kollektiven Lernprozesses und der gesellschaftlichen Steigerung von Lernkapazitäten.

4. 'Modelle' des Wandels – Wandel der 'Modelle'

4.1.6 Zusammenfassung

Eine Gemeinsamkeit der hier behandelten neueren Ansätze der soziologischen Theorie- und Modellbildung besteht in dem durchgängigen Bemühen um eine *theoretische Synthese*. In diesem Zusammenhang setzen die Theoretiker allerdings unterschiedliche Schwerpunkte, die nach Smelser (2000, S. 86) als Versuche betrachtet werden können,

- unterschiedliche metatheoretische und methodologische Vorgehensweisen und objekttheoretische Ansätze in einem umfassenden Bezugsrahmen zu integrieren bzw. gebündelte Theorien herzustellen, die dennoch Teile verschiedener Perspektiven enthalten;
- analytische und empirische Verbindungen zwischen der mikrosoziologischen und der makrosoziologischen Ebene herzustellen; und
- theoretische Verbindungen zwischen intentionalen Anstrengungen von Individuen und Gruppen („Agenten" bzw. „Repräsentanten") und dem sozialen Umfeld, in dem sie leben, zu schaffen.

Zudem sind sich die Theoretiker in der Auffassung einig, der Strukturwandel auf gesamtgesellschaftlicher Ebene könne nicht ohne weiteres etwa systemtheoretisch als Reflex funktioneller Imperative, veränderter Semantiken bzw. als Reflex der technischen Entwicklung oder der stufenweise Abfolge von Schüben der Differenzierung erklärt werden. Richard Münchs Entwurf hat allerdings in dieser Hinsicht keinen wichtigen Fortschritt gegenüber dem strukturell-funktionalen Theoriegebäude von Talcott Parsons gebracht. Die Interpenetrationstheorie ist noch immer eine idealistische Geschichtskonstruktion. Der sich durch Interpenetration auf immer höheren Ebenen verwirklichende Systembildungsprozess *muss* letztlich ein weltumspannend-globaler sein. Mit seinem theoretisch-begrifflichen Schema vermag Münch zwar mehr oder weniger bekannte Fakten über die Wirklichkeit in einer systematischen Weise *neu zu ordnen*, jedoch ermöglicht das Konzept keine wirklich neue Sicht auf die bekannten historischen und empirischen Details.

Die Theoretiker wenden sich zum Teil explizit gegen die überkommene 'Gesellschaftstheorie' bzw. Makrosoziologie, die Makroqualitäten allein durch Makrovariablen bestimmt. Sie halten vielmehr einen ausdrücklichen Brückenschlag zur bzw. einen Ausgang von der Mikroebene individuellen Handelns und umgekehrt für erforderlich. Dieser Brückenschlag bzw. diese Ebenenverknüpfung zum Zwecke der Erklärung von Makrophänomenen wird allerdings auf sehr unterschiedliche Weise versucht.

Ganz allgemein lässt sich festhalten, dass Coleman, Giddens, Bourdieu und Habermas ein Wechselverhältnis von „sozialem Handeln" und „sozialen Strukturen" konzipieren und dessen *Rekursivität* herausarbeiten.

Colemans diesbezüglicher Entwurf besagt (im Vokabular von Hartmut Esser), dass die Logik der Aggregation eine neue Logik der Situation hervorbringt, die dann ihrerseits im Zusammenspiel mit der Logik der Selektion die nächste Logik der Aggregation erzeugt.

Bei Giddens zeigt sich die Rekursivität in zwei Perspektiven. So bringt sich in der einen Perspektive das soziale Handeln, gewissermaßen über den Umweg der strukturellen Effekte und strukturellen Prägungen, immer wieder selbst hervor. Und in der anderen Perspektive sind es die sozialen Strukturen, die sich über den Umweg der Handlungsprägung und der Handlungswirkungen immer wieder selbst reproduzieren.

Und auch bei Bourdieu ist das soziale Leben wesentlich rekursiv. In seinem „Entwurf einer Theorie der Praxis" (1979, S. 83) macht er deutlich, „dass objektive Strukturen ihrerseits das Produkt historischer Praxis darstellen und durch diese historische Praxis beständig reproduziert und transformiert werden, deren reproduktives Prinzip seinerseits das Produkt eben jener Strukturen ist, die sie kontinuierlich zu reproduzieren tendieren." Sozialer Wandel resultiert aus gesellschaft-

4. 'Modelle' des Wandels – Wandel der 'Modelle'

lichen Verhältnissen, welche die Menschen durch ihre Praxis schaffen und verändern.

In eine ähnliche Richtung, wenn auch nicht passgenau, verweisen die in der Auseinandersetzung mit Habermas georteten Tendenzen einer gesellschaftlichen Entwicklung, welche auf eine Entkoppelung der Entkoppelung von System und Lebenswelt, vermittelt über eine sich wandelnde Öffentlichkeit, hindeutet und in der die Einheit von System, Lebenswelt und Öffentlichkeit deutlich hervortritt.

Nicht allein die *strukturtheoretischen*, sondern auch die *handlungstheoretischen Konzeptionen* der neueren Ansätze unterscheiden sich dabei jedoch stark voneinander; so hat vor allem die intentionale Rationalität oder rationale Intentionalität der Akteure eine sehr unterschiedliche Bedeutung.

Im Gegensatz zu voluntaristischen und entscheidungstheoretischen Konzepten besitzen bei Bourdieu und Giddens *Routinen* einen herausragenden Platz in der Reproduktion sozialer Praktiken. Hier sind die am tiefsten sedimentierten Elemente des Sozialverhaltens nicht als handlungsgenerierende Motive aufzufassen, sondern kognitiv verankert, was nicht heißt, dass sie bewusst bzw. diskursiv verfügbar wären. Die Kontinuität dieser Elemente wird durch die soziale Reproduktion selbst gesichert. Akteure sind quasi darauf angewiesen, dass sich sensorisch und kognitiv – sozusagen von sich aus – das mobilisiert, was als Entscheidungsgrundlage dient. Bewusstheit und willentliche Kontrolle sind hier keine notwendigen, keine konstitutiven Merkmale rationaler Personen mehr.

Zusammenfassend lässt sich sagen, dass Bourdieu, Giddens, Coleman und Habermas den Gegenstand der Soziologie in der fortlaufenden wechselseitigen Konstitution von sozialem Handeln und sozialen Strukturen sehen. Die Aufgabe soziologischer Theoriebildung besteht demnach in der Modellierung des Zusammenhangs von Handlungen, Handlungsbedingungen und -wirkungen; dabei bezeichnen die Wirkungen zugleich den wichtigsten Teil der Bedingungen. Handlungswirkungen und die ihnen erwachsenden Bedingungen stellen die (je nach Ansatz unterschiedlich gefassten) sozialen Strukturen dar.

Alle hier behandelten Autoren konzipieren eine jeweils spezifische, allerdings fachuniversell gemeinte Sicht auf 'Sozialität'. Als generelle Theorieperspektiven bieten sie zum einen Anknüpfungspunkte für die Ausarbeitung von Theorien mittlerer Reichweite und zum anderen diverse Möglichkeiten, handhabbare Erklärungsinstrumente zu entwickeln. Eben in diesem Sinne macht es also durchaus Sinn von 'theoretische Rahmen' und von 'Ansätzen' zu sprechen, die mit Hilfe spezifischer empirischer Fragestellungen zu 'füllen' bzw. 'auszuarbeiten' sind.

4.2 Wandel soziologischer Theoriebildung

Die soziologischen Theorietraditionen wurden bereits in vorangehenden Kapiteln thematisiert. Im Sinne einer Annäherung an den Wandel der theoretischen Modelle soll hier zunächst Neil Smelser zu Wort kommen, der die Dynamik der Entwicklung soziologischer Theorie folgendermaßen beschreibt:

„Von Zeit zu Zeit formulieren Soziologen eine zeitbezogene, originelle oder kreativ-synthetisierende Aussage über soziale Beziehungen oder die Gesellschaft, wie zum Beispiel die Idee einer linearen oder progressiven Entwicklung. Diese Aussage erregt sofort Interesse, wenn sie in einem angemessenen intellektuellen oder sozialen Kontext geäußert wird, oder sie ruht für eine Weile, um zu gegebener Zeit aktiviert zu werden. Auf alle Fälle wird das geweckte Interesse unweigerlich einige theoretische und empirische Herausforderungen und das positive oder negative Geltendmachen alternativer Interpretationen hervorrufen. Solche Kritiken wiederum führen zu Formulierungen der Verteidigung, Ausarbeitung oder Erweiterung der ursprünglichen Aussagen durch ihre Verteidiger. Als Ergebnis dieses Prozesses nehmen eine neue Sichtweise, ein neuer Ansatz oder sogar eine 'Schule' ihren Platz in der Geschichte der Theorie ein. Im Laufe der Zeit kann diese Schule überdauern, diskreditiert, wiederbelebt oder durch die Kombination und Rekombination mit anderen Ideen und Perspektiven transformiert werden. Die Geschichte der soziologischen Theorie ist genauso wie ihr gegenwärtiger Stand die Aufeinanderfolge dutzender, wenn nicht hunderter solcher intellektueller Episoden. Sie ist eine Geschichte von Erfindungen, Erweiterungen, synthetischer Kombinationen und Rekombinationen, Belebung und Wiederbelebung und gelegentlichem Sterben theoretischer Perspektiven. Diese Geschichte ist also *keine* Geschichte einer additiven Akkumulation, bei der das alte durch das angemessene oder richtige Wissen ersetzt wird. Sie ist eher die Geschichte einer steigenden Anzahl, der vermehrten Komplexität oder Erweiterung von mehr oder weniger systematisch ausformulierten Perspektiven, Ansätzen und

4. 'Modelle' des Wandels – Wandel der 'Modelle'

Theorien über die menschliche Gesellschaft. Sie ist auch eine Geschichte der ständigen Veränderung, denn theoretisches Wissen unterliegt internen Verschiebungen durch neue Erkenntnisse, Kontroversität und interne Debatten, und ist auch eine Antwort auf die sich verändernden Bedingungen in den Gesellschaften, in denen es produziert wird. Letztlich ist ein Gesamtbild der soziologischen Theorie ein kompliziertes Mosaik, eher die Summe all dieser Bewegungen als ein rational geordnetes Muster. Das, was an klarem Zusammenhang vorhanden ist, ergibt sich im Wesentlichen aus der Interpretation derjenigen Wissenschaftler, die rückblickend Muster in ihrer Entwicklung erkennen können." (Smelser, 2000, S.71-72)

Diese Beschreibung macht deutlich, dass auf die Geschichte der soziologischen Theorie weder das wissenschaftliche Modell der Akkumulation noch das Kuhnsche Modell des Paradigmenwechsels Anwendung finden kann. Und schon gar nicht scheint sich die Veränderung des soziologischen Wissens mit den einschlägigen globalen oder speziellen soziologischen Wandlungsmodellen erklären zu lassen. Es ist günstigenfalls ein gewisser Trend zu konstatieren, bei dem es sich aber durchaus auch lediglich um die zeitweilige Dominanz einer Tendenz im Widerspiel gegenläufiger Kräfte handeln kann. In den folgenden Abschnitten soll nun mit aller gebotener Vorsicht versucht werden, diesem 'Trend' einige Konturen zu verleihen.

4.2.1 Rekombination des Instrumentariums

Als erstes bietet sich dazu ein Blick in den 'Werkzeugkasten' der soziologischen Theoretiker an. Die Perspektiven- und Paradigmenvielfalt der Soziologie bringt es nun aber mit sich, dass eine Darstellung des soziologischen Denkens nur als eine Art 'Extrakt' aus den unterschiedlicher Perspektiven bzw. Paradigmen der Disziplin gewonnen werden kann. Das Ergebnis ist dann eine extreme Vereinfachung, die der Sache selbst sicher nicht gerecht wird, aber für eine grobe Orientierung durchaus geeignet ist.

Zunächst ist festzustellen, dass das soziologische Denken über einen allgemein anerkannten Kanon von grundlegenden Kategorien wie Handlung, Struktur, System, Konflikt, Figuration etc. verfügt. Für die

Erklärung von Handlungen bzw. Handlungsmustern stehen Modelle bereit, die unterschiedliche Erklärungstypen anbieten, indem sie entweder auf *'Gesetze'*, auf *'(Sollens)Regeln'* oder auf *'(Wissens)Ordnungen'* zurückgreifen. Somit lassen sich drei 'Grundtypen' der Erklärung unterscheiden:

Der *zweckorientierte Typus* führt Handlungen, paradigmatisch im Modell des „homo oeconomicus", auf die Motive, Interessen und Intentionen des Handelnden zurück, wobei zumeist das Prinzip der Nutzenmaximierung als eine Art *'Gesetzesannahme'* fungiert, während die institutionellen Vorgaben, welche die Möglichkeiten und die Motive der Akteure gesellschaftlich strukturieren, nur als „constraints" Berücksichtigung finden.

Im Gegensatz dazu erklärt der *normorientierte Typus*, dessen Akteurmodell gern als „homo sociologicus" gekennzeichnet wird, Handlungskoordination über eine Rekonstruktion kollektiv geltender *Sollens-Regeln*.

Und schließlich will der *wissensorientierte bzw. kulturorientierte Erklärungstypus* die Gleichförmigkeit von Handeln erklären, indem er davon ausgeht, dass die Handelnden über kollektive *Wissensordnungen* verfügen, die kollektive Muster der Weltinterpretation liefern.

Jeffrey C. Alexander setzt bei seinen Reflexionen über das soziologische Denken bei den soziologischen Perspektiven bzw. Positionen an. Ihm zufolge (u.a. 1988) sind traditionell zwei Problemlagen als Bezugspunkte soziologischer Theoriebildung anzusehen: (1) Das *Problem der Freiheit des menschlichen Handelns* und (2) das *Problem der sozialen Ordnung*.

Mit Blick auf das *Handlungsproblem* kann nun zum einen die *rationale Perspektive* eingenommen werden, in der Menschen einer instrumentalistischen Logik folgend aufgrund von Entscheidungen zwischen Alternativen handeln, und zum anderen die *nicht-rationale Perspektive*, in der Handeln durch Gefühle, institutionalisierte Normen oder Moralvorstellungen etc. motiviert ist.

Hinsichtlich des *Problems der sozialen Ordnung* sind individualistische und kollektivistische Positionen bzw. Lösungsversuche zu un-

4. 'Modelle' des Wandels – Wandel der 'Modelle'

terscheiden. *Individualistische Lösungsversuche* bestehen darauf, dass die Regeln sozialen Zusammenlebens, auch wenn das Bestehen einer überindividuellen Ordnung angenommen wird, jeweils das Ergebnis von individuellen Auseinandersetzungen ist. Bei *kollektivistischen Ansätzen* müssen zwei Positionen unterschieden werden: Die *normativ-kollektivistische* Position versteht Menschen als Träger einer kollektiven Erwartungsstruktur, die vor jeder spezifischen individuellen Handlung besteht und dadurch Ordnung gewährleistet. Während für die *instrumentell-kollektivistische* Position soziale Ordnung durch die im Kollektiv bestehenden Macht- und Herrschaftsverhältnisse garantiert ist und dadurch aufrechterhalten bleibt, dass Menschen den physischen Zwang vermeiden wollen, der aus diesen Verhältnissen abgeleitet werden kann.

Uwe Schimank (1999) geht von der Überlegung aus, soziologisches Denken habe sich mit zwei grundlegenden Erklärungsproblemen zu befassen, nämlich zum einen mit der Erklärung von Handlungswahlen und zum anderen mit der Erklärung von Effekten des handelnden Zusammenwirkens. Er macht daher folgenden Sortiervorschlag:

Zur Erklärung von Handlungswahlen stehen die Akteurmodelle des „homo sociologicus", des „homo oeconomicus", des „emotional man" und des „Identitätsbehaupters" bereit, die jeweils bestimmte Strukturbedingungen fokussieren und bündeln.

Die *Erklärung von strukturellen Effekten handelnden Zusammenwirkens* kann sich sodann auf drei Arten von sozialen Strukturen richten: auf *Deutungsstrukturen*, die um kulturelle Leitideen gruppiert sind, auf *institutionelle Strukturen* (normative Erwartungsmuster), und auf *Konstellationsstrukturen*, die Verteilungsmuster von Akteuren, von Einflusspotentialen oder von Chancen der unmittelbaren Bedürfnisbefriedigung festlegen. Erklärt werden diese Strukturen aus drei Arten von Akteurkonstellationen: Konstellationen wechselseitiger *Beobachtung*, Konstellationen wechselseitiger *Beeinflussung* und Konstellationen wechselseitigen *Verhandelns*. Bei Konstellationen ist zu unterscheiden, ob das handelnde Zusammenwirken *nur* auf der

Basis von Beobachtung oder von Beobachtung *und* Beeinflussung oder gar auf der Basis von Beobachtung, Beeinflussung und von Verhandlung möglich ist, da sich daraus unterschiedliche Arten von sozialen Dynamiken mit unterschiedlichen strukturellen Effekten ergeben. (Schimank, 1999, S. 10 ff)

Diese hier nur oberflächlich angesprochenen 'Elemente' oder 'Bausteine', Fragestellungen und Problemlösungen soziologischen Denkens und soziologischer Theoriebildung, die nach Smelser schon immer Gegenstand und Ergebnis vielfacher Kombinations- und Rekombinationsversuche waren, werden derzeit – so scheint es – wieder einmal 'neu gemischt'. Denn vor dem Hintergrund der aufgeführten theoretischen Traditionen und Paradigmen zeigt sich, dass es auch der gegenwärtigen soziologischen Theoriebildung (Coleman, Münch, Bourdieu, Giddens, Habermas) vor allem um eine Rekombination und Integration der geläufigen Perspektiven, Konzepte und Modelle geht, um so neue Ansätze zu gewinnen, die es gestatten, die Verbindung zwischen Mikro- und Makroprozessen zu spezifizieren. Bourdieu und Giddens bestehen zudem darauf, dass man zu soziologischem Wissen nur gelange, sofern man zwei Elemente heranziehe, nämlich Theorien *und* Methoden. Sie halten eine Verbesserung im Bereich der soziologischen Theorie nur dann für möglich, wenn zugleich neue *Problemstellungen, Begriffe, Hypothesen* und neue *Methoden und Verfahren* entwickelt und angewandt werden. Allerdings haben die konzeptuellen Neuerungen, wie Bourdieus *Habituskonzept* und die *narrative* (statt erklärende) *Ereignisverknüpfung* im Zentrum seiner Theorie des sozialen Handelns sowie auch Giddens' Konzept des *praktischen Bewusstseins* und sein Konzept der *unintendierten Folgen und unerkannten Bedingungen* des Handelns ebenso wenig einen nachhaltigen Einfluss auf den soziologischen 'Mainstream' ausgeübt wie die entsprechenden Neuerungen im Bereich der Untersuchungsverfahren.

In Anbetracht des theoretischen Instrumentariums ist also ein radikaler Wandel der soziologischen Theoriebildung bislang nicht auszumachen. Für einen Wandel müsste sich die Entwicklung ganz neuer

Fragestellungen, Begriffe und Theorien 'disziplinweit' aufzeigen lassen. Offensichtlich aber ist die Soziologie seit der Kritik an den übermäßig objektivistischen und deterministischen soziologischen Repräsentationen von Gesellschaft am Ende der 60er Jahre in eine neue 'intellektuelle Episode' eingetreten. Dabei scheint es sich um eine Phase der intellektuellen Unsicherheit zu handeln, in der die Voraussetzungen, die für lange Zeit die Grundüberzeugungen gebildet haben, zunehmend fragwürdig werden. Dazu zählt in erster Linie auch die Überzeugung, dass es möglich sei, umfassende, totale Systeme soziologischer Theorie zu entwickeln, die inhaltliche Aussagen über alle Bereiche der gesellschaftlichen Realität und globale Aussagen über ihre Entwicklung gestatten.

4.2.2 Bedeutungsverlust globaler Theorien

Bezüglich der Analyse der Gesellschaft und des sozialen Wandels verlieren die traditionellen makrosoziologischen Ansätze und globalen Theorien des Wandels an Bedeutung.

Globale Theorien erklären Wandel auf einer abstrakten Ebene. Sie identifizieren die Triebkräfte der Veränderung, beschreiben, wie die Veränderung stattfindet, und sagen ihre möglichen Konsequenzen voraus. Dabei tendieren sie dazu, den Wandel auf der gesellschaftlichen Ebene in Form von identifizierbaren Variationsmustern entwicklungsmäßig zu beschreiben. Hierzu zählen die traditionellen Ansätze der Makrosoziologie, wie der politökonomische Ansatz und die Ansätze systemtheoretischer und kommunikationstheoretischer Provenienz, die auf langfristige lineare Trends (Differenzierung, Bürokratisierung oder Verwissenschaftlichung etc.) fixiert sind und die zentralen Antrieben des Wandlungsprozesses im Klassenantagonismus, in den evolutionären Prinzipien von Anpassung und Auslese oder in der immanenten Logik einer kognitiven oder moralisch-praktischen Entwicklung sehen.

Diese Ansätze haben sich als zu abstrakt und in inhaltlicher Hinsicht als zu selektiv erwiesen. Die Fragestellungen wie die analytischen Perspektiven dieser Ansätze sind nicht geeignet, das Verständnis für die Systemdynamiken der Gegenwartsgesellschaft entscheidend zu erweitern. Zur Erklärung kurzfristiger dynamischer Vorgänge, die aus der Summe und Verflechtung zahlreicher Handlungen unter bestimmten strukturellen Bedingungen hervorgehen, reicht der Hinweis auf einen zentralen Antriebsfaktor nicht aus. Und wenn theoretische Analysen in praktisch-technologische Anweisungen zur Gesellschaftsgestaltung umformuliert werden sollen, sind globale Entwicklungstheorien oder Modelle 'genereller Evolution' sowie Funktionsanalysen gesellschaftlicher Systeme wenig anwendungsfreundlich. Zudem vermitteln umfassende Abstraktionen leicht den Eindruck, Soziologen hätten die Struktur und die Dynamik unserer Gesellschaften bereits begriffen und im vollen Umfang durchschaut.

Jene Theoretiker, die heutzutage eine makrosoziologische Theoriebildung anstreben, vermeiden es, wie an den hier aufgezeigten Theorien beispielhaft zu sehen war, Veränderungen auf der gesamtgesellschaftlichen Ebene von vornherein theoretisch festzustellen. Die Konzeptionen werden vielmehr möglichst offengehalten und sollen empirisch gefüllt werden.

Modelle von Veränderungen werden denn auch vor allem in den speziellen Soziologien wie z.B. in der Organisationssoziologie entwickelt. Klaus Türk (1989, S. 57 ff) macht hier drei Grundmodelle aus, nämlich Entwicklungsmodelle, Selektionsmodelle und Lernmodelle:

Entwicklungsmodelle gehen von endogenen Triebkräften der Veränderung aus, die ein System zu einer mehr oder weniger vorbestimmten Entfaltung treiben. Umweltverhältnisse können diesen Prozess zwar modellieren, aber nicht grundsätzlich verändern. Die Veränderungen sind durchweg irreversibel. Solche Modelle finden sich als Reifungsmodelle, als Modelle zunehmender Komplexität und als Lebenszyklusmodelle. Der Entwicklungsprozess kann konsekutiv oder zirkulär, kontinuierlich oder diskontinuierlich angelegt sein.

4. 'Modelle' des Wandels – Wandel der 'Modelle'

Selektionsmodelle sind Modelle einer exogenen Dynamik. Sie gehen von konkurrierenden Einheiten in einer gemeinsamen, durch knappe Ressourcen gekennzeichneten Umwelt aus. Veränderungen werden im Sinne von *Variation* zwar im System produziert, aber externe Kräfte, z.B. Konkurrenz, bewirken die Auswahl, die *Selektion*. Die Umwelt wirkt also nicht kausal auf das System, sondern im Sinne von „constraints". Besser adaptierte Systeme können sich reproduzieren und erhalten. Man spricht hier von *Retention* bzw. Stabilisierung. Diese Modelle unterstellen keine bestimmte Richtung der Entwicklung.

Lernmodelle sind Modelle von reaktions- und erfahrungsfähigen Systemen, die *sich selbst verändern* können. Dabei wird der Lernprozess durch interne Effizienzkriterien gesteuert. Lernmodelle implizieren häufig eine Kumulation der Lernprozesse.

Die Mehrzahl der gegenwärtigen Theoretiker legt jedenfalls ihr Hauptaugenmerk auf die Ausformulierung von inhaltlichen Theorien, die sich um ein genau lokalisiertes Geschehen kümmern. Meist bieten diese Autoren eine Heuristik zur dynamischen Analyse sozialen Wandels an, indem sie sozialen Wandel im erkennbaren Rahmen eines selektionstheoretisch interpretierten Modells konzeptualisieren, wobei die Kontextualität des sozialen Geschehens eine herausragende Bedeutung gewinnt. Das führt allerdings zu einer Vielzahl von Ansätzen (auch der Symbolische Interaktionismus fasst übrigens Aushandlungsprozesse als wechselseitige Selektionsprozesse, in deren Verlauf die Handlungsangebote durch die selektiven Reaktionen von Interaktionspartnern differentiell bestätigt oder verworfen werden).

Einige dieser neueren Ansätze werden von Hans-Peter Müller und Michael Schmid (1995) in ihrem Buch „Sozialer Wandel" vorgestellt. Renate Mayntz (1995) skizziert hier einen akteurorientierten, differenzierungstheoretischen Ansatz, der das Augenmerk auf die Situationslogik lenkt. Margaret Archer (1995) entwirft einen kulturtheoretischen Ansatz, mit dem sie sozialen Wandel sowohl auf der Ebene des kulturellen Systems wie auch auf der Ebene soziokultureller Interaktion analysiert. Klaus Eder (1995) versucht mit seinem bewegungstheoretischen Ansatz die Beschleunigung von Wandlungsvorgängen zu erklären. Burns und Dietz (1995) entwickeln einen institutionentheoretischen Ansatz auf evolutionärer Grundlage, der einen Zusammenhang zwischen menschlicher Handlungsfähigkeit, sozialen Regelsystemen und kultureller Dynamik konzeptualisiert. Bernhard Giesen (1995) illustriert sein selektionstheoretisches Modell von Code, Prozess und Situation. Und auch Anthony Giddens ist hier mit seinem Strukturierungsansatz vertreten.

Die Suche nach Modellen der Veränderung ist also in vollem Gange. Zudem zeigen diese Arbeiten beispielhaft, dass es der gegenwärtigen Soziologie weniger um Gesellschaft als um Sozialstruktur, Institutionen und Kultur derselben geht. Obwohl also „Sozialer Wandel" als Leitbegriff der Disziplin betrachtet wird, taucht andererseits immer wieder die fundamentale Frage auf, ob es überhaupt möglich sei, eine Theorie des sozialen Wandels aufzustellen.

Die Möglichkeit einer Theorie des Wandels wird vor allem mit drei Argumenten bestritten:
- Die einen stellen das „theoretische Unvermögen" heraus und argumentieren, sozialer Wandel sei in einem Maße komplex und die sozialen Beziehungen, die für die Veränderung verantwortlich sind, seien dermaßen vielfältig, dass sie nicht spezifiziert werden können.
- Der historische Relativismus hingegen behauptet die „theoretische Unmöglichkeit"; er argumentiert, man könne nicht von Mustern, die in einer Umgebung zu einem Zeitpunkt existieren, auf eine andere Umgebung oder einen anderen Zeitraum schließen, da eine Wiederholung der Bedingungen, welche die Veränderung in einer Situation bestimmen, in einem anderen Zusammenhang unwahrscheinlich sei.
- Und das dritte Argument besagt, die Muster der Veränderung vom Betrachter seien aufgesetzt, Veränderung also lediglich in der Sichtweise des Betrachters stattfände und Theorien des sozialen Wandels somit bedeutungslos seien.

Die Mehrzahl der Soziologen würde allerdings der Behauptung widersprechen, Theorien des sozialen Wandels seien ohne Relevanz, vielmehr können sie zu Recht auf vorliegende Ansätze und Konzeptionen verweisen, die in überzeugender Weise einen signifikanten Beitrag zum Verständnis der Veränderungsprozesse leisten. So markieren die von den Kritikern vorgebrachten Argumente denn auch eher die Probleme, die im Interesse einer theoretischen Erfassung von Veränderung und Wandel zu lösen sind.

4.2.3 Revisionen der Sichtweisen

Seit annähernd dreißig Jahren rüttelt die Wissenschafts- und Ideologiekritik im Rahmen der 'Postmoderne'-Diskussion an den Grundprämissen alltäglicher, politischer und wissenschaftlicher Weltdeutung. Philosophen wie Jacques Derrida und Michel Foucault analysierten die Geistes- und Sozialwissenschaften selbst in ihren Formen als Text und Schrift. In der Soziologie wurden die unter dem Label der 'Postmoderne' zusammengefassten primär philosophisch und kulturtheoretisch geprägten Strömungen sehr unterschiedlich aufgenommen. Die Auswirkung auf die Soziologie wird aber darin deutlich, dass die symbolische und ästhetische Dimension sozialer Realität und die Bedeutungs- und Sinnproduktion einen hohen Stellenwert gewonnen hat. Doch dieser Bedeutungszuwachs beruht vor allem auf dem Umstand der Verknüpfung postmoderner, von außen an die Soziologie herangetragener Diskussionen mit fachinternen Entwicklungslinien, die ihrerseits das fachliche Spektrum sowie den legitimen Kanon an Themen, Fragestellungen und theoretisch-methodischen Zugangsweisen aufgebrochen und sog. kulturwissenschaftliche und interpretative 'Wenden' begründet haben.

Seither findet offensichtlich eine Revitalisierung lebensweltlicher, handlungstheoretisch-interaktionistischer Ansätze statt und das Interesse an Wissenssoziologie phänomenologischer und systemtheoretischer Provenienz steigt. In den Vordergrund der neuen theoretischen Aufmerksamkeit rücken vor allem mikrosoziale Phänomene, soziales

Handeln und kommunikative Prozesse. Dabei ist eine Renaissance handlungstheoretischer Ansätze auch im Bereich der Makrosoziologie zu verzeichnen. Innerhalb der gesellschaftstheoretischen Tradition sind es vor allem Pierre Bourdieu und Anthony Giddens, die den Versuch machen, die Handlungsfähigkeit des Menschen in den Mittelpunkt zu rücken.

In erster Linie aber steht das Wissenschaftsverständnis zur Debatte. Ein für die Soziologie geeignetes Wissenschaftsverständnis sollte die Tatsache berücksichtigen, dass die Sozialwelt der Wissenschaft und Forschung nicht einfach vorgegeben ist. Die Welt des Sozialen und die Formen der theoretischen und empirischen Analyse sind aufeinander verwiesen, das sozial Beobachtete und die soziologische Beobachtung stehen sich weder streng getrennt noch hierarchisch gegenüber. Giddens sieht daher die Soziologie mit der methodischen Anforderung einer „doppelten Hermeneutik" konfrontiert, die dem Doppelaspekt der sozialen *und* der soziologischen Konstruktion des Gesellschaftlichen gerecht zu werden vermag. Vor allem aber ist die Soziologie selbst ein sozialer Sachverhalt, bewegt sich also innerhalb des sozialen Raums, den sie wissenschaftlich zu erfassen sucht. Die Soziologie ist somit nicht nur eine empirisch basierte Wissenschaft mit theoretischem Anspruch, sie sitzt zugleich einem zeitgebundenen, ideologischen und metaphorischen Rahmenwerk auf und hat daher immer auch die gesellschaftlichen Hintergründe und Entstehungszusammenhänge ihrer wissenschaftlichen Leitannahmen zu reflektieren. Hierauf ist Bourdieus „Aufruf zur kritischen Hinterfragung des eigenen Faches" bezogen. Er hält es für zwingend erforderlich, dass alle, die soziologisch arbeiten wollen, vorher eine Soziologie der Soziologie betreiben. Das erfordert eine Reflexion der eigenen gesellschaftlichen Position, der Prä-Konstruktionen, d.h. der Begriffe, die man kennt und auf die man bewusst und unbewusst zurückgreift, und der eigenen Abhängigkeiten.

Nach der wissenssoziologischen, selbstreflexiven Wende ist die Soziologie wohl nicht mehr anders denkbar als eine kollektive Einrichtung zur wissenschaftlichen Selbstbeschreibung von Gesellschaft.

4. 'Modelle' des Wandels – Wandel der 'Modelle'

An dieser Selbstbeschreibung wirkt die Soziologie allerdings in zwei unterschiedlichen Formen mit, zum einen als soziologische *Theorie* und zum anderen als soziologische *Zeitdiagnose*. Sie produziert so als Wissenschaft einerseits technologisch umsetzbares 'Kausalwissen' und zum anderen sinnstiftendes 'Orientierungswissen'. Und hier scheint sich derzeit eine Gewichtsverlagerung zu vollziehen, denn die Produktion von Zeitdiagnosen dürfte mittlerweile die Produktion von soziologischen Theorien bei weitem übertreffen. So ließe sich denn auch die Liste der in der Einleitung angeführten Gegenwartsdiagnosen ohne Mühe erweitern, zumindest aber um die Diagnosen der hier behandelten Theoretiker, nämlich um „Das Elend der Welt" von Pierre Bourdieu u.a., um Anthony Giddens' „Konsequenzen der Moderne", um die „Asymmetrische Gesellschaft" von James Coleman, Richard Münchs „Kommunikationsgesellschaft" und um die „Öffentlichkeitsgesellschaft" von Jürgen Habermas.

Wie gerade auch an diesen Arbeiten zu sehen war, sind soziologische Theorie und soziologische Gegenwartsdiagnose eng miteinander verbunden. In den Gegenwartsdiagnosen ist jedoch der Spekulation ein größerer Raum gegeben. Zudem ist die Feststellung und Bewertung der entscheidenden 'Wesenszüge' der Gegenwartsgesellschaft naturgemäß in einem stärkeren Ausmaß durch die Subjektivität des soziologischen Theoretikers bestimmt als sein theoretisches Modell. So läuft jede Gegenwartsdiagnose auf eine typische extreme Blickverengung hinaus. Aus analytischer Sicht unterscheiden sich solche Diagnosen denn auch von Theorien in erster Linie dadurch, dass die meist spekulativen Behauptungen empirisch weniger belegt sind und die analytischen Prämissen oft nur implizit und vage bleiben. Aber auch spekulative Einschätzungen benötigen ein solides, theoretisch reflektiertes und vor allem auch empirisch verlässliches Fundament an Wissen. Gesellschaftsdiagnose ist daher auf allgemeine soziologische Theorie und eine Vielzahl von Untersuchungen der speziellen Soziologien angewiesen.

Zeitdiagnosen machen jeweils spezifisch auf einen kritischen Moment gesellschaftlicher Entwicklung aufmerksam und rücken noch kaum oder noch gar nicht bemerkte Tendenzen und Probleme in den

Blick. Sie liefern damit den Gesellschaftsmitgliedern Orientierungswissen zur Deutung gesellschaftlicher Phänomene und leisten so wichtige Beiträge zu der kontinuierlichen Selbstverständigungsdebatte, die erst die Möglichkeiten zur Selbstgestaltung eröffnet. Vor dem Hintergrund der gegenwärtigen gesellschaftlichen Struktur- und Kulturveränderungen stehen hier in erster Linie Zerfalls- und Krisendiagnosen und Aufweise möglicher Integrations- und Konsensformen in der Diskussion.

Bei diesen Diskussionen handelt es sich immer auch um fachinterne Definitions- und Deutungskämpfe, in denen sich das Bemühen um jeweils adäquatere Konzeptionen und Zugangsweisen zur Analyse gesellschaftlicher Wirklichkeit, um jeweils überzeugendere Beschreibungen und Erkenntnisse dokumentiert. Es kommt wohl darauf an, das Gespräch zwischen den verschiedenen theoretischen Ansätzen und den Gesellschaftsdiagnosen in Gang zu halten, so dass diese einander gegenseitig anregen, korrigieren und ergänzen können.

Allerdings haben die Revisionen der soziologischen Sichtweisen eine an unterschiedlichen Paradigmen und Positionsbestimmungen reiche Situation geschaffen, die sich nicht mehr auf einen einfachen Nenner bringen lässt. Entstanden ist ein Geflecht von Traditionen und Traditionsbrüchen. Auf der einen Seite wird herkömmlichen Sichtweisen des Sozialen und auch traditionellen Wissenschaftsauffassungen eine Absage erteilt und auf der einen Seite zeigt sich ein Ringen um Begriffe und Analyseperspektiven sowie eine Bewahrung von Konzepten des Gesellschaftsganzen, die eher konventionelle Züge trägt. Und gegenwärtig scheint die kritische Befragung der eigenen Untersuchungs- und Interpretationsweisen wieder durch die Konsolidierung und die Weiterentwicklung etablierter Methoden und Konzepte in den Hintergrund gedrängt zu werden.

4. 'Modelle' des Wandels – Wandel der 'Modelle'

4.2.4 Einheit und/oder Vielfalt der Perspektiven

Die Versuche der Konsolidierung und der Weiterentwicklung etablierter Methoden und Konzepte stehen allerdings vor einer Fülle von Problemen. Es werden Theorien gebraucht, die in der Lage sind, den sozialen Wandel einer Gesellschaft zu beschreiben, die, wie es Hallinan (s. oben) ausdrückt, unmittelbar global verbunden, ökonomisch wechselseitig voneinander abhängig, hochentwickelt technologisch ist, und in der die Verteilung der Ressourcen zunehmend ungleichmäßig erfolgt.

Die gängigen und althergebrachten soziologischen Beschreibungs- und Erklärungsweisen zeigen wie angedeutet erhebliche Verschleißerscheinungen.

Renate Mayntz (1997) verweist darauf, dass im Zeitalter der Globalisierung-Lokalisierung und des Aufkommens von Netzwerken die lange Zeit bewährte *differenzierungstheoretische Perspektive,* die eine Generalität dieser Strukturdimension unterstellt, und die *Sozialstrukturanalyse* gleichermaßen als Instrument der Gesellschaftsanalyse ihre Überzeugungskraft verlieren. Zudem hat das *normative Paradigma* ebenso wie die *Survey-Forschung,* die Meinungen und Handlungsweisen gern mit demographischen und sozioökonomischen Merkmalen von Individuen korreliert, zu sehr den Blick darauf verstellt, wie Menschen in einem bestimmten biographischen Kontext auf spezifische Situation reagieren.

Die theoretischen Herausforderungen bestehen nach Mayntz insbesondere darin, dass „ein adäquates Verständnis sozialer Dynamik (...) nicht nur eine Struktur-und-Prozess-Theorie auf der Makroebene (verlangt), sondern auch die systematische Integration der Lebensweltperspektive zur mikrosoziologischen Fundierung der Makrophänomene." (Mayntz 1997, S. 27)

Für eine Erklärung dynamischer Vorgänge in hoch komplexen sozialen Systemen müssen Systemprozesse nicht nur in ihrer strukturverändernden Wirkung, sondern auch als Folge bestimmter struktureller Konfigurationen und der in ihnen beschlossenen Abhängigkeitsbeziehungen begriffen werden. Nun wird aber die Dynamik komplexer sozialer Systeme zu einem guten Teil von aggregativen und kumulativen Effekten, von Neben- und Fernwirkungen menschlichen Handelns bestimmt, die typischer Weise jenseits des menschlichen Sinnhorizontes liegen. Daher vernachlässigen Theorien, die *nur* normative Strukturen bzw. sinnhaft miteinander verbundener Handlungen berücksichtigen, wichtige indirekte Abhängigkeitsbeziehungen.

Eine „Theorie sozialer Dynamik", die all diese Anforderungen erfüllt, liegt zwar noch nicht ausformuliert vor, aber Renate Mayntz geht davon aus, dass letztlich diverse Einzelanwendungen und Perspektiven „auf eine Einheit" gebracht werden können. Das erinnert an Merton (1967), der bekanntlich hoffte, dass die von ihm favorisierten „Theorien mittlerer Reichweite" bzw. „Teiltheorien" nicht isoliert für sich stehen bleiben, sondern zu „breiteren Netzwerken von Theorien" verknüpft werden könnten.

Hans-Peter Müller und Michael Schmid schlagen einen anderen Weg vor. Um eine analytische Ordnung in die Modell- und Theoriebildung zu bringen, sollte man sich nach ihrer Ansicht zunächst an der *Idee* einer einheitlichen Sozialtheorie *orientieren* und nach einer „allgemeinen, zielgerichteten bzw. voluntaristischen Theorie des sozialen Handelns" suchen. (1995, S. 31) Zu den Angeboten einer neuen 'paradigmatischen' Grundlegung zählen sie vor allem auch die Rational Choice-Theorien und die Strukturierungstheorie. Michael Schmid meint bereits ein Kernmodell einer revidierten soziologischen Evolutionstheorie ausmachen zu können. Nach diesem Modell wird Evolution dadurch vorangetrieben, „dass Akteure sich darum bemühen, die Folgen genau der Verteilungsstrukturen problemlösend zu bearbeiten, die sie im Verlauf ihrer bisherigen Anstrengungen produziert haben, und dabei nichts weiter herstellen als weitere Verteilungsstrukturen, die ihrerseits auf neuerliche Handlungsversuche als selektiver Möglichkeitsspielraum zurückwirken."(Schmid, 1998, S. 407)

Wenn sich Evolution in der Tat auf diese Weise vollzieht, „dann verliert die Gegenüberstellung von Mikro- und Makrotheorie ebenso an Überzeugungskraft wie die überkommene Trennung zwischen System- und Handlungstheorie und die damit verbundenen methodologi-

4. 'Modelle' des Wandels – Wandel der 'Modelle'

schen Debatten zwischen Kollektivisten und Emergenztheoretikern auf der einen und Individualisten und Reduktionisten auf der anderen Seite."(ebd.) Schmid glaubt,

„dass die neue Evolutionstheorie einige der schwerwiegendsten Mängel ihrer Vorgängertheorie vermeiden kann: Sie verzichtet auf jede geschichtsphilosophisch verwertbare globale Teleologie, spezialisiert sich auf die unterschiedlichen lokalen ressourcenabhängig verlaufenden Selektionsprozesse und sucht deren Erklärung in letzter Instanz in den Entscheidungen sozial bzw. institutionell gebundener Akteure, wobei Institutionen als Selektoren wirken, deren eigene Evolution nach dem selben Muster erklärt werden kann. Damit basiert ihr Erklärungsprogramm auf einer akzeptablen, modelltheoretisch gebändigten Heuristik, die Anlass zur Hoffnung ist und in der Tat auf eine Reihe methodisch gelungener und historisch relevanter Anwendungsfälle verweisen kann. Man sollte sie im Auge behalten und ihr jedenfalls solange Kredit einräumen, als sie die Soziologie von ihrer unfruchtbaren 'multiplen Paradigmatase' zu befreien verspricht." (ebd., S. 411)

Es ist allerdings fraglich, inwiefern Soziologie heutzutage überhaupt im Rahmen eines Paradigmas betrieben werden kann. Möglicherweise ist die Perspektivenvielfalt die einzig adäquate Reaktion auf die unfassbare Komplexität sozialer Wirklichkeit, die sich analytisch einfach nicht in eine einzige Sicht der Dinge hineinpressen lässt. Wenn die Entwicklung von Pluralität und Possibilität bestimmt ist, kann dann eine Theorie die vergangene und gegenwärtige Vielfalt und den Möglichkeitsraum der Zukunft erfassen, ohne selbst einen Modus der Pluralität und der Möglichkeit anzunehmen? Eine nicht unerhebliche Anzahl von Theoretikern ist jedenfalls der Ansicht, dass sowohl die soziologische Reflexion des soziologischen Wissens als auch der 'Gegenstand' der Soziologie einen einzigen, alles umfassenden Bezugsrahmen, ja sogar die Rede von einer einzigen soziologischen Disziplin verbieten.

Nun haben verschiedene Standpunkte aber nur Sinn, wenn es ein Koordinatensystem gibt, in dem man ihre Stelle abtragen kann; das Vorhandensein eines gemeinsamen Systems widerspricht jedoch der Theorie der Unvergleichbarkeit. Auch die Rede von verschiedenen soziologischen Disziplinen setzt so etwas wie *soziologische Disziplin* voraus.

4.2.5 Soziologie heute

Soziologie grenzt sich bekanntlich von anderen sozialwissenschaftlichen Disziplinen ab, indem sie sich als diejenige Wissenschaft definiert, die mit disziplineigenen Begriffen, Theorien und Methoden Struktur-, Funktions- und Entwicklungszusammenhänge der Gesellschaft beschreibt und erklärt. Wie aber steht es heute um die so definierte Soziologie, also um die 'Gegenstände' dieser Definition?

Es hat sich hier gezeigt, dass die disziplineigenen Begriffe, Theorien und Methoden derzeit immer stärker in Fluss geraten, dass die Revisionen des fachlichen Instrumentariums und der soziologischen Sichtweisen eine an Paradigmen und Positionsbestimmungen reiche Situation geschaffen haben, die etwas abfällig als „multiple Paradigmatase" bezeichnet wird.

Bislang haben auch die neueren Theorien mit analytischen Rekombinations-, Integrations- und Synthesversuchen das Feld der soziologischen Theorien nicht ordnen und übersichtlicher gestalten können, im Gegenteil: das Spektrum der Sichtweisen, Theorien, Theoreme und Modelle ist noch schillernder geworden.

Die Frage zum Beispiel, was heute unter einer soziologischen Theorie zu verstehen ist, ist nicht leicht zu beantworten. Das, was in gängigen Texten unter „soziologischer Theorie" firmiert, umschließt wissenschaftstheoretisch und substantiell sehr unterschiedliche Formen. Zu den „disziplineigenen Theorien" zählen so unterschiedliche Gattungen von Beschreibungs- und Erklärungssystemen wie Gesellschaftstheorien, formalistische Theoreme, soziologische Theorien im engeren Sinn, aber auch Gesellschafts-, Zeit- oder Gegenwartsdiagnosen etc.

In einer ersten Annäherung kann man betrachten, wie sich die heutige soziologische Theorie insbesondere zu den beiden 'Hauptparadigmen' verhält, nämlich zu jenen umfassenden *Gesellschaftstheorien*, die inhaltliche Aussagen über alle Bereiche und Entwicklungen der gesellschaftlichen Realität machen zu können glauben, einerseits und zu den sehr abstrakten, universell anwendbaren *Theorien des Sozialverhaltens* wie den Rational Choice-Theorien andererseits.

4. 'Modelle' des Wandels – Wandel der 'Modelle'

Offensichtlich wendet sich die Soziologie heute gegen alle Versuche, umfassende, totale Systeme soziologischer Theorie zu entwickeln, in denen jeder empirische Befund zum sozialen Verhalten, zur sozialen Organisation und zum sozialen Wandel eingeordnet werden kann. Aber ebenso wendet sie sich dagegen, es den Wirtschaftswissenschaften nach zu tun und den Gegenstand der Soziologie präzise abzugrenzen, sich auf die Erfassung weniger Variablen zu beschränken und die empirische Forschung auf der Basis einer kleinen Anzahl logischer Paradigmen zu organisieren.

Ein soziologischer Reduktionismus auf Strukturen und Systeme wird ebenso wenig akzeptiert wie ein Reduktionismus auf Handlungen und Akteure. Angesichts der Eigenart hochentwickelter Gesellschaften erscheint jedes reduktionistische Forschungsprogramm, erscheinen alle Versuche der Beschränkung auf einige wenige Wirkprinzipien oder Strukturaspekte von vornherein als ein Irrweg. Da eine einzelne, alles umfassende soziologische Theorie ohne Reduktion und Beschränkung, ja ohne Abstraktion von Gesellschaftlichem nicht zu haben ist, wird es stets eine *Vielfalt* soziologischer Theorien geben. Dennoch müssen die diversen Ansätze etwas 'spezifisch Soziologisches' aufweisen, das ihnen 'gemeinsam' ist, um sich als *soziologische* Theorien ausweisen zu können.

Auf den ersten Blick scheinen einige der hier vorgestellten theoretischen Entwürfe den beiden oben angesprochenen 'Hauptparadigmen' noch sehr nahe zu stehen. Die Weiterentwicklungen von Parsons' 'Groß-Theorie' (in gewissem Maße eben auch noch Münch) erhebt immerhin einen *umfassenden Anspruch* bezüglich Originalität, Allgemeingültigkeit und inhaltlicher Reichweite – das gilt auch, allerdings von einer ganz anderen Perspektive her, für die Rational Choice-Theorien (somit auch noch für Coleman).

Die Rational Choice-Theorie ist ein Ordnungsschema, das die reale soziale Welt auf der Grundlage einer bestimmten Auffassung von Theorie und Wissenschaft (die sich an das mathematisch-naturwissenschaftliche Modell anlehnt) strukturiert und systematisiert. Die im nächsten Schritt erfolgende notwendige typisierende Abstraktion und Modellierung der Logik der Situation wird meist induktivtypisierend bzw. durch formalisierende Typisierungen gewonnen (z.B. Spieltheorie, Netzwerkanalyse etc.). So hat z.B. das 'Kontextwissen' der Akteure (also etwas spezifisch Soziales!) keinerlei eigenen Stellenwert. Diese Theoriestrategie kann als eine Art komplementäre Entsprechung jener Strategie betrachtet werden, welche die Weiterentwicklungen der Systemtheorie verfolgen, die als 'Supertheorie' die Gesamtheit aller möglichen kognitiven und praktischen Probleme der Welt zu ihrem Objektbereich machen.

Theorieprogramme dieser Art sollen aufgrund ihrer Abstraktheit bzw. ihres hohen Formalisierungsgrads und ihrer Allgemeinheit den Anschluss an die soziologischen Nachbardisziplinen gewährleisten bzw. grundlegend für alle Sozialwissenschaften sein. Natürlich ist die 'Anschlussfähigkeit' der soziologischen Theorie an benachbarte sozialwissenschaftliche Disziplinen prinzipiell wünschenswert, aber dieser Anschluss darf nicht dazu führen, das Programm einer „soziologischen Theorie sui generis" zu verabschieden.

Die Grundbegriffe oder Elemente eines abstrakten theoretischen Rahmens sind stets formaler Natur, sie sind zwar inhaltlich auffüllbar, sie treffen aber selber keinerlei Aussage weder über ihre Bedeutung noch über die Effekte, die sie ausüben. Daher hat eine Theorie erst dann den Staus einer soziologischen Theorie, wenn die formalen Konzepte eines theoretischen Rahmens durch *soziologisch relevante* konkrete inhaltliche Begriffe, Hypothesen und Theoreme inhaltlich aufgefüllt werden. Im Gegensatz zu einer rein formalen Theorie kann eine solche *inhaltliche* Theorie jedoch nur beschränkt gültige Aussagen machen.

Kann eine soziologische Theorie den Anspruch erheben, Aussagen allgemeiner Art zu treffen, wie sie ja jede Theorie beabsichtigt? Sicher nicht, wenn man unter 'Allgemeinheit' generalisierte, raum-zeitlich unabhängige Gesetzesaussagen versteht. Versteht man aber unter 'allgemeinen Aussagen' solche Aussagen und partiale Modelle von Strukturdynamiken, die von einer Situation auf mehrere andere übertragen werden können – wenn auch begrenzt in einem historisch-kulturell klar definierten Raum – dann kann diese Frage ohne weiteres mit 'Ja' beantwortet werden. Soziologische Theorie kann also eine

4. 'Modelle' des Wandels – Wandel der 'Modelle'

wissenschaftliche (makrosoziologische wie mikrosoziologische) Theorie des 'Gesellschaftlichen', aber nicht umfassende Gesellschaftstheorie sein.

Die Entwürfe von Münch, Coleman, Bourdieu, Giddens und Habermas verstehen sich in erster Linie als konzeptuelle Rahmen, sie sollen der sozialwissenschaftlichen, insbesondere aber der *soziologischen* Theorie- und Forschungsarbeit Orientierung ermöglichen. Vor allem aber versuchen die neueren Theorien, ein zentrales soziologisches Problem bearbeitbar zu machen, nämlich die Spezifizierung der Verbindung zwischen Mikro- und Makroprozessen, die bislang ein Schwachpunkt vieler älterer Theorien des sozialen Wandels war. Die Frage ist, inwieweit die neueren Theorien einen *soziologischen* Bezugsrahmen bereitstellen, der zudem *weiter entwickelbar*, d.h. empirisch aufklärbar ist.

Dessen ungeachtet bleibt der Soziologie die analytisch-konzeptionelle Verklammerung von Mikrotheorie und Makrotheorie als zentrales Problem. Denn sollen nun individualistische orientierte Ansätze mit Strukturtheorien verbunden werden oder sollen sie als alternative Betrachtungsweisen nebeneinander gestellt werden? Wie eingangs angesprochen, wird beklagt, Soziologie sei mit ihrem theoretischen Rüstzeug nicht mehr in der Lage, die strukturellen und institutionellen Ursachen der heute drängendsten Probleme aufzudecken. Doch wie steht es wirklich um die Leistungsfähigkeit der soziologischen Theorien angesichts des Anspruchs, dynamische Kräfte kausalen, funktionalen oder kontingenten Typs beobachten und beschreiben zu können, die den sozialen Wandel in heutigen Gesellschaften vorantreiben? Man kann wohl mit Renate Mayntz davon ausgehen, dass es uns hinreichend komplexe soziologische Theorien „sowohl erlauben, historische Vorgänge nachträglich kausal zu interpretieren und so zu verstehen, wie auch, den Raum des künftig Möglichen abzustecken: nicht zu sagen, was geschehen wird, aber doch was unter diesen und jenen Umständen geschehen könnte. Mehr (...) kann und sollte man von den Sozialwissenschaften nicht verlangen, und es sollte genügen, menschliches Handeln zu instruieren." (Mayntz, 1997, S. 339)

Damit ist auch schon eine Antwort auf die Frage gegeben, ob und inwieweit die Soziologie noch der alten Aufgabe gerecht werden kann, gewissermaßen Praxisanleitung für die aktive Gesellschaftsgestaltung zu geben. Wie Armin Nassehi treffend bemerkt, „stehen wir als Soziologinnen und Soziologen heute vor der Situation, jene eigentümliche Dialektik von aktiver Gestaltungskraft und paradoxen Wirkungen, den Zusammenhang von gewollten Veränderungen und blinden Wandlungsprozessen, das Ineinandergreifen geplanter Prozesse und ungeplanter Veränderungen zu beobachten". (1998, S. 118) Und er fährt wenig später fort:

> „Immer noch ist das Problem der Gestaltung der sozialen Welt das Bezugsproblem soziologischen Denkens – doch heute wird das Problem der Gestaltung selbst reflexiv. Nicht mehr nur die Frage, wie man gestalten sollte, sondern ob man überhaupt aktiv gestalten könne, steht nun im Vordergrund. Die Soziologie ruft nicht mehr zu hemdsärmeligen Taten auf, sondern verbreitet Skepsis und Nachdenklichkeit angesichts jener Inflation einfacher oder einfach erscheinender Lösungen für komplexe Probleme im Diskurs der Politik in der medialen Öffentlichkeit oder im kulturellen Diskurs." (1998, S. 119)

Es hat sich gezeigt, dass sozialer Wandel auch in der dynamischen Geschichte der Soziologie selbst zum Ausdruck kommt, deutlich abzulesen an der Wandelbarkeit der Begriffe und theoretischen Sichtweisen. Die Soziologie kann keinen auf ewig stabilen Kanon an Fakten und Erklärungen besitzen. Es müssen immer wieder aufs Neue die sozialen, ökonomischen, politischen und kulturellen Veränderungen, ihr Motor sowie ihre Formen und Folgen untersucht werden. Diese Untersuchungen dürften nicht ohne Rückwirkungen auf das analytische Instrumentarium bleiben, das sich immer auch im Rahmen dieser Aktivitäten zu bewähren hat. 'Testgelände' jedenfalls finden sich zuhauf.

Dazu lediglich folgendes Beispiel. Die Entdeckung der zentralen Rolle des Unternehmens als Ausgangspunkt der Dynamik sozialen Wandels stellt ein wichtiges Merkmal der modernen Industriesoziologie dar (Jäger, 1999). Zwar wurde der Betrieb schon immer empirisch sehr ernst genommen, weil er als Ort galt, an welchem sich gesellschaftliche Entwicklungen nieder schlagen, doch in der jüngeren Zeit wird nun verstärkt die Aushandlung der Reorganisationsprozesse

4. 'Modelle' des Wandels – Wandel der 'Modelle'

durch betriebliche Akteure in den Blick genommen und untersucht, welche Rückwirkungen diese betrieblichen Prozesse auf Gesellschaften haben. Die Forderung, die Transformation von Organisationskonzepten als ‚eigenständige und kontingente Leistung des sozialen Systems Betrieb zu begreifen' (Heiner Minssen), steht in Verbindung mit der These, der Betrieb könne sich sogar zum zentralen Ort entwickeln, an dem sich ein neuer Regulationszustand der sozialen Verhältnisse einpendeln werde (Philippe Bernoux, 1996, ähnlich Hartmut Hirsch-Kreinsen 2003, mit Blick auf Organisationen Stefan Kühl 2003). Dass auch diese neue Etappe des gesellschaftlichen Strukturwandels das analytische Instrumentarium der Soziologie verändernd beeinflusst, davon ist auszugehen. Auf allgemeinerem Niveau im Rahmen der Standortdebatte der Soziologie haben dies jüngst Hartmut Esser (2002) und Dirk Baecker (2003) zum Ausdruck gebracht.

Kleiner Epilog

*„Manchmal träume ich schwer, und dann wünscht' ich, es wär'
Zeit zu bleiben und nun, was ganz and'res zu tun.
So vergeht Jahr und Jahr und es ist mir längst klar,
dass nichts bleibt, dass nichts bleibt, wie es war."*

Das Lied von Hannes Wader war der Ausgangspunkt des Beutezugs bei zeitgenössischen Titanen soziologischer Theorien. Diesseits der Forderung nach einem ‚Neuanfang' (Hallinan) lag die Absicht darin, das Erbeutete für die aktuelle soziologische Diskussion des sozialen Wandels aufzubereiten. Ob nun Neuanfang oder lediglich Prüfung der soziologischen Gegenwartstheorien auf etwas spezifisch Neues, beide Vorgehen tun gut daran, Friedrich Wilhelm Webers (1780-1850) ‚Lehrspruch' ernst zu nehmen:

„Wissen heißt die Welt verstehen; Wissen lehrt verrauschter Zeiten und der Stunde, die da flattert, wunderliche Zeiten deuten.
  Und da sich die neuen Tage aus dem Schutt der alten bauen, kann ein ungetrübtes Auge rückwärts blickend vorwärts schauen.
  Denn solange Hass und Liebe, Furcht und Gier auf Erden schalten, werden sich der Menschheit Lose ähnlich oder gleich gestalten.
  Menschen sind die Menschenkinder aller Zeiten, aller Zonen, ob sie unter Birkenbüschen, ob sie unter Palmen wohnen;
  Ob sie vor dem Christengotte, ob vor Wodan sie sich bücken, ob sie sich in Lumpen bergen oder sich mit Purpur schmücken.
  Vielfach sind die Wolkenbilder, die den Himmelsraum durchwallen, doch nur Dunst die leichten Flocken, doch nur Dampf die schweren Ballen.
  Alle auf des Sturmes Straße fahren sie, die Luftgespinste: Wolkenbilder, leere Dämpfe, Menschenbilder, eitle Dünste!" (1950, S. 188f.)

Literaturverzeichnis

Abels, Heinz, 1998: Interaktion, Identität, Präsentation. Kleine Einführung in Interpretative Theorien der Soziologie, Wiesbaden

Abels, Heinz / Link, Ulrich, 1986: Die Entstehung von Interaktionsregeln. Zur Zivilisationstheorie von Norbert Elias, Kurs der FernUniversität Hagen, Hagen

Alexander, C. Jeffrey, 1988: The New Theoretical Movement. In: Smelser, Neil J.: Handbook of Sociology, S. 77-101, Newbury Park

Alexander, C. Jeffrey / Colomy, Paul (Hrsg.), 1990: Differentiation Theory and Social Change. Comparative and Historical Perspectives, New York und Oxford

Alexander, C. Jeffrey, 1993: Soziale Differenzierung und kultureller Wandel. Essays zur neofunktionalistischen Gesellschaftstheorie. (Theorie und Gesellschaft; Bd. 27), Frankfurt/M.

Archer, Margaret, 1995: Morphogenese und kultureller Wandel. In: Müller, Hans-Peter / Schmid, Michael (Hrsg.): Sozialer Wandel, S. 192-227, Frankfurt/M.

Axelrod, Robert 1987 (1984): Die Evolution der Kooperation, München

Axelrod, Robert 1990 (1986): Normen unter evolutionärer Perspektive. In: Müller, Ulrich (Hrsg.): Evolution und Spieltheorie, S. 105-128, München

Baecker, Dirk (2003): Die Zukunft der Soziologie. In: Soziologie, Forum der Deutschen Gesellschaft für Soziologie, Heft 1, S. 66-70

Balog, Andreas / Gabriel, Manfred (Hrsg.), 1998: Soziologische Handlungstheorie. Einheit oder Vielfalt. ÖZS Sonderband 4, Wiesbaden

Beck, Ulrich, 1986: Risikogesellschaft. Auf dem Weg in eine andere Moderne, Frankfurt/M.

Beck, Ulrich, 1987: Individualisierung sozialer Ungleichheit, Kurs der FernUniversität Hagen, Hagen

Beck, Ulrich, 1993: Die Erfindung des Politischen. Zu einer Theorie reflexiver Modernisierung, Frankfurt/M.

Beck, Ulrich / Giddens, Anthony / Lash, Scott, 1996: Reflexive Modernisierung. Eine Kontroverse, Frankfurt/M.

Bell, Daniel, 1975: Die nachindustrielle Gesellschaft, Frankfurt/New York

Bentham, Jeremias, 1968 (1789): An Introduction to the Principles of Moral and Legislation. In: Collected Works, Bd. 1, London

Berger, Johannes, 1996: Was behauptet die Modernisierungstheorie wirklich – und was wird ihr bloß unterstellt? In: Leviathan, Heft 1, Jg. 24, S. 45-62

Berger, Peter L. / Luckmann, Thomas, 1993 (1966): Die gesellschaftliche Konstruktion der Wirklichkeit, Frankfurt/M.

Berger, Johannes (Hrsg.) 1986: Die Moderne – Kontinuität und Zäsuren. Sonderband 4 der Zeitschrift „Soziale Welt", Göttingen

Bernoux, Philippe, 1996: Das Unternehmen – eine neues soziologisches Forschungsobjekt in Frankreich?, Wissenschaftszentrum Berlin für Sozialforschung, Berlin

Blau, Peter M., 1977: Inequality and Heterogenity: A Primitive Theory of Social Structure, New York

Blau, Peter M., 1986: Exchange and Power in Social Life, New Brunswick

Blumer, Herbert, 1969: Der methodologische Standort des Symbolischen Interaktionismus. In: Arbeitsgruppe Bielefelder Soziologen: Alltagswissen, Interaktion und gesellschaftliche Wirklichkeit, Bd. 1, 5. Aufl. 1981, Opladen

Bourdieu, Pierre, 1997 (1970): Zur Soziologie der symbolischen Formen, Frankfurt/M.

Bourdieu, Pierre, 1979 (1972): Entwurf einer Theorie der Praxis auf der ethnologischen Grundlage der kabylischen Gesellschaft, Frankfurt/M.

Bourdieu, Pierre, 1982: Die feinen Unterschiede. Kritik der gesellschaftlichen Urteilskraft, Frankfurt/M.

Bourdieu, Pierre, 1983: Ökonomisches Kapital, kulturelles Kapital, soziales Kapital, in: Kreckel, Reinhard (Hrsg.), Sonderband 2 der Zeitschrift „Soziale Welt", Göttingen, S. 183-198

Bourdieu, Pierre, 1985: Sozialer Raum und „Klassen". Leçon sur la Leçon. Zwei Vorlesungen, Frankfurt/M.

Bourdieu, Pierre, 1987: Sozialer Sinn. Kritik der theoretischen Vernunft, Frankfurt/M.

Bourdieu, Pierre, 1992: Rede und Antwort, Frankfurt/M.

Bourdieu, Pierre et al., 1997 (1993): Das Elend der Welt: Zeugnisse und Diagnosen alltäglichen Leidens an der Gesellschaft, Konstanz

Bourdieu, Pierre, 1998 a (1994): Praktische Vernunft. Zur Theorie des Handelns, Frankfurt/M.

Bourdieu, Pierre, 1998 b: Gegenfeuer: Wortmeldungen im Dienste des Widerstandes gegen die neoliberale Invasion, Konstanz

Bühl, Walter L. (1971): Sozialer Wandel im Ungleichgewicht, Stuttgart

Burns, T. R. / Dietz, T.,1995: Kulturelle Evolution: Institutionen, Selektion und menschliches Handeln. In: Müller, Hans-Peter / Schmid, Michael (Hrsg.), 1995: Sozialer Wandel, S. 340-383, Frankfurt/M.

Clausen, Lars, 1994: Übergang zum Untergang. In: ders.: Krasser sozialer Wandel., S. 13-50, Opladen

Clausen, Lars, 1994: Krasser sozialer Wandel, Opladen

Clausen, Lars, und andere, 2003: Entsetzlicher sozialer Wandel, Münster

Coleman, James, 1979: Macht und Gesellschaftsstruktur, Tübingen

Coleman, James, 1995 (1991-1994): Grundlagen der Sozialtheorie, Bd. 1-3, München

Collins, Randall 1975: Conflict Sociology, New York/London

Comte, Auguste, 1974: Die Soziologie. Die positive Philosophie im Auszug, herausgegeben von Friedrich Blaschke mit einer Einleitung von Jürgen von Kempski, Stuttgart

Coser, Lewis A., 1965 (1956): Theorie sozialer Konflikte, Neuwied

Coser, Lewis A., 1973 (1967): Sozialer Konflikt und die Theorie sozialen Wandels. In.: Hartmann, Heinz (Hrsg.): Moderne amerikanische Soziologie, S. 412-428, Stuttgart

Daheim, Hansjürgen, 1993: Die strukturell-funktionale Theorie. In: Endruweit, Günter (Hrsg.), 1993: Moderne Theorien der Soziologie, S. 23-80, Stuttgart

Dahme, Heinz-Jürgen, 1981: Soziologie als exakte Wissenschaft. Georg Simmels Ansatz und seine Bedeutung in der gegenwärtigen Soziologie, 2 Bd., Stuttgart

Dahrendorf, Ralf, 1957: Soziale Klassen und Klassenkonflikt in der industriellen Gesellschaft, Stuttgart

Dahrendorf, Ralf, 1969: Zu einer Theorie des sozialen Konflikts. In: Zapf, Wolfgang (Hrsg.): Theorien des sozialen Wandels. S. 108-123, Köln

Dahrendorf, Ralf, 1972: Konflikt und Freiheit. Auf dem Weg zur Dienstklassengesellschaft, München 1972

Dahrendorf, Ralf, 1992: Der moderne soziale Konflikt, Stuttgart

Darwin, Charles, 1967 (1859): Die Entstehung der Arten durch natürliche Zuchtwahl, Stuttgart

Deutsch, Karl W., 1979 (1969): Soziale Mobilisierung und politische Entwicklung. In: Zapf, Wolfgang (Hrsg.): Theorien des sozialen Wandels, S. 329-350, Königstein/Ts.

Durkheim, Emile, 1961 (1895): Regeln der soziologischen Methode, herausgegeben von René König, Neuwied

Durkheim, Emile, 1977 (1893): Über die Teilung der sozialen Arbeit, Frankfurt/M.

Ebrecht, Jörg, 2002: Die Kreativität der Praxis. Überlegungen zum Wandel von Habitusformationen. In: ders. / Hillebrandt, Frank (Hgs.), Bourdieus Theorie der Praxis, Wiesbaden, S. 225-241

Eder, Klaus, 1995: Die Institutionalisierung sozialer Bewegungen. Zur Beschleunigung von Wandlungsprozessen in fortgeschrittenen Industriegesellschaften. In: Müller, Hans-Peter/Schmid, Michael (Hrsg.): Sozialer Wandel, S.267-290, Frankfurt/M.

Endruweit, Günter (Hrsg.), 1993: Moderne Theorien der Soziologie. Strukturellfunktionale Theorie, Konflikttheorie, Verhaltenstheorie, Stuttgart

Esser, Hartmut, 1991: Alltagshandeln und Verstehen. Zum Verhältnis von erklärender und verstehender Soziologie am Beispiel von Alfred Schütz und Rational Choice, Tübingen

Esser, Hartmut, 2002: Wo steht die Soziologie? In: Soziologie, Heft 4, S. 20-32

Etzioni, Amitai, 1979 (1969): Elemente einer Makrosoziologie. In: Zapf, Wolfgang (Hrsg.): Theorien des sozialen Wandels, S. 147-176, Königstein/Ts.

Etzioni, Amitai, 1997: Die Verantwortungsgesellschaft. Individualismus und Moral in der heutigen Demokratie, Frankfurt/M.

Evangelische Bibelgesellschaft (Hrsg.), 1990: Die Bibel mit Erklärungen, Berlin und Altenburg

Friedrichs, Jürgen / Lepsius, Rainer M./ Mayer, Karl Ulrich (Hrsg.), 1998: Die Diagnosefähigkeit der Soziologie, KZfSS Sonderheft 38, 1998, Opladen

Garfinkel, Harold 1967: Studien über die Routinegrundlagen von Alltagshandeln. In: Steinert, Heinz (Hrsg.), 1973: Symbolische Interaktion, S. 280-293, Stuttgart

Geiger, Theodor, 1949: Die Klassengesellschaft im Schmelztiegel, Köln - Hagen

Giddens, Anthony, 1984 (1976): Interpretative Soziologie, Frankfurt/M.

Giddens, Anthony, 1995 (1988): Die Konstitution der Gesellschaft, Frankfurt/M.

Giddens, Anthony, 1995b: Strukturation und sozialer Wandel. In: Müller, Hans-Peter / Schmid, Michael (Hrsg.): Sozialer Wandel, S.151-191, Frankfurt/M.

Giddens, Anthony, 1996: Leben in der posttraditionalen Gesellschaft. In: Beck, Ulrich / Giddens, Anthony / Lash, Scott: Reflexive Modernisierung. Eine Kontroverse, Franfurt/M.

Giddens, Anthony, 1997 (1990): Konsequenzen der Moderne, Frankfurt/M.

Giesen, Bernhard, 1993: Die Konflikttheorie, in. Endruweit, Günter (Hrsg.), 1993: Moderne Theorien der Soziologie, S. 87-131, Stuttgart

Glatzer, Wolfgang / Habich, Roland / Mayer, Karl Ulrich (Hgs.), 2002: Sozialer Wandel und gesellschaftliche Dauerbeobachtung, Opladen

Goffman, Erving, 1991 (1959): Wir alle spielen Theater, München

Goffman, Erving, 1994 (1967): Interaktionsrituale. Über Verhalten in direkter Kommunikation, Frankfurt/M.

Grau, Helmut, 1973: Einführung in die Soziologie, Bad Homburg u.a.

Habermas, Jürgen, 1976: Zur Rekonstruktion des Historischen Materialismus, Frankfurt/Main

Habermas, Jürgen, 1978 (1968): Technik und Wissenschaft als 'Ideologie', Frankfurt/Main

Habermas, Jürgen, 1995: Kleine politische Schriften VIII: Die Normalität einer Berliner Republik, Frankfurt/Main

Habermas, Jürgen, 1999 (1981): Theorie des kommunikativen Handels, Band II: Zur Kritik der funktionalistischen Vernunft, Frankfurt/Main

Habermas, Jürgen, 14. Oktober 2001: Glauben und Wissen. Dankesrede des Friedenspreisträgers, Frankfurter Paulskirche, Frankfurt/M.

Hallinan, Maureen T., 2000: Die soziologische Analyse des sozialen Wandels. In: Bögenhold, Dieter: Moderne amerikanische Soziologie., S. 177-198, Stuttgart

Heitmeyer, Wilhelm (Hrsg.), 1997: Bundesrepublik Deutschland – auf dem Weg von der Konsens- in die Konfliktgesellschaft, Frankfurt/M.

Hirsch-Kreinsen, Hartmut, 2003: Renaissance der Industriesoziologie? In: Soziologie, Heft 1, Opladen, S. 5-20

Hitzler, Ronald, 1997: Perspektivenwechsel. Über künstliche Dummheit, Lebensweltanalyse und Allgemeine Soziologie. In: Soziologie, 4/1997, Opladen, S. 5-18

Hobbes, Thomas, 1976 (1651): Leviathan, herausgegeben von Iring Fetscher, Frankfurt/Berlin

Homans, Georg C., 1973 (1958): Soziales Verhalten als Austausch. In: Hartmann, Heinz (Hrsg.): Moderne amerikanische Soziologie. S. 245-263, Stuttgart

Homans, Georg C., 1972: Grundfragen soziologischer Theorie. Opladen

Hradil, Stefan, 1987: Sozialstrukturanalyse in einer fortgeschrittenen Gesellschaft. Von Klassen und Schichten zu Lagen und Milieus, Opladen

Husserl, Edmund, 1974: Zur Phänomenologie der Intersubjektivität. Texte aus dem Nachlass. Drei Teile (1905-1920), (1921-1928), (1929-1935), herausgegeben von Iso Kern, Den Haag

Jäger, Wieland, 1981: Gesellschaft und Entwicklung. Eine Einführung in die Soziologie sozialen Wandels, Weinheim/Basel

Jäger, Wieland / Pfeiffer, Sabine, 1996: „Die Arbeit ist das lebendige, gestaltende Feuer..." Der Marxsche Arbeitsbegriff und Lars Clausens Entwurf einer modernen Arbeitssoziologie. In: Arbeit, Heft 2, Jg. 5, S. 223-247

Jäger, Wieland, 1999: Reorganisation der Arbeit. Ein Überblick zu aktuellen Entwicklungen. Opladen/Wiesbaden

Jäger, Wieland / Baltes-Schmitt, Marion, 2002 a: Jürgen Habermas: Theorie der Gesellschaft. Eine soziologische Betrachtung, Kurs der FernUniversität Hagen, Hagen

Jäger, Wieland, 2002 b: Selbstorganisation als Begriff und Idee, Theorie und Programm. In: Jonas, Michael / Nover, Sabine / Schumm-Garling, Ursula (Hgs.): Brennpunkt Arbeit. Initiativen für eine Zukunft der Arbeit. Münster, S. 107-121

Jetzkowitz, Jens, 1996: Störungen im Gleichgewicht. Das Problem des sozialen Wandels in funktionalistischen Handlungstheorien, Münster

Joas, Hans, 1988: Symbolischer Interaktionismus. Von der Philosophie des Pragmatismus zu einer soziologischen Forschungstradition. In: Kölner Zeitschrift für Soziologie und Sozialpsychologie, Jg. 40, Opladen, S. 417-446

Joas, Hans, 1989: Praktische Intersubjektivität. Die Entwicklung des Werkes von G. H. Mead, Frankfurt/M.

Joas, Hans, 1992: Die Kreativität des Handelns, Frankfurt/M.

Kaesler, Dirk (Hrsg.), 1999: Klassiker der Soziologie, Bd. 1 u. 2, München

Kiss, Gabor, 1972: Einführung in die soziologischen Theorien, Bd. 1 u. 2, 3. Aufl. 1977, Opladen

Kneer, Georg / Nassehi, Armin / Schroer, Markus (Hrsg.), 1997: Soziologische Gesellschaftsbegriffe. Konzepte moderner Zeitdiagnosen, München

Kohli, Martin, 1985: Die Institutionalisierung des Lebenslaufs. Historische Befunde und theoretische Argumente. In: Kölner Zeitschrift für Soziologie und Sozialpsychologie, Jg. 37, Opladen, S. 1-29

Krysmanski, Hans Jürgen, 1971: Soziologie des Konflikts, Hamburg

Kühl, Stefan, 2003: Organisationssoziologie. Ein Ordnungs- und Verortungsversuch, in: Soziologie, Heft 1, Opladen, S. 37-47

Kuhn, Thomas S., 1997 (1962): Die Struktur wissenschaftlicher Revolutionen, Frankfurt/M.

Kunczik, Michael, 1999: Herbert Spencer. In: Kaesler, Dirk (Hrsg.): Klassiker des soziologischen Denkens. Bd. 1, München

Latour, Bruno, 2001: Ein Experiment von und mit uns allen. Tierseuchen und Klimawechsel zeigen: Wir müssen unsere repräsentative Demokratie durch eine technische ergänzen. In: DIE ZEIT, Nr. 16 vom 11.04.2001, S. 31 und 32

Lévi-Stauss, Claude, 1967: Strukturale Anthropologie I, Frankfurt/M.

Lévi-Strauss, Claude, 1975: Strukturale Anthropologie II, Frankfurt/M.

Lévi-Strauss, Claude, 1976 (1949): Die elementaren Strukturen der Verwandtschaft, Frankfurt/M.

Lockwood, David 1979 (1969): Soziale Integration und Systemintegration. In: Zapf, Wolfgang (Hrsg.): Theorien des sozialen Wandels, S. 124-140, Königstein/Ts.

Lüdemann, Christian, 1998: Das Makro-Mikro-Makromodell von James S. Coleman. In: Müller, Hans-Peter / Schmid, Michael (Hrsg.), 1998: Norm, Herrschaft und Vertrauen, S. 157-179, Opladen/Wiesbaden

Luhmann, Niklas 1984: Soziale Systeme. Grundriss einer allgemeinen Theorie, Frankfurt M.

Luhmann, Niklas 1997: Die Gesellschaft der Gesellschaft, Frankfurt/M.

Machiavelli, Nicolo 1992 (1532): Der Fürst (Il principe), Kettwig

Machiavelli, Nicolo 1977 (1531): Discorsi. Gedanken über Politik und Staatsführung, Stuttgart

Malinowski, Bronislaw, 1924: Argonauts of the Western Pacific, London

Mann, Michael, 1994 (1986): Geschichte der Macht, Bd. 1 u. 2, Frankfurt/M.

Marx, Karl 1961 (1859): Zur Kritik der politischen Ökonomie, in: Marx-Engels-Werke. Bd. 13., S. 3-160, Berlin

Marx, Karl 1962 (1867): Das Kapital. Bd. 1. In: Marx-Engels-Werke, Bd. 8 S. 111-207, Berlin

Mayntz, Renate, 1995: Zum Status der Theorie sozialer Differenzierung als Theorie sozialen Wandels. In: Müller, Hans-Peter / Schmid, Michael (Hrsg.), 1995: Sozialer Wandel, S. 139-150, Frankfurt/M.

Mayntz, Renate, 1997: Soziale Dynamik und politische Steuerung. Theoretische und methodologische Überlegungen, MPI Bd. 29, Frankfurt/M / New York

Mead, George Herbert, 1973 (1934): Geist, Identität und Gesellschaft. Eingeleitet und herausgegeben von Charles W. Morris, Frankfurt/M.

Mead, George Herbert, 1964: Sozialpsychologie. Eingeleitet und herausgegeben von Anselm Strauss, 1969, Neuwied

Merton Robert K. 1973 (1967): Funktionale Analyse. In.: Hartmann, Heinz (Hrsg.): Moderne amerikanische Soziologie, S. 169-215, Stuttgart

Merton, Robert K., 1995 (1968): Soziologische Theorie und soziale Struktur, Berlin

Messelken, Karlheinz, 1993: Die Verhaltenstheorie. In: Endruweit, Günter (Hrsg.): Moderne Theorien der Soziologie, 1993, S. 135-210, Stuttgart

Mill, John Stuart, Reprint der Ausgabe von 1848: Principles of Political Economy with some of their Applications to Social Philosophy, 2 Bd., London

Müller, Georg P. (o.J.): Was leistet die Katastrophentheorie zur Erklärung des diskontinuierlichen Wandels? Das Beispiel der Entwicklung der modernen Sozialversicherungsgesetzgebung, Manuskript, Universität Fribourg, Fribourg/ Schweiz

Müller, Hans-Peter, 1986: Kultur, Geschmack und Distinktion, Grundzüge der Kultursoziologie P. Bourdieus. In: Neidhardt, Friedhelm / Lepsius, Mario Rainer / Weiß, J. (Hrsg.): Kultur und Gesellschaft. KZfSS Sonderheft, 1986, Opladen

Müller, Hans-Peter, 1994: Lebensstile. Zur Genealogie einer Begriffskarriere. In: Noller, Peter (Hrsg.): Stadt-Welt. Über die Globalisierung städtischer Milieus, S. 32-39, Frankfurt/M.

Müller, Hans-Peter / Schmid, Michael (Hrsg.), 1995: Sozialer Wandel. Modellbildung und theoretische Ansätze, Frankfurt/M.

Müller, Hans-Peter / Schmid, Michael, 1995: Paradigm Lost? Von der Theorie sozialen Wandels zu Theorie dynamischer Systeme. In: Müller, Hans-Peter / Schmid, Michael (Hrsg.): Sozialer Wandel, 1995, Frankfurt/M.

Münch, Richard, 1980: Von Parsons zu Weber: Von der Rationalisierung zur Theorie der Interpenetration. In: Zeitschrift für Soziologie, Heft 1, Bielefeld, S. 39

Münch, Richard, 1982/1988: Theorie des Handelns. Zur Rekonstruktion der Beiträge von Talcott Parsons, Emile Durkheim und Max Weber, Frankfurt/M.

Münch, Richard, 1991: Dialektik der Kommunikationsgesellschaft, Frankfurt/M.

Münch Richard, 1992: Die Struktur der Moderne. Grundmuster und differentielle Gestaltung des institutionellen Aufbaus der modernen Gesellschaft, Frankfurt/M.

Münch, Richard, 1993: Kreativität und Gesellschaft: Über die pragmatische Erneuerung der Handlungstheorie in gesellschaftstheoretischer Absicht. Schweizerische Zeitschrift für Soziologie, Jg. 19, S. 289-306

Münch, Richard, 1994 a: Sociological Theory. 3 Bd., Chicago

Münch, Richard, 1994 b: Zahlung und Achtung. Die Interpenetration von Ökonomie und Moral. In: Zeitschrift für Soziologie, Heft 5, Bielefeld, S. 388-411

Münch, Richard, 1998 a: Rational Choice – Grenzen der Erklärungskraft. In: Müller, Hans-Peter / Schmid, Michael (Hrsg.): Norm, Herrschaft und Vertrauen, 1998, Opladen/Wiesbaden, S. 79-91

Münch, Richard, 1998 b: Globale Dynamik, lokale Lebenswelten. Der schwierige Weg in die Weltgesellschaft, Frankfurt/M.

Münch, Richard, 2002: Die „Zweite Moderne": Realität oder Fiktion? Kritische Fragen an die Theorie der „reflexiven" Modernisierung. In: Kölner Zeitschrift für Soziologie und Sozialpsychologie, Jg. 54, Heft 3, S. 417-443

Nassehi, Armin, 1998: Was ist Soziologie? In: Geschichte und Gegenwart, Heft 2, 1998, S. 112-120

Offe, Claus, 1984: Arbeitsgesellschaft. Strukturprobleme und Zukunftsperspektiven, Frankfurt/ New York

Olson, Mançur, 1968: Die Logik des kollektiven Handelns. Kollektivgüter und die Theorie der Gruppen, Tübingen

Opp, Karl-Dieter, 1972: Verhaltenstheoretische Soziologie, Reinbeck bei Hamburg

Panikkar, Raimon, 2002: Modernität ist ein kolonialistischer Begriff. In: Frankfurter Rundschau vom 20. August, S. 25

Parsons, Talcott, 1967: Sociological Theory and Modern Society. New York

Parsons, Talcott, 1969: Evolutionäre Universalien der Gesellschaft. In: Zapf, Wolfgang (Hrsg.): Theorien des sozialen Wandels, S. 55-74, Köngstein/Ts.

Parsons, Talcott, 1972: Das System moderner Gesellschaften. München

Parsons, Talcott, 1975: Gesellschaften, Evolutionäre und komparative Perspektiven, Frankfurt/M.

Parsons, Talcott, 1976: Zur Theorie sozialer Systeme. Eingeleitet und herausgegeben von Stefan Jensen, Opladen

Pawlow, Iwan Petrowitsch, 1927: Conditioned Reflexes, London

Popitz, Heinrich, 1980: Die normative Konstruktion der Gesellschaft, Tübingen

Preyer, Gerhard (Hrsg.), 1998: Strukturelle Evolution und das Weltsystem. Theorien, Sozialstruktur und evolutionäre Entwicklungen, Frankfurt/M.

Radcliff(e)-Brown, Alfred Reginald, 1931: The Social Organisation of Australian Tribes. Oceania Bd. I

Rapoport, Anatol 1960: Fights, Games and Debates, New York

Ricardo, David, 1972 (1817): On the Principles of Political Economy and Taxation. Dt. Übersetzung von Heinrich Waentig: Grundsätze der politischen Ökonomie und der Besteuerung, Stuttgart

Sassen, Saskia, 1991: The Global City, Princeton/NJ

Schäfers, Bernhard (Hrsg.), 1986: Grundbegriffe der Soziologie, Opladen

Schäfers, Bernhard, 1998: Sozialstruktur und sozialer Wandel in Deutschland, 7. Auflage, Stuttgart

Schelkle, Waltraud, et. al., 2000: Paradigms of social change: Modernization, development, transformation, evolution, Frankfurt/M.

Schelsky, Helmut, 1965: Auf der Suche nach der Wirklichkeit. Gesammelte Aufsätze, Düsseldorf/Köln

Schimank, Uwe, 1996: Theorien gesellschaftlicher Differenzierung, Stuttgart

Schimank, Uwe, 1999: Was ist Soziologie? In: Soziologie, Heft 2, Opladen, S. 9-22

Schimank, Uwe, 2000: Das „stahlharte Gehäuse der Hörigkeit", Revisted James Colemans „asymmetrische Gesellschaft", in Schimank, Uwe / Volkmann, Ute, (Hrsg.): Soziologische Gegenwartsdiagnosen – Eine Bestandsaufnahme, Kurs der FernUniversität Hagen, Hagen

Schmalz-Bruns, Rainer, 2000: Repräsentativ, direkt oder assoziativ? – Antworten auf die Herausforderungen der Demokratie. In: Leidhold, W. (Hrsg.): Politik und Politeia, Würzburg, S. 347-372

Schütz, Alfred / Luckmann, Thomas 1979/1984: Strukturen der Lebenswelt. Bd. 1 u. 2, 3. Auflage 1988, Frankfurt/M.

Schütz, Alfred, 1981 (1932): Der sinnhafte Aufbau der sozialen Welt. Eine Einleitung in die verstehende Soziologie, Frankfurt/M.

Schütze, Fritz, 1987: Symbolischer Interaktionismus. In: Ammon, Ulrich / Dittmar, Norbert / Mattheier, Klaus J.: Soziolinguistik, S. 520-553, Berlin/New York

Schultheis, Franz / Vester, Michael, 2002: Soziologie als Beruf. Hommage an Pierre Bourdieu. Mittelweg 36, Oktober/November 2002, Hamburg, S. 41-64

Schulze, Gerhard, 1992: Die Erlebnisgesellschaft. Kultursoziologie der Gegenwart. 2. Aufl., Frankfurt/New York

Schwingel, Markus, 1995: Pierre Bourdieu. Zur Einführung. 2. Aufl. 1998, Hamburg

Schwinn, Thomas, 1996: Zum Integrationsmodus moderner Ordnungen: Eine kritische Auseinandersetzung mit Richard Münch, Schweizerische Zeitschrift für Soziologie, Genf, 22, S. 253-283

Skinner, Burrhus F., 1938: The Behavior of Organism, New York

Simmel, Georg, 1970: Grundfragen der Soziologie, 3. Aufl., Berlin

Simmel, Georg, 1992 (1908): Soziologie. Untersuchungen über die Formen der Vergesellschaftung, Frankfurt/M.

Simmel, Georg, 1995: Gesamtausgabe, herausgegeben von Otthein Rammstedt, Frankfurt/M.

Smajgert, Robert, 2001: Sozialer Wandel? Überlegungen zu theoretischen Erklärungen der Veränderung gesellschaftlicher Wirklichkeit, Manuskript FernUniversität Hagen, Institut für Soziologie, Bereich Arbeit und Gesellschaft, Hagen

Smelser, Neil J. 1995: Modelle sozialen Wandels. In: Müller, Hans-Peter / Schmid, Michael (Hrsg.): Sozialer Wandel, S. 56-84, Frankfurt/M.

Smelser, Neil J. 2000: Soziologische Theorien. In: Bögenhold, Dieter (Hrsg.): Moderne amerikanische Soziologie, S. 67-92

Smith, Adam 1993 (1789): Der Wohlstand der Nationen. Eine Untersuchung seiner Natur und seiner Ursachen, München

Stehr, Nico, 1994: Arbeit, Eigentum und Wissen. Zur Theorie von Wissensgesellschaften, Frankfurt/M.

Stichweh, Rudolf, 1988: Soziologische Differenzierungstheorie als Theorie sozialen Wandels, Beitrag für die Tagung ‚Sozialer Wandel im hohen und späten Mittelalter', Zentrum für interdisziplinäre Forschung, Bielefeld

Strauss, Anselm L., 1978: A Social World Perspective. In: Studies in Symbolic Interaction, S. 119-128

Strauss, Anselm L., 1993: Continual Permutations of Action, New York

Strübing, Jörg, 1997: Symbolischer Interaktionismus Revisted: Konzepte für die Wissenschafts und Technikforschung. In: Zeitschrift für Soziologie 5, Bielefeld, S. 368-386

Sztompka, Piotr, 2000: The Ambivalence of Social Change. Triumph or Trauma? Wissenschaftszentrum Berlin für Sozialforschung, Berlin

Thorndike, Edward L., 1966 (1931): Human Learning, New York

Topitsch, Ernst (Hrsg.), 1965: Logik der Sozialwissenschaften, Köln

Türk, Klaus, 1989: Neuere Entwicklungen in der Organisationsforschung. Ein Trend Report, Stuttgart

Watson, John B., 1919: Psychology from the Standpoint of a Behaviorist, Philadelphia

Weber, Friedrich Wilhelm, 1950: Dreizehn Linden, Westheim bei Augsburg

Weber, Max, 1921: Soziologische Grundbegriffe, Sonderdruck aus ‚Wirtschaft und Gesellschaft', Tübingen, S. 1-30

Weber, Max, 1980 (1922): Wirtschaft und Gesellschaft. Grundriss der verstehenden Soziologie. Besorgt von Johannes Winckelmann, 1980, Tübingen

Weber, Max, 1984 ff: Gesamtausgabe, herausgegeben von Horst Baier, M. Rainer Lepsius, Wolfgang J. Mommsen, Wolfgang Schluchter, Johannes Winckelmann, Tübingen

Welzel, Christian / Inglehart, Ronald / Klingemann, Hans-Dieter, 2001: Human development as a general theory of social change, Wissenschaftszentrum Berlin für Sozialforschung, Berlin

Wenzel, Harald, 1990: Die Ordnung des Handelns. Talcott Parsons' Theorie des allgemeinen Handlungssystems, Frankfurt/M.

Weymann, Ansgar, 1998: Sozialer Wandel. Theorien zur Dynamik der modernen Gesellschaft, Weinheim/München

Wiswede, Günter, 1991 (1985): Sozialer Wandel. In: ders: Soziologie, S. 322-338, Landsberg/Lech

Zapf, Wolfgang, 1986: Wandel, sozialer. In: Schäfers, Bernhard (Hrsg.): Grundbegriffe der Soziologie, Opladen

Zapf, Wolfgang, 1987: Individualisierung und Sicherheit: Untersuchungen zur Lebensqualität in der Bundesrepublik Deutschland, München

Zapf, Wolfgang (Hrsg.), 1979 (1969): Theorien des sozialen Wandels, 4. Aufl. 1979, Königstein/Ts.

Zapf, Wolfgang, 1994: Modernisierung, Wohlfahrtsentwicklung und Transformation, Berlin

Zapf, Wolfgang, 1996: Die Modernisierungstheorie und unterschiedliche Pfade der gesellschaftlichen Entwicklung. In: Leviathan, Heft 1, Jg. 24, S. 63-77

Heinz Abels
Einführung in die Soziologie

Band 1: Der Blick auf die Gesellschaft
2001. 410 S. mit 1 Abb. und 1 Tab. Br. € 19,90
ISBN 3-531-13610-0

Band 2: Die Individuen in ihrer Gesellschaft
2001. 334 S. mit 1 Abb. und 4 Tab. Br. € 17,90
ISBN 3-531-13611-9

Was ist Soziologie? Was sind zentrale Themen? Welche theoretischen Erklärungen haben sich zu bestimmten Fragen durchgesetzt? Auf diese Fragen will diese zweibändige Einführung in die Soziologie Antwort geben. Beiden Bände sind so konzipiert, dass sie für sich gelesen werden können. Sie ergänzen sich durch ihre Schwerpunkte, die man vereinfacht als Makro- oder Mikrothemen bezeichnen kann.

Wolfgang Ludwig Schneider
Grundlagen der soziologischen Theorie

Band 1: Weber - Parsons - Mead - Schütz
2002. 311 S. mit 34 Abb. Br. € 24,90
ISBN 3-531-13556-2

Band 2: Garfinkel - RC - Habermas - Luhmann
2002. 459 S. mit 27 Abb. Br. € 37,00
ISBN 3-531-13557-0

Die zweibändige Einführung in die wichtigsten klassischen und neueren Theorien aus dem Bereich der soziologischen Handlungs-, Kommunikations- und Systemtheorie richtet sich vor allem an fortgeschrittene Studierende und Examenskandidaten mit Haupt- oder Nebenfach Soziologie. Ziel des Autors ist es, nicht nur die verschiedenen Theorien vorzustellen, sondern auch einen Einblick in die jeweilige Methodik der Theoriekostruktion zu geben.

Heiner Meulemann
Soziologie von Anfang an
Eine Einführung in Themen, Ergebnisse und Literatur
2001. 428 S. mit 27 Abb. und 22 Tab. Br. € 34,50
ISBN 3-531-13742-5

Die Soziologie befasst sich mit der Gesellschaft als einem Produkt sozialen Handelns. Sie beginnt mit dem Begriff des sozialen Handelns und zielt auf die Gesellschaft. Sie versucht, auf dem Weg vom sozialen Handeln zur Gesellschaft die Themen oder Grundbegriffe der Soziologie systematisch darzustellen: soziale Ordnung, soziale Differenzierung, soziale Integration, Sozialstruktur, soziale Ungleichheit, soziale Mobilität und sozialer Wandel. Zu diesen Themen werden ausgewählte Ergebnisse der Soziologie dargestellt.

www.westdeutscherverlag.de

Erhältlich im Buchhandel oder beim Verlag.
Änderungen vorbehalten. Stand: Oktober 2002.

Abraham-Lincoln-Str. 46
65189 Wiesbaden
Tel. 06 11. 78 78 - 285
Fax. 06 11. 78 78 - 400

GRUNDLAGENWISSEN

Soziologie